Susanne Bruns

Was Großvater noch wusste

Susanne Bruns

Was Großvater noch wusste

Inhalt

Anhang

LOCKERER BODEN, FRUCHTBARER KOMPOST UND ANDERE GARTENWEISHEITEN MEHR

Berg und Tal: Obst oben, Gemüse unten

Hat man einen Garten, der hügelig ist und möchte man ein Obst- und Gemüsebeet anlegen, sollte man unbedingt diese Grobeinteilung vornehmen: Ins „Tal“ und dort ebenerdig gelegen, gehört der Gemüsegarten; das Obst wird auf den „Bergen“ angesiedelt. Stehen einem aber lediglich „Höhenzüge“ zur Verfügung, das heißt der Garten liegt an einen Hang, müssen Terrassen angelegt werden, um den Wasserabfluss und den damit verbundenen Bodenverlust in Grenzen zu halten.

Generell ist zu beachten, dass der Garten (vornehmlich der Teil mit dem Gemüse) keinen rauen Winden ausgesetzt ist. Ebenso sollten die Beete nicht durchgängig (über eine Tageslänge gesehen) stark beschattet sein. Da viele Pflanzen aber auch keine stundenlange, pralle Sonne vertragen, ist gerade im Hochsommer für eine ausreichende Schattierung zu sorgen, um Brennschäden zu vermeiden. Gegebenenfalls muss man sich durch Anpflanzen von Hecken oder Ähnlichem, um einen Schutz vor allzu kalten sowie grellen und heißen Witterungseinflüssen kümmern.

Gute Bodenpflege, gesundes Wachstum

Stimmt's unten, wächst's oben, so könnte man salopp sagen. Das Bewusstsein dafür, dass nur in guter Erde Pflanzen gut heranwachsen können, war früher mindestens ebenso präsent wie heutzutage. Die Methoden diesbezüglich für beste Qualität zu sorgen, waren freilich in mancher Hinsicht noch andere. Dennoch kann man sich die ein oder andere Scheibe auch in dieser Angelegenheit von Großvaters Gartenweisheit abschneiden.

Das Hauptaugenmerk der Großeltern richtete sich, nicht anders als das bei uns der Fall ist, auf die Optimierung der Bodenstruktur. Locker sollte der Boden auch damals schon sein, Feuchtigkeit halten können und natürlich auch ausreichend Nährstoffe beinhalten.
Im Gegensatz zu heute wurde das herbstliche, grobe Umgraben als bodenlockernde Maßnahme noch undifferenziert für alle Bodenarten gut geheißen. Der Kerngedanke dabei: Der winterliche Frost dringt in die Schollen, sprengt gewissermaßen die verdichteten Bodenstrukturen auf und sorgt auf diese Weise für eine Auflockerung. Wie das genau geht, steht im nächsten Tipp. Dieser Frostgare-Effekt empfiehlt sich heute nur noch für schwere Böden und das lediglich solange, bis diese durch die ohnehin notwendige Zugabe von Kompost, Steinmehl und Sand deutlich verbessert sind.

Heute weiß man, dass ein intaktes Bodenleben ein wesentlicher Faktor für den qualitativen Zustand von Anbauflächen ist. Wenn nun beim Umgraben das Unterste wieder nach oben gelangt, werden die Bodenlebewesen empfindlich in ihrer wichtigen Aktivität gestört. Es dauert dann einige Wochen, bis sich alle wieder richtig eingelebt haben.
Auch das heutzutage beliebte Mulchen war früher weit gehend unbekannt, allerdings gingen die Großeltern oft und regelmäßig mit der Hacke über die Beete. So wurde ein Ziel des Mulchens, die Verhinderung der Austrocknung des Bodens, eben auf diese Weise erreicht – quasi ein Mulchen mit Erde.

Gedeihliche Zusammenarbeit - die Hacke und der Frost

Väterchen Frost kann bei der Verbesserung der Bodenbeschaffenheit so manche Hilfestellung leisten – es lässt sich gut mit ihm zusammenarbeiten. Damit der Frost seine positive Wirkung entfalten kann, muss man ihm aber genügend „Angriffsfläche" bieten.
Im November und Dezember sind gemeinhin die Tage, an denen noch recht milde und somit „brauchbare" Fröste aufkommen. In dieser Zeit kann das lediglich oberflächlich durchgefrorene Gartenland noch gut mit entsprechendem Gerät bearbeitet werden. Auf diese Weise wird die Oberfläche vergrößert und der Boden geöffnet, so dass der Frost tiefer und umfassender in die Erde eindringen kann. Der Boden wird schön mürbe, was gerade für den Gemüsebau sehr vorteilhaft ist – der Frost hat also ganze Arbeit geleistet.

Mit der Spitzhacke gegen feste Böden

Sollte der Boden, etwa durch herbstliche Regengüsse, ordentlich festgeschlagen sein, muss man zur Not mit der Spitzhacke losgehen. Die einzelnen losgeschlagenen Schollen soll man so legen, dass eine möglichst unebene Fläche entsteht, das heißt, das bearbeitete Land wird hinterher nicht geglättet. Diese mühsame Arbeit wird bei sandigen Böden und durch lange Kompostwirtschaft verbesserten, schweren Böden kaum nötig sein.

Hügellandschaft gegen schwere Böden

Für schwere, feuchte Böden empfiehlt sich ein spezielles Verfahren. Das betreffende Land wird im Herbst mit etwa 40 cm tiefen Gräben und jeweils ein Meter voneinander gelegenen Dämmen durchzogen. Im Frühjahr wird das Land geebnet. Will man im nächsten Herbst die Methode nochmals anwenden, sollte man dort, wo vorher Hügel gewesen sind, Gräben ziehen und umgekehrt. Also beim ersten Mal ans Markieren denken!

Friedliche Koexistenz unter der Erde

Noch ein bisschen graue Theorie? Bitteschön, auf dass daraus ersprießliche Praxis gedeihe: Viele unserer Kulturpflanzen leben unterirdisch in einträchtiger Gemeinschaft mit gewissen Pilzen. Diese sogenannten bodenbürtigen Pilz-Arten gehen eine produktive Kooperation mit den Wurzeln der Pflanzen ein. Einige leben an den Wurzeln, manche in den Wurzeln und wieder andere halb außerhalb und halb innerhalb der Wurzeln. Diese Lebensgemeinschaft im Boden nennt man Mykorrhiza (griechisch: Pilzwurzel) und bietet beiden Beteiligten Vorteile: Die Kulturpflanze wird besser mit Nährstoffen versorgt, sie hält Trockenzeiten besser aus und bleibt dadurch gesünder. Der Pilz erhält dafür bestimmte Stoffe, die er selbst nicht produzieren kann.

Grundsätzlich sind die Sporen der Pilze überall, sie werden durch Regen und Wind weit verteilt. Im Garten kann man einiges zur Förderung dieser Mykorrhiza-Lebensgemeinschaften tun. Da Kohl- und Rüben-Arten selbst keine Mykorrhiza bilden, würden die Pilze bei solchen Monokulturen keine geeigneten Partner finden. Bei der Mischkultur dagegen ist der nächste Partner nicht weit. Die Pilze breiten sich über den „Urträger" hinaus weiter aus und vermehren sich. Kompost unterstützt zusätzlich durch seine das Bodenleben anregende Wirkung die gleichmäßige Verteilung der hilfreichen Sporen im Boden. Selbst beim Hügelbeetbau lässt sich die Wirksamkeit der Mykorrhiza lohnend einsetzen. Für diese Beete nimmt man vorzugsweise schon einige Zeit gelagertes Schnittholz zum Aufbau des Kernbereiches. Auf solchem Holz haben sich bereits etliche Sporen niedergelassen, die dann im Boden sogleich mit ihrer Tätigkeit beginnen können.

Stallmist mit Bedacht verwenden

Wer konsequent biologisch gärtnert, wird kaum zum Spaten greifen, um Gartenland durch Umgraben aufzulockern. Wenn es doch einmal notwendig wird zu graben (zum Beispiel bei der Erstbestellung von stark verkrautetem Boden), dann sollte zur Bodenverbesserung verwendeter Dünger, vor allem Stallmist, nicht tief eingearbeitet werden. Er könnte sonst wegen des zur Verrottung fehlenden Sauerstoffs vertorfen und so seinen Wert als Pflanzennährstoff weit gehend einbüßen. Hingegen soll reifer Kompost ruhig auch tiefer untergegraben werden, bei ihm sind die Verrottungsprozesse abgeschlossen und seine Nährstoffe für die Pflanzen verfügbar. Übrigens für den, der's noch nicht weiß: Eine gute Gemüseanzucht ist ohne eine auf die Größe der Anbaufläche zugeschnittene Kompostwirtschaft gar nicht zu bewerkstelligen. In der warmen und heißen Jahreszeit soll ohnehin nur Kompost eingebracht werden, da sich Stallmist bei Trockenheit nicht zersetzen und mit der Erde verbinden kann. Die rechte Zeit für Stallmist ist das Frühjahr oder der frühe Herbst.

Gut Erde - einfach und schnell

Oft sind es die Anfänger, denen für die erste Herrichtung ihres Gartenbodens keine bodenverbessernden Materialien, vor allem Kompost, zur Verfügung stehen. Kompostlose Zeiten lassen sich folgendermaßen überbrücken: Man beschaffe sich strohfreien Stallmist bzw. schüttle die strohigen Teile aus. Ausgesprochen brauchbar ist hierfür Pferdemist, aber auch jeder andere nicht zu scharfe, wie Gülle, darf genommen werden. Frischer Pferdemist gilt als hitziger, den Boden austrocknender Dünger. Weil er sich aber vergleichsweise sehr schnell mit der (feuchten) Erde verbindet bzw. vermischt, eignet er sich vorzugsweise zur Bereitung des „Ersatzstoffes". Nun durchmische man den Mist mit der gleichen Menge bester Garten- oder Rasenerde. Sollte diese Mischung nun sehr trocken sein, gieße man etwas Wasser (oder wenn vorhanden auch Kräuter-Jauche) dazu. Kommt der fertige „Ersatzstoff" später in den schweren Boden, sollte auch gleich eine gute Portion Sand untergemischt werden. Nun bleibt das Gemisch etwa vier Wochen lang in Form einer Kompostmiete, also leicht festgeklopft, liegen, dann wird es umgesetzt, grobe Teile werden zerkleinert und alles wieder ordentlich gemischt. Man achte darauf, dass diesmal das, was außen lag nach innen kommt und umgekehrt. Auch sollte der Haufen vor Regen geschützt sein. Nach weiteren vier Wochen wiederholt man das Durchmischen, fertig ist die gute Erde. Man verwendet sie wie Kompost, harkt sie also zum Beispiel in die Oberfläche des neuen Beetes leicht ein. Oder man sät in mit diesem Gemisch gefüllte Furchen. Auch beim Auspflanzen kann der „Ersatzstoff" behilflich sein, indem er im Pflanzloch um die Wurzeln der Pflänzchen herumplatziert wird. Sie werden sich darin bestimmt wohler fühlen als in „roher" Erde.

Die Kompost-Komposition - nach Großvaters Art

Die Kompostanlage soll beschattet liegen! Kastanien-, Walnussbäume und auch Holunder, in deren unmittelbarer Nähe der Kompost platziert ist, gelten erfahrungsgemäß als Förderer der Kompostentwicklung. Holzasche ist ein feiner (Zusatz-) Stoff für den Kompost, hiervon kann man im Verhältnis 1:10 (maximal) auf die Gesamtmasse bezogen, untermischen. Wer mit Holz feuert, sollte das verbrannte kostbare Material also auf keinen Fall wegwerfen. Es ist jedoch zu beachten, dass nur Asche von Holz Verwendung findet, das völlig unbehandelt ist! Die Natur hält bekanntlich viele Heilkräfte für uns bereit, die in den verschiedensten Heilkräutern enthalten sind. Wir können diese auch dem Kompost zugute kommen lassen. Dazu pulverisieren wir die getrockneten Heilkräuter (zum Beispiel Rosmarin, Thymian, Salbei) und mischen sie dem Kompost bei. Was gehört nun aber drauf? Die Antwort ist einfach: alle rohen, organischen Abfallstoffe aus Küche und Garten sowie Eierschalen, Kaffee- und Teereste. Kompostiert werden können außerdem Wollreste, Zeitungen und andere Zellstoffabfälle sowie Federn und Haare. Bei dieser Gruppe sollte man sich aber fragen, ob nicht zu viele chemische Behandlungsmittel wie Farbe, Bleiche oder Ähnliches enthalten sind. Dann lieber nicht auf den Kompost.

Regenwürmer heiß begehrt - Kompostschutz von unten

Der Kompostplatz braucht nicht nur von oben Schutz (siehe folgender Tipp). Mitunter kann ihm auch, zunächst unbemerkt, von unten Schaden zugefügt werden. Es gibt da folgenden

Interessenkonflikt zwischen Mensch und Maulwurf: Beide wollen den Regenwurm, und zwar lebend. Wir wissen seinen unersetzbaren Dienst zu schätzen, und der Maulwurf hat ihn einfach zum Fressen gern. Hat dieser kleine Gartengeselle nun erst einmal spitzgekriegt, dass es im Kompost von seiner Lieblingsspeise nur so wimmelt, will er gar nicht mehr weg.
Der Maulwurf, als Lieferant guter Anzuchterde (vom frischen Auswurf), hat natürlich auch seinen Platz in des Gärtners Herz. In diesem Fall geht es jedoch nicht anders: Wir müssen den Maulwurf wegfrustrieren. Mit einer Holzpalette fängt das an. Hier wird in Zukunft der Kompost zum Verrotten aufgeschichtet und, um den fehlenden Erdkontakt auszugleichen, mit einigen Schaufeln alten Kompostes vermischt. In dieses Stockwerk kann der, der mit dem Maule wirft, nicht gelangen. Ein weiterer Pluspunkt auf der Menschen/Regenwurm-Seite ist zu verzeichnen: Der Kompost bekommt auch von unten Luft, was der Verrottung sehr förderlich ist.

Regenschutz für den Komposthaufen

Komposthaufen brauchen Schutz – und zwar vor Regen. Damit springt zugleich ein wenig Umweltschutz heraus. Regen kann erhebliche Mengen an Stickstoff aus dem Kompost auswaschen, womit die Düngequalität des Kompostes stark vermindert werden würde. Und was nun die Umweltpolitik betrifft: Mit den Nährstoffen gelangen über die Sickersäfte Stickstoffverbindungen ins Grundwasser, was den Nitratgehalt des Wassers ansteigen ließe – irgendwann.
Einen unkomplizierten und zudem hochwirksamen Schutz vor Auswaschungen, vor allem für die regenreichen Jahreszeiten, bieten Folienabdeckungen.

Dem Kompost richtig einheizen

Einen Komposthaufen oder eine Miete so aufzusetzen, dass die Temperatur im Inneren des Kompostes nach einigen Tagen derart ansteigt, dass Krankheitserreger und Unkrautsamen sicher abgetötet werden, verlangt Sorgfalt und etwas Übung. Die erwünschten Verrottungsprozesse finden nur bei einem ausgewogenen Verhältnis von Feuchtigkeit und Sauerstoffversorgung statt. Immerhin müssen etwa 60 bis 70 °C erreicht werden, damit beispielsweise die Samen von Unkräutern und Krankheitserreger absterben.

Einige Pilzerreger, wie die des Grauschimmels, geben bereits ab circa 50 °C den Geist auf. Robustere Arten, zu denen die Erreger der Braunfäule gehören, werden zwar bei lang anhaltend hohen Temperaturen (ein bis drei Wochen muss ihnen Dampf gemacht werden) weit gehend abgetötet, aber ganz sicher vernichtet sind die Krankheitserreger erst, wenn man sich selbst schon fast die Finger versengen würde, ab etwa 70 °C.

Derart einheizen kann man dem Kompost durch Beimengung von frischem Pferdemist, eine der „hitzigsten" Mistarten überhaupt. Auch frische, klein geschnittene Brennnessel treibt die Temperatur des Materials in die Höhe. Wichtig ist außerdem eine gute Durchlüftung.

Hohe Temperaturen werden auch in einer Komposttonne erzeugt. Inzwischen hat man die Qual der Wahl, der Fachhandel hält verschiedene Modelle parat. Die Auswahl reicht von der einfachen Tonne, mit Entnahmeklappe, bis hin zum High-Tech-Modell mit integriertem Thermometer. Aber selbst bei der Luxusausführung muss noch mitgedacht und -getan werden, denn in der Tonne findet kein Feuchtigkeitsaustausch mit der Umgebung statt. An einer regelmäßigen Überprüfung führt also kein Weg vorbei. In der

Tonne, die besonders für kleine Gärten geeignet ist, bleibt die Temperatur über lange Zeit gleichmäßig hoch, eine günstige Voraussetzung für die Kompostierung auch erkrankter Pflanzen.
Beim Aufsetzen des Kompostes oder Silos, muss man Besonderheiten beachten: Hier sollten sich kranke Pflanzen und samentragende Wildkräuter immer in der Mitte der aufgeschichteten Biomasse befinden. Dort steigt die Temperatur am höchsten und bleibt am längsten erhalten. Die Randbereiche sind kühler. Um die Temperatur möglichst lange hoch zu halten, können Silo oder Haufen mit einem Deckel bzw. mit Folie abgedeckt werden. Für eine ausreichende Belüftung muss jedoch unter die Folie eine Schicht grobes Material, wie Stroh oder Holzschnitt.

Schneller Spezialkompost für gesunde Pflanzen

Aus Großvaters Kompostlaboratorium kommt eine weitere Spezialform, der reine Strohkompost mit Zwischenschichten aus Erde, Kompost und Kalk. Dieser Kompost verrottet im Frühjahr/Sommer bereits nach vier Monaten, er sollte deswegen nach etwa acht bis zehn Wochen umgesetzt werden. Reiner Strohkompost enthält vergleichsweise viel Kieselsäure. Er eignet sich besonders für Gärten in feuchten Lagen zur Vorbeugung gegen Pilzerkrankungen. Kieselsäure stärkt das Pflanzengewebe und macht die Pflanzen widerstandsfähiger.
Und so geht's: Man beginnt mit einer etwa 20 cm dicken, gut festgetretenen Schicht Stroh. Dann kommt eine Mischung von halb Gartenerde, halb Kompost, mit je einer Hand voll Kalk pro 10-Liter-Eimer. Die Schicht sollte etwa 10 cm dick sein. Nun kommt abwechselnd Schicht auf Schicht, bis eine Höhe von etwa einem Meter erreicht ist. Die letzte Schicht besteht aus Stroh.

Leguminosenkompost: Für manche Pflanze und Spinat, die richtige Tat

Mit der Zusammensetzung des Kraftstoffes Kompost ist es ein wenig so, wie mit unserem Lieblingsspielzeug, dem Ding mit den vier Rädern. Nicht jedes braucht Super, aber die, die es brauchen, fangen an zu stottern, wenn sie es nicht kriegen. Um die „Modellreihe Blattpflanzen“ richtig in Fahrt zu bringen, sorgt man bei der Kraftstoffzusammensetzung für einen hohen Leguminosenanteil. Der in den Wurzelknöllchen der Leguminosen angereicherte Stickstoff wird zum Wachstumsspender für Pflanzenspezies, wie Spinat, Kohl und auch viele Zimmerpflanzen.

Laubkompost: Gewinnung etwas schwer, gebrauchen können wir ihn sehr

Laub steht in dem Ruf, schlecht zu verrotten. Andererseits erhält man gerade aus Laub einen hervorragenden Kompost, der sich besonders für die Vorkultur im Frühjahr eignet. Er besteht aus einem hohen Humusanteil, ohne dabei zu nahrhaft zu sein, was für die Keimlinge maßgeblich ist. Hier sind einige Tipps für die Kompostierung von Laub:

- Wichtig ist eine lockere Schichtung, die durch Beigabe von zerkleinertem Reisig erreicht wird.
- Ist die Anfangstemperatur relativ hoch, geht die Verrottung besser voran; zur Wärmebildung können Steinmehl und Kalk zugegeben werden. Aber auch mit ein paar Kannen warmem Wasser ist hier schnell geholfen.
- In der Vielfalt der im Boden lebenden Organismen finden sich auch solche, die sich auf die Zersetzung von Laub spe-

zialisiert haben, sie sind natürlich vorzugsweise in Walderde. Eine Impfung mit drei bis vier Eimern dieses wunderbaren Materials, brächte die Verrottung ordentlich in Schwung. Natürlich kann man aber nicht einfach in den Wald gehen und sich eine Ladung holen. Das sollte unbedingt in Absprache mit dem zuständigen Förster geschehen.

- Der Kompost sollte möglichst im Frühjahr umgesetzt werden. Etwa ein Jahr benötigt der Laubkompost für die Verrottung. Er steht uns also, im Herbst aufgesetzt, im übernächsten Frühjahr für die Pflanzenanzucht zur Verfügung. Wie es schneller, allerdings auch reicher an Nährstoffen, gehen kann, verrät der nächste Tipp.

Laubkompost per Schnellmethode

Mit dem Laubkompost ist es wirklich eine feine Sache, weil er sich durch eine besonders lockere Struktur auszeichnet. Eine Qualität, die etwa bei Anzuchtkulturen hoch im Kurs steht. Nur bereitet die Vorstellung „Laub im Kompost", immer noch vielen Gärtnern Kopfzerbrechen, denn die Blätter brauchen im Allgemeinen sehr lange, bis sie vollständig verrottet sind. Hier kann man jetzt ausnahmsweise einmal völlig bedenkenlos grünes Licht für eine Geschwindigkeitserhöhung geben. Um den Rottevorgang zu beschleunigen, muss man dem Laub wärmeentwickelnde Substanzen beigeben. Dazu gehören alle stickstoffhaltigen Materialien, wie Mist, Bentonit, Hornspäne und Brennnesseln. Was heutzutage bedauerlicherweise nicht mehr mit gutem Gewissen empfohlen werden kann, ist, das wunderbare Natur-Recycling Laub von Straßenbäumen zu nehmen. Es ist entschieden zu stark belastet. Aber der Nachbar ist vielleicht froh sein Laub loszuwerden.

Obsttrester - Kompost vom Feinsten

Obsttrester, so heißen die Pressrückstände aus Mostereien, gelten ebenfalls als hervorragendes Kompostmaterial. Man kann sich die oftmals zu harten Platten gepressten „Abfälle“ meist billig bei Mostereien besorgen (Ratschlag: bevorzugt bei solchen, die kein Obst aus Intensivanbau verarbeiten, sondern zum Beispiel Fallobst aus Privatgärten).
Der Trester muss gegebenenfalls vor der Kompostierung mit der Hacke zerkleinert werden. Halb und halb mit Mist oder Grobkompost vermischt, unter Zugabe von Steinmehl und Hornspänen, erhält man nach kurzer Zeit einen wertvollen und dazu schön lockeren Kompost. Im Herbst oder zeitigen Frühjahr aufgesetzt, kann er schon im Sommer für Spätkulturen verwendet werden.

Reifeprüfung für Komposterde

Solange der Kompost nicht völlig ausgereift ist, enthält er Hemmstoffe, was besonders bei der Jungpflanzenzucht problematisch werden kann. Ein simpler Test gibt Auskunft darüber, ob der Kompost vollständig ausgereift ist oder nicht. Dazu wird eine Hand voll Komposterde in ein Schälchen gefüllt, mit Kresse eingesät und feucht gehalten. Für experimentierfreudige Gärtner: Zum Vergleich gleichzeitig Kresse auf angefeuchteter Watte und einem Papiertaschentuch oder Ähnlichem aussäen.

Nur wenn die Kresse in der Komposterde nach sechs bis acht Tagen gut gekeimt und mit sattgrünen Blättern dasteht, hat der Kompost die Reifeprüfung bestanden. Gelbe Blätter, verzögertes Wachstum oder spärliche Keimung deuten auf Unreife hin. Dann muss er noch ein Weilchen weiterverrotten.

Keine Sehnsucht nach dem Torf, hier die Alternativen

Torf hat zugegebenermaßen Eigenschaften, die manch' Gartenboden zugute kommen können. Aber der Torfabbau schadet allemal mehr, da hilft kein Lamentieren, als das Zeug dann im Garten Nutzen stiftet. Das sah auch Großvater ein und so machte er sich auf den Weg, um nach Alternativen Ausschau zu halten. Hier sein Bericht: Rindenhumus ist, im Gegensatz zu Rindenmulch, sehr fein und schon weit gehend zersetzt. Gemischt mit Sand und Komposterde, gibt er beste Blumenerde für Kübel- und Zimmerpflanzen. Je nach Bedarf konnte Großvater früher Hornspäne untermischen. Selbstmischer können also sicher sein, keinen Torf verarbeitet zu haben, es sei denn, sie schummeln.
Wer die Wasserspeicherkapazität von Torf vermisst, hat in Substraten aus Kokosfaser idealen Ersatz gefunden. Beim Kauf muss man aber schon genau hinschauen.

Kaffeesatz gehört nicht nur auf den Kompost

Den berühmten Kaffeesatz empfehlen wir hiermit als Bodenlockerungsmittel. Dazu muss man allerdings schon recht ordentliche Mengen Kaffeesatz auftreiben. Also mal in einem Café oder einer Großküche nachfragen. Vielleicht lassen sich die

dortigen Mitarbeiter ja zur „Müll-Trennung“ bewegen, wenn man ihnen einen Eimer dalässt.
Insbesondere für Pflanzen, die auf die stark düngende Wirkung von Kompost empfindlich reagieren (viele Wildpflanzen oder mediterrane Kräuter), bietet sich der hervorragende Ersatzstoff an.
Ein kleiner Eimer Kaffeesatz, pro Quadratmeter eingearbeitet, lässt lehmigen Boden spürbar lockerer werden. Sandige Böden profitieren gleichfalls von dem Stoff. Ihre eingeschränkte Fähigkeit, Wasser zu speichern, lässt sich mit ihm steigern.
Ebenfalls ist dieser Universalstoff als Bodenzusatz für Pflanzen zu verwenden (einharken), die es leicht „sauer“ mögen, wie zum Beispiel Rhododendron und andere Moorbeetpflanzen.
Und zu guter Letzt: In Wasser gelöster Kaffeesatz wiederum ergibt guten Efeu-Flüssigdünger.

Menüplan für die Regenwürmer

Nicht alles, was aus der „guten alten Zeit“, vielleicht noch vom Ururgroßvater stammt und beispielsweise als gärtnerisches Wissen oder Empfehlungen feilgeboten wird, hält den Erkenntnissen der modernen Naturwissenschaft stand. Aber schon der Großvater hätte über eine Einordnung des Regenwurms als Schädling, wie man es noch in Büchern aus Mitte des 19. Jahrhunderts finden kann, auch ohne die ganz tolle Wissenschaft nur laut lachend den Kopf schütteln können. Der Regenwurm gehört zu den besten Helfern im Garten, wenn es um die Verbesserung des Bodens geht. Eine Hand wäscht bekanntlich die andere, und so sollten wir`s auch mit dem Gartenhelfer Nr. 1 halten. Wer nicht nur in seinem Kompost hohe Betriebsamkeit anstrebt, sondern ebenso auf den Beeten, sollte sich nicht zu fein sein, die Abfälle von Lauchgewächsen als Mulch unter der Betriebsmannschaft zu verteilen. Die Versorgung mit der genannten Feinkost werden unsere Mitarbeiter mit gestiegener Vermehrungstätigkeit belohnen – worauf wir selbstverständlich spekulierten.

Ebenfalls zieht es die guten Würmer dorthin, wo Kaffeesatz gestreut wurde. Auch Baldrianblütenextrakt auf den Boden gespritzt sowie Basalt- und Hornmehl eingearbeitet, ist ein prima Lockstoff für Regenwürmer. So, jetzt reicht's aber mit dem Menüplan, sonst bekommen die fleißigen Gesellen noch Bauchschmerzen.

Gift-Anzeiger Kopfsalat

Kopfsalat soll die Eigenschaft besitzen, eine gute Zeigerpflanze für Bodenbelastungen abzugeben. Ungesunder Boden ist dort zu vermuten, wo die gepflanzten Salate immer wieder eingehen. Eine Bodenprobe kann das klären. Es empfiehlt sich heutzutage leider ohnehin, immer dann den Boden näher unter die Lupe nehmen zu lassen, wenn man Nahrungspflanzen darauf anbauen möchte, aber noch nichts über die Bodenqualität weiß. Dies ist beispielsweise auch der Fall, wenn man ein Grundstück neu erwirbt. Adressen für Bodenanalysen finden Sie im Anhang (siehe Seite 286).

Clever mulchen **bei schweren Böden**

Die segensreichen Wirkungen des Mulchens können bei schweren Böden von den vielen Nachteilen beinahe aufgehoben werden. Hier lässt die Abdeckung den Boden im Frühjahr beispielsweise länger kalt und die Feuchtigkeit kann nicht verdunsten, was unter Umständen zu einer Moosbildung führt. Deshalb sollte man bei schweren Böden die winterliche Bodenbedeckung frühzeitig entfernen und erst wieder ab Juni mulchen, wenn das Bodenleben voll im Einsatz ist und das Material rasch abbauen kann. Mit der Zeit werden bei sachgemäßer, den Bodenverhältnissen angepasster Mulchtechnik – dünne Schichten öfter auftragen, lockeres Material und keinen frischen Rasenschnitt verwenden – auch schwere Böden lockerer und sind damit für den Anbau von Kulturen leichter zu handhaben.

Schnitt vom Lebensbaum **- wohin damit?**

Auch wenn der giftige Lebensbaum *(Thuja)* nicht so recht ins Bild vom naturnah gestalteten Garten passt, möchte man den immergrünen Strauch vielleicht nicht gleich verbannen, wenn er schon mal da ist. Außerdem kann man sich seine auf den ersten Blick negativ erscheinenden Eigenschaften zu Nutze machen. *Thuja* enthält viele Harze und ätherische Öle, die keimhemmend und wachstumsstörend wirken. Zum Kompostieren ist der Schnitt von Lebensbäumen deshalb denkbar schlecht geeignet, aber beim gezielten Mulchen der Gartenwege wirkt er sich arbeitssparend aus. Wildkräutern behagt so eine Mulchdecke überhaupt nicht. In Gemüsebeeten jedoch hat der „Giftmulch“ wirklich nichts zu suchen, er hemmt eben nicht nur das Wachstum von Wildkräutern.

Späte Ehrung:
Recycling für Matratzengestelle

Steife Kompostsiebe sind zwar sehr brauchbar, zum Sieben von bereits sehr fein krümeligem Kompost oder zum Durchdrücken (mit umgedrehter Schaufel) von etwas gröberem Material, aber bei feuchtem Kompost nervt stets die schnelle Tendenz zur Verstopfung. Abhilfe vermag hier eine gezielt geniale Zweckentfremdung bringen, ein Matratzenrahmen mit Metallmaschen. Vor etwa 30 Jahren vermutlich der letzte Schrei, ist dies das ideale, weil bewegliche Kompostsieb. In leichter Schrägstellung lässt sich der Kompost vergleichsweise spielend durcharbeiten und die Elastizität der Maschen sorgt dafür, dass die Löcher kaum verstopfen. Hängt doch mal was fest, reicht es, lässig mit der Schaufel gegen das Schwingsieb zu tippen, und für den Kompost heißt's gleich wieder: freie Bahn.
Tolle Masche, es stimmt einfach alles. Diese Weitsicht hatten wir der Bettenindustrie gar nicht zugetraut. Trotzdem suchen wir den klasse Rahmen bei Bedarf nicht im Einrichtungshaus, sondern auf dem Sperrmüll oder beim Schrotthändler.

Das Naturbarometer für den Gärtner

Es geht gelegentlich auch ohne High-Tech. Wem es nach einer Alternative zum Wetterbericht aus Funk und Fernsehen verlangt, kann sich eine basteln: Von einem dünnen Fichtenwipfel (etwa einen Meter lang) werden alle Seitenäste bis auf einen entfernt. Der Stamm wird auf einer Seite so abgeplättet, dass er an einer Wand (Gartenhaus oder anderswo) befestigt werden kann. Die abgeplattete Seite sollte sich seitlich von dem stehen gelassenen Ast befinden. Der Seitenast krümmt sich je nach zu erwartendem Wetter dann Richtung Himmel oder Boden. Der Ast zeigt die Wetterveränderung einige Stunden vorher an. Wird das Wetter schlecht, bewegt er sich nach oben. Ist gutes Wetter zu erwarten, senkt er sich nach unten. Hat man einige Erfahrungen mit dem Fichtenbarometer gesammelt, kann man an der Wand Markierungen anbringen, die dem zu erwartenden Wetter entsprechen und in Konkurrenz zur amtlichen Wetterberichterstattung treten. Der Nachbar wird's vielleicht zu schätzen wissen.

Gartengeräte - so wackeln ihre Stiele nicht

Gartenwerkzeugen, deren Metallteile (zum Beispiel Harken, Hacken, Rechen) an den Holzteilen (Stiel, Griff) beginnen zu wackeln, also nicht mehr richtig festsitzen, kann man mit einem einfachen Trick die alte Stabilität zurückgeben. Dazu werden die Enden, an denen es wackelt, in Wasser gelegt, bis das Holz gequollen ist. Das Material dehnt sich also aus und Holzstiel und Hacke haben sich wieder bestens im Griff.

Praktisch unkompliziert - Großvaters Mulch- und Komposthacke

Zugegeben, ob unsere Großväter dieses geniale Gerät schon im Garten in Aktion hatten, wissen wir nicht so ganz genau. Aber beim Sammeln all der nützlichen Tipps und Tricks bestach dieser Einfall praktisch in jeder Hinsicht. Diesen Tipp darf man einfach nicht für sich behalten! Was wir brauchen ist eine stabile Kiste in der Größe von etwa 70 mal 70 cm. Der Boden wird gegebenenfalls mit einem zusätzlichen, dicken Holzbrett verstärkt. Des Weiteren nehmen wir einen alten, überzähligen Spaten und schleifen dessen Schnittkante messerscharf ab.
Alles, was nun zu streufähigem Mulch oder schichtbarem Kompostmaterial verhackstückt werden soll, kommt in die Kiste. Mit dem scharf gemachten Spaten ist der Rest dann ein Kinderspiel; selbst kleinere Äste lassen sich mühelos und ohne Gefahr für die lieben Fingerchen zerkleinern.
Natürlich gibt es heute im Handel diese Urform des Häckslers mit Strom, aber warum nicht selbst mal seine Pferdestärken einsetzen.

Besprühen der Pflanzen, ganz ohne Spezialgeräte

Die Auswahl an Sprühgeräten aller Art ist sicher umwerfend; vielleicht hat man jedoch einmal im entscheidenden Augenblick keines der Wundergeräte zur Hand, weil noch nicht besorgt, soeben verliehen oder wieder mal kaputt. Kurz: Man ist techniklos. Wir lassen uns jedoch nicht klein kriegen und besinnen uns auf den Umgang mit Notaggregaten.
Einen schlichten und passablen Ersatz stellt in solchen Fällen eine Bürste mit dichten Borsten, zum Beispiel die Kleiderbürs-

te, dar. Nach dem Eintauchen in die zu versprühende Flüssigkeit wird durch das Streichen mit der Hand über die Borsten der gewünschte Sprüheffekt erzielt. Den Naturgesetzen folgend, ist die Sprührichtung der Streichrichtung entgegengesetzt, was man in aller Regel sehr schnell lernt. Mitunter erweist sich so eine Anti-Technik-Methode sogar als echte Alternative zu größerem, unhandlichem Gerät, wenn etwa lediglich Pflanzen in Blumentöpfen oder Balkonkästen zu besprühen sind.

Dreck einfach abgekratzt - perfekte Pflege für gutes Gartenwerkzeug

Gute Vorsätze sind billig – aber die Gartengeräte stets sauber zu halten, nachdem man schon Stunden geackert hat, kostet Zeit. Konsequent zu sein fällt einem aber vielleicht mit Hilfe eines Kratzschuhes leichter. Er besteht aus einem keilförmig zugeschnittenen Stück Hartholz und hängt am besten an einer Stelle vor den Abstellplätzen, an der man auf jeden Fall vorbei muss. Hartholz ist für dieses Gerät besser geeignet als Metall, da es stabil genug ist, aber nicht so beschaffen, um andere Gerätschaften schnell mal zu beschädigen.

Gartengeräte richtig überwintern

Es lohnt sich, die Gartengeräte immer in gutem Zustand zu halten. Sie halten länger, und die Arbeit geht mit gereinigtem, intaktem Werkzeug einfach besser von der Hand. Bevor Spaten, Hacke und andere Gartengeräte nach den letzten Arbeiten im Spätherbst weggestellt werden, ist es Zeit für die jährliche Inspektion. Alle Roststellen sollten sorgfältig entfernt und die Geräte für den Winter eingefettet werden, damit sich kein neuer Rost bildet. Dazu muss man kein teures Fett kaufen, bestens eignet sich auch die gute alte Speckschwarte.

Holzfässern zu längerer Haltbarkeit verhelfen

Holzfässer und -kästen, die als Pflanzgefäße oder als Jauche- und Regenfässer genutzt werden, halten länger, wenn sie innen angeschwelt sind. Dazu werden die Innenflächen der Gefäße mit Brennspiritus angefeuchtet, anschließend die Gefäße schnell auf die Seite gelegt und mit zusammengeknülltem Papier, Holzwolle oder Ähnlichem gefüllt.

Nach dem Anzünden (unbedingt größeren Abstand halten, zum Beispiel langen Stock verwenden!) darauf achten, dass die Innenflächen gleichmäßig anschwelen, gegebenenfalls die Gefäße wenden. Anschwelen darf man jedoch nur absolut trockene Gefäße. Bei feuchten besteht die Gefahr, dass sich das Holz verzieht und die Fässer undicht werden.
Aber damit Ihr's nur wisst, diesen Geheimtipp rückte Großvater erst nach langem Drängeln raus und weil ihm hoch und heilig versprochen wurde, dass man alle notwendigen Sicherheitsmaßnahmen gründlichst zu treffen pflegt.

Ein Blick in Großvaters Garten

Um eine Geschichte kommen wir auch im Garten nicht herum, um die Ordnung. Also, das ist so eine Sache. Einerseits ganz einleuchtend und hilfreich, gar notwendig. Andererseits: Was sich die Großeltern da so an Disziplin abrangen, ging oftmals entschieden zu weit und würde aus heutiger Sicht leider sogar als regelrecht naturfeindlich aufgefasst werden müssen.
Reisig- oder Steinhaufen beispielsweise, die etlichen Kleintieren und Insekten Quartier bieten und heutzutage in vielen Gärten mit Absicht angelegt werden, wurden nicht geduldet. Reisig wurde verbrannt und herumliegende Steine stapelte man säuberlich an einem vorgesehenen Platz. Wer im Herbst nicht das Laub zusammenfegte oder etwa Wildkraut, vormals böser Unkraut, nicht ständig von den Beeten jätete, galt als faul – und das war früher noch weit weniger beliebt als in unseren Tagen.
Der Gerechtigkeit wegen muss jedoch eingeräumt werden: Die strenge Ordnung diente weniger einer heute fragwürdigen Ästhetik, sondern lag vielmehr in der Vorbeugung gegen Pflanzenkrankheiten.

Der Gedanke, dass gerade die „geordnete Unordnung“ zu einem ökologischen Gleichgewicht führt und so krankheitsverhindernd wirkt, war noch nicht geboren. Unkenntnis herrschte beispielsweise ebenfalls über die Verrottungsvorgänge im Kompost, so dass es offenbar niemandem in den Sinn kam, infiziertes, krankes Material über den Hitzeprozess frei von Erregern zu machen. Dennoch lohnt sich ein tiefer Blick in die großelterliche Gartendoktorei:

- Auf das Reinigen von Schneidwerkzeug, wenn mit ihm an viruskranken Pflanzen hantiert wurde, legte man schon früher großen Wert.
- Das Entfernen von artverwandten Wildkräutern im Garten ist sehr wichtig, um den Krankheitserregern keinen Zwischenwirt zu bieten. Beispielsweise sollen bei Gefahr von Kohlhernie keine Kreuzblütler im Kohlbeet stehen, wie etwa Hirtentäschel oder Ackersenf.
- Sinnvoll ist auch das Abrechen von Fallobst und krankem Laub, um eine erneute Ansteckung durch auffliegende Pilzsporen im folgenden Jahr zu vermeiden.

Wildkräuter wurden aber noch aus einem anderen Grund nicht geduldet: In der Regel zogen unsere Vorfahren ihre Gemüsesamen selbst heran. Kreuzungen mit wilden Verwandten mussten also verhindert werden, damit eine brauchbare Qualität gewährleistet war; schließlich bestand die Alternative nicht im prall gefüllten Supermarkt um die Ecke, sondern im knurrenden Magen nach verkorkster Ernte.
Bei näherem Hinsehen erscheint das strenge Ordnungsbewusstsein der lieben Alten durchaus verständlich und an vielen Stellen sinnvoll. Und so wollen wir auch den letzten heißen Tipp nicht verheimlichen, eine Empfehlung sozusagen, das großelterliche Gartentreiben grundsätzlich aus folgendem Blickwinkel zu betrachten: Pickt Euch die Rosinen raus!

ANZUCHT UND VERMEHRUNG - NÜTZLICHES WISSEN FÜR EINEN GUTEN START

Ein paar Worte zur Sortenwahl

Zu den wichtigsten Investitionen in eine erfolgreiche gärtnerische Zukunft gehört die Auswahl der richtigen Sorte einer begehrten Pflanze. Zugleich stellt die gelungene Sortenauswahl an sich schon eine zentrale Pflanzenschutzmaßnahme im eigenen Garten dar. Nachfolgende Überlegungen sollen einige Gesichtspunkte beleuchten, die bei der Sortenauswahl von Interesse sind:

Bohnen beispielsweise wachsen, salopp gesagt, so ziemlich überall. Die eine Sorte jedoch besser an der Küste als im Mittelgebirge, jene Sorte ist resistent gegen Erkrankungen, eine andere nicht, die ausgerechnet gibt aber viel mehr für den Gaumen her. Man muss eben Prioritäten setzen und dann eventuell zu aufwendiger Pflege bereitsein.

Die naturgemäße Anbauweise stellt zudem spezielle Anforderungen an die Pflanzen, wie langsame Nährstoffaufnahme und Toleranz gegenüber Wildkrautbewuchs. Absolute Höchsterträge sind so natürlich wiederum oft nicht zu erwirtschaften; in privaten Gärten sind diese allerdings ohnehin nicht unbedingt das erstrebenswerte A und O. Höchsterträge werden häufig sowieso nur auf Kosten unserer reichlich geplagten Umwelt erzwungen.

Gezielte Anfragen bei den Nachbarn, Großeltern und Gärtnereien, in der unmittelbaren Umgebung, helfen nun, die sogenannten Lokal- oder Landsorten der gewünschten Pflanzen ausfindig zu machen. Diese sind an das Klima der Region bestens angepasst und oftmals robuster als die sogenannten Hochertragssorten, zu denen meist auch die F1-Hybriden gehören. Ein weiterer Vorteil dieser Landsorten ist, dass man sich sein Saatgut selbst heranziehen kann.

Saatgut auf die Probe stellen

Ein bisschen auf Nummer sicher wollen wir gehen, wenn es Zeit wird, den Garten zu bestellen. Denn die Uhr lässt sich nicht zurückdrehen, wenn beispielsweise die eingebrachte Saat nicht aufgehen will, weil sie dazu einfach gar nicht fähig ist. Für einen zweiten Anlauf kann es dann oft schon zu spät sein.

Die Keimfähigkeit des Saatgutes braucht nicht überprüft zu werden, sofern es sich um neu gekauftes handelt. Älteres oder selbst Geerntetes sollte jedoch auf den Prüfstand.

Dieser besteht in Form eines immer wieder verwendbaren „Keimapparates“. Die Konstruktion und Anwendungstechnik des wertvollen zeit- und enttäuschungssparenden Gerätes gestaltet sich denkbar einfach. Für jede Art Saatgut nehme man zwei wollene, angefeuchtete Lappen, zwischen die das abgezählte Saatgut gelegt wird. Alle Keimproben werden gestapelt und zusammengebunden an einen warmen Ort gelegt. Empfehlenswert ist es, sich die Reihenfolge der Proben zu notieren. Je nach Keimdauer des Saatgutes erfolgt nach einigen Tagen die Ergebniskontrolle.

Richtig vitales Saatgut besitzt eine Keimfähigkeit von 90 %, bei 20 Samen müssten demnach 18 ihre weiße Keimspitze vorzeigen. Bei geringerer Lebenslust muss entsprechend dichter gesät werden. Ab einer Keimfähigkeit von 40 % abwärts wird eine Direktsaat im Freien problematisch, da zu große Lücken innerhalb der Reihen zu erwarten sind.

Saatgut baden - Krankheiten vorbeugen

Die sterilisierende Wirkung von Kamille machte man sich früher zu Nutze, um Saatgut keimfrei zu bekommen. Die Verfahrensweise ist denkbar einfach: Will man Saatgut behandeln, kocht man einen ganz normalen Kamillen-Tee, lässt ihn abkühlen und badet darin das zum Gebrauch vorgesehene Saatgut etwa 20 Minuten. Anschließend muss es gleich ausgesät werden.

Starthilfe für älteres Saatgut

Im Gegensatz zu frischem Saatgut, das in der Regel problemlos aufgeht, können bei länger und womöglich bei zu hoher Temperatur gelagertem Saatgut Probleme auftreten. Oft dauert es sehr lange, bis diese Samen keimen, manchmal rührt sich auch gar nichts mehr.
Die Samen schwitzen während längerer Lagerung einen Ölfilm aus, der die erwähnten Wirkungen auf die Keimung hat. Um aber auch älteres Keimgut noch erfolgreich verwenden zu können, reibt man es mit Sand oder Erde ab, womit der Ölfilm entfernt wird. Luft und Feuchtigkeit können nun ungehindert eindringen und die Keimung in Schwung bringen.

Brutkasten für widerspenstige Keime

Aprikosen, Pflaumen und andere Steinobst-Arten sind nicht gerade keimfreudig zu nennen. Um hier auf die Sprünge zu helfen, empfiehlt es sich, die Kerne zunächst mit Kleie zu vermischen und diese angefeuchtet in ein irdenes Gefäß (Tontopf) zu füllen. Die Kleie erhitzt sich und bewirkt eine Art Brutkasten-Effekt, der den Keimvorgang in Gang bringt. Sollte die Kleie zwischenzeitlich trocken werden, muss man nachfeuchten. Ungefähr nach acht bis zehn Tagen ist der Keimling zu sehen und kann eingepflanzt werden.

Tiefenrausch bei Lauchgewächsen

Im Allgemeinen gilt die Faustregel, dass die Samen von Gemüse nur mit so viel Erde bedeckt werden, wie sie selber dick sind. Es gibt jedoch zwei Ausnahmen: Die Samen von Knollen- und Lauchgewächsen kommen etwas tiefer in die Erde.

Beste Anzuchterde vom Maulwurf

Wir wissen ja, Anzuchterde sollte möglichst frei von Krankheitserregern sein, da sonst die jungen Pflänzchen allzu oft Krankheiten zum Opfer fallen. Ein gefürchteter Vertreter ist hier die sogenannte Umfallkrankheit. Und ob Sie's nun glauben oder nicht, es gibt sie wirklich.

Man kann sich das umständliche Sterilisieren der Erde sparen, wenn man zur Jungpflanzenanzucht die Erde von Maulwurfshügeln nimmt. Diese hat der Maulwurf aus einer Tiefe heraufbefördert, in der sich kaum noch Erreger befinden. Man sammelt die Erde von frischen Maulwurfshügeln im Herbst und Winter und bewahrt sie, gut abgedeckt, an einem frostfreien Ort bis zum Gebrauch im Frühjahr auf. Und jetzt schimpfe noch einer auf unseren kleinen Gartengesellen. Für Maulwurf freie Gärten nun ein ganz heißer Tipp.

Anzuchterde wie sie sein soll

Wie im richtigen Leben sollte es auch auf den Anzuchtbeeten zugehen, möglichst umfallfrei. Wer jedoch immer wieder Probleme mit Umfallkrankheiten hat, sollte seine Anzuchterde vor Gebrauch sterilisieren.

In der Bratfolie lässt sich das machen, ohne den stechenden Geruch in der ganzen Wohnung zu verbreiten. Für eine halbe Stunde bei 150 °C schieben wir eine Ladung Anzuchterde in die Bratröhre, danach wird es um etwaige Keime ziemlich ruhig bestellt sein. Pilzhemmend wirkt sich auch eine Zugabe von Steinmehl zur Anzuchterde aus.

Als Großvaters letzte pilzhemmende Maßnahme empfiehlt sich Folgendes: Eine Sandschicht auf der Anzuchterde lässt diese schnell abtrocknen und hält so die empfindlichen Wurzelhälse der Keimlinge trocken. Auch das Moos wird auf solch präparierter Anzuchtfläche nicht mehr wuchern.

Schwierigkeiten beim *Keimen?*

Bei einigen Pflanzen erlebt man immer wieder, dass sie einfach nicht keimen wollen. Woran liegt's? Hier einige Tipps für Pflanzen mit Anlaufschwierigkeiten:

- Salat keimt gerne im Kühlen. Im Frühjahr ist das auch kein Problem. Im Sommer ist der Boden aber oft schon zu warm und die Sonne scheint direkt von oben auf die Körner. Da Salat ein sogenannter Lichtkeimer ist, dürfen wir seine Samen nicht mal zum Schutze mit Erde bedecken. Er darf nur flach gesät werden.

Keimungsanregend ist es, wenn die Samen (oder besser noch die Aussaattöpfe) für einen Tag in den Kühlschrank gestellt werden.

- Petersilie muss in lockeren, sandigen Boden gesät werden. Hat man schweren Boden, sollte man die Aussaat auf Juli/August verschieben, wenn die Erde schön warm ist. Dieser Aussaattermin kommt dem Lebensrhythmus der zweijährigen Petersilie ohnehin mehr entgegen als eine Aussaat im Frühjahr.
- Lauchgewächse keimen sehr langsam. Dabei werden kühle Temperaturen von 15 bis 18 °C bevorzugt. Schwierigkeiten gibt es ab 20 °C aufwärts. Sogar noch nach der Keimung. Schattieren der Aussaatreihen mit hoch gestellten Brettern ist daher günstig.
- Paprika keimt am besten bei 22 bis 25 °C. Ein Fensterbrett über einem Heizkörper oder ein Platz am Ofen sind geeignet. Erfahrungsgemäß bereiten die gelben Sorten beim Keimen mehr Schwierigkeiten als die roten oder grünen. Auch die Sortenwahl ist entscheidend. Eher an unser Klima angepasst sind Sorten aus Ungarn oder Österreich. Problematisch sind die amerikanischen Sorten.
- Allgemein keimen schwierige oder hartschalige Samen wie die von Paprika, Neuseeländerspinat, Erdbeeren und Auberginen besser, wenn sie vor der Aussaat einen Tag im Wasserbad vorgequollen sind.

Mehlige Gemeinsamkeiten von Melonen und Gurken

Die Samen beider Gewächse lieben es, stets in feucht gehaltenem Sägemehl zu liegen – dort keimen sie besonders gut. Man sollte jedoch unbedingt darauf achten, dass das verwendete Sägemehl von unbehandeltem Holz stammt. In einem Sägewerk erhält man solches wahrscheinlich eher als beim Möbeltischler.

Feine Samen gleichmäßig verteilen

Hier hilft beispielsweise eine ganz normale Flasche. Als Sähilfe für feinstkörnige Saaten, wie Möhren, ist sie nicht gerade das schlechteste Mittel zum Zweck. So wird das Stück Glas zum Werkzeug: Für eine Weinflasche oder Ähnliches wird ein gut passender Korken derart durchbohrt, dass ein dünner Strohhalm durchgesteckt werden kann. In die Saatflasche wird das Saatgut, das noch vorher 1:1 mit Sand gemischt wurde, eingefüllt. Nach der gerade beschriebenen Spezialverkorkung wird dann das Saatgut durch den Strohhalm sparsam und gleichmäßig in die Saatrillen rieseln.

In jeder Hinsicht eine rationelle Methode: Man spart nicht nur Saatgut, sondern auch späteres Vereinzeln.

Gelungener Start: Möhren-Dill-Mischkultur

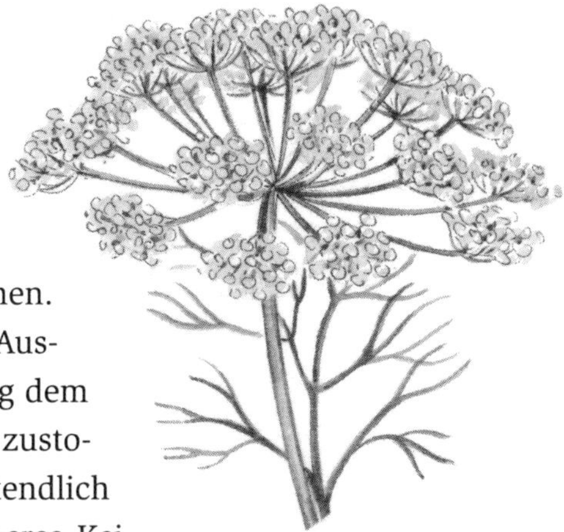

Möhren brauchen naturgemäß recht lange zum Keimen. Während der Zeit von der Aussaat bis zur Keimung vermag dem Samen im Boden allerhand zustoßen, was die Keimung letztendlich verhindern könnte. Für sicheres Keimen sorgt eine Untermischung des Möhrensaatgutes mit Dillsamen. Auch andere langsam oder schwierig keimende Arten können mit Dill vermischt werden. Später hilft der Dill mit seinem kräftigen Geruch bei der Schädlingsabwehr, allerdings sollte man ihn bei Möhren nicht höher als 20 bis 25 cm werden lassen.

Feuchtigkeit muss sein – aber nicht zu viel des Guten

„Seltsam, seltsam", klagte kopfschüttelnd der frustrierte Junggärtner, „warum nur diese mickrige Saatausbeute, wo ich's doch stets fleißig goss" und strich mit sanften Pflanzenliebhaberhänden über die arg verkrustete Beeterde.
Und so ging er dahin und besorgte sich die berühmte Ausgabe von „Was Großvater noch wusste" und erfuhr zum großen Erstaunen jene tiefe Weisheit, die da lautet: Ja, es stimmt, Samen brauchen Feuchtigkeit. Unverzeihlich falsch ist es jedoch, besonders in sonnendurchfluteten Zeiten, die Saatbeete Tag für Tag gründlich zu gießen. Nässe und Sonne verbünden sich zu

bös' erdverkrustender Kraft. Die vermeintlich gute Tat endet damit, dass die meisten Keimlinge die entstandene Kruste kaum zu durchstoßen vermögen und jämmerlich verenden. Mit andern Worten: die Saat misslingt. Besser ist es, die Erde vor der Aussaat gut zu durchfeuchten, zu lockern und anschließend Saatbeet oder -reihe zu beschatten. Mit einer feinen, dünnen Mulchschicht, zum Beispiel Rasenschnitt, liegt man genau richtig. Hochgestellte Bretter sind ebenfalls eine Alternative, um die Feuchtigkeit länger in den Beeten zu halten. Und um der unendlichen Reihe der Kompost-Argumente noch eines hinzuzufügen: Gut mit Kompost versorgte, also humose Böden, neigen wesentlich weniger zu Verkrustungen.

Ein schützendes Dach für die frische Saat

Buchenreisig eignet sich besonders gut zum Abdecken von Beeten mit frischer Saat, da er im Vergleich zu Tannenreisig nicht so dicht, aber trotzdem recht flach aufliegt. Besonders gut ist diese Abdeckung für Erbsenbeete geeignet, da sich der Buchenreisig gleich als Rankgestänge anbietet, wenn die Pflänzchen mehr als drei Blattpaare entwickelt haben und das Schutzdach entfernt werden kann. Dafür steckt man die Zweige senkrecht neben die Pflänzchen, wenn diese etwa eine Höhe von 10 cm erreicht haben.

Perfekte Mistbeetpackung für kalte Klimate

Frischer Pferdemist sorgt in der Regel im „warmen Mistbeet" für die gewünschten Temperaturverhältnisse und für rasches Wachstum, schon im März. Aber muss es immer Pferdemist sein? Großvaters Meinung dazu besagt: keineswegs. Folgende Betrachtungen führen zu einer ausgeklügelten Strategie: Die Wärme des Pferdemistes entwickelt sich rasch und hält etwa vier bis sechs Wochen, folglich höchstens bis Mitte April, sofern das Mistbeet wie üblich Anfang März gepackt wurde. Weil es dann aber vielerorts noch recht kalt sein kann, würde die folglich fehlende Wärme zu Wachstumsstockungen führen. Eine kombinierte Mistbeetpackung aus Schafs- und Ziegenmist ist womöglich das gesuchte Patentrezept. Ein bestimmtes Mischverhältnis ist nicht überliefert, wir sollten Mut zum Ausprobieren haben.
Diese beiden Mist-Arten gelten zwar nicht als die stärksten Wärmespender, liefern dafür aber vergleichsweise länger die nötige Energie. In kühlen Regionen kann man damit dann genauso frühzeitig mit dem Salatanbau beginnen, wie in den milderen Zonen.

Großvaters berühmtes Mistbeet - so geht's

Es kommen in diesem Buch doch einige reizvolle Angaben zur Betreibung des sogenannten „warmen Mistbeetes" zusammen. Und deshalb wollen wir für all diejenigen, deren Neugierde jenen Grad erreicht hat, der sie fragen lässt: „Was um Himmels

Willen ist ein warmes Mistbeet?“ und ausrufen: „Ich will auch eins haben! Ich will meinen Salat und meine Kartoffeln auch endlich früher ernten!“, nachfolgend das Wesentliche noch einmal beschreiben und noch interessanter machen (siehe auch nächster Tipp).

Ein Mistbeet ist ein Frühbeet mit besonderer Füllung. Die Füllung aus strohigem, frischem Mist gibt zu Beginn ihrer Verrottung im Beet Wärme ab, die den Pflanzen zugute kommt. Mistbeete werden Anfang März gefüllt. Da zu dieser Zeit der Boden oft noch gefroren ist, muss die Grube bereits im vorigen Herbst ausgehoben worden sein. Sie kann über den Winter mit Laub ausgefüllt werden, was das Eindringen des Frostes etwas verhindert.

Die Grube sollte etwa 60 bis 70 cm tief sein. Die Breite des Mistbeetes richtet sich nach eventuell vorhandenen Fenstern, sollte aber etwa mindestens 80 cm breit sein, damit mehrere Saatreihen nebeneinander passen. Die Länge ist mit etwa zwei Metern ausreichend, kann aber natürlich erweitert werden. In alle vier Ecken werden Vierkanthölzer als Pfosten geschlagen. Am hinteren Beetrand sollten die Hölzer bis etwa 20 bis 25 cm über den Erdboden reichen, vorne sind 10 bis 15 cm richtig. Nun werden Wände aus Brettern angenagelt. Die Seitenwände sind entsprechend der unterschiedlichen Höhe der Eckpfosten schräg und schräg liegt auch das Fenster dem Mist auf. Die Fenster versieht man hinten mit Scharnieren, so dass man sie vorne einfach hoch klappen kann. Geschickte Heimwerker bringen noch einen verstellbaren Lüftungsstab an. Oder man leget zum Lüften einfach mehrere Hölzer unter die Fenster. Ganz aufklappen geht natürlich auch.

Nun wisst ihr, liebe Leser und Leserinnen Bescheid. Der Rest ist Eure Sache, frohes Schaffen!

10 Gebote für das Mistbeet -
dann geht nichts mehr schief

1. Der nicht zu strohige und nicht zu nasse (Pferde-)Mist muss vor der Verwendung außerhalb des Kastens auf einem Haufen etwa drei Tage ablagern.
2. Bei trockenem Wetter wird der Mist mit der Gabel locker in die Grube gepackt. Nur nicht so, dass alle Luft herausgepresst wird und die Jauche obenauf steht! Der im Mist eingeschlossene Sauerstoff wird für den Rotteprozess und die damit verbundene Wärmebildung gebraucht.
3. Nach dem Fertigstellen der Packung die Fenster auflegen und drei bis fünf Tage warten.
4. Nun den Mist gleichmäßig etwas fester treten, wie stark, lehren Übung und Erfahrung. Man muss es selbst beurteilen lernen, zu welchem Zeitpunkt der Mist genügend gleichmäßig fest ist, um sich bei weiterer Verrottung gleichmäßig zu senken. Am Ende soll die Schicht aus Mist etwa 40 cm hoch sein.

5. Aufbringen der eigentlich feingesiebten Pflanzenerde als lockere Mischung aus eher magerem Kompost, Sand, Laubkompost und alter Mistbeeterde. Die Anteile können je nach Bedarf oder Vorhandensein variieren. Die Erdschicht ist mit 20 cm Dicke richtig bemessen.
6. Wenn sich die Oberfläche nicht mehr senkt, also der verrottete Mist und die Pflanzenerde sich gesetzt haben, sollte die Erde 10 bis 15 cm unter dem vorderen, niedrigen Kastenrand stehen. Jetzt heißt es endlich: pflanzen oder säen!
7. Schattieren und warm halten der Kästen: durch dünne, papierbespannte Rahmen, Strohmatten oder Bretter. Ein Umschlag von Mist, außen rund um die Kästen, verstärkt die Wärme im Innern.
8. Abhärten der Pflanzen – ein Muss! Vorsichtig, langsam gesteigertes Lüften (die Fenster immer etwas weiter öffnen), die Pflanzen allmählich an die unverglaste Umwelt gewöhnen. Junge Pflanzen aber dennoch unbedingt vor Frost schützen, also auch die unterschiedlichen Tag- und Nachttemperaturen berücksichtigen!
9. Mistbeet feucht halten, aber nicht zu feucht. Sonst droht Gefahr der Schwarzbeinigkeit (Wurzelfäule). Großvater drückte sich ungefähr so aus: Feucht, aber nicht fest zusammenbackend und auch nicht auseinanderfallend, soll das Material beschaffen sein. Beim Wässern stets nur wohltemperiertes Regenwasser (Raumtemperatur) verwenden. Oberen Kastenrand stärker begießen, da er leichter austrocknet.
10. Je mehr Feuchtigkeit, desto mehr Luft! Bei trübem und regnerischem Wetter sparsam gießen und vor allem regelmäßig lüften!

(nach: Dr. Fritz Caspari „Fruchtbarer Garten", Seebruck 1948)

Eigenes Saatgut für die heimische Gewürz- und Kräuterproduktion

Für die eigene Kräuter- und Gewürzproduktion spricht so manches, und wenn es nur der Selbstschutz vor mehr als fragwürdigen Konservierungspraktiken ist.
Bei der Samenbeschaffung aus eigenem Anbau ist unter anderem daran zu denken, dass man die Dolden von Würzpflanzen, wie Petersilie oder Dill, rechtzeitig ernten muss, damit nicht bereits alle Samen runtergefallen sind, wenn man gerade mit dem Einsammeln beginnen möchte.

Sobald die Körner anfangen braun zu werden, heißt es also Dolden abschneiden, in ein dünnes Tuch (zum Beispiel Baumwollwindel) binden und kopfüber aufhängen. Man kann sich dann in aller Regel schon darauf verlassen, dass die Körner, dem Gesetz der Schwerkraft folgend, in das Tuch fallen werden.
Selbstverständlich möchte jeder nur die brauchbaren Samen aufbewahren; mit den schlechten und vielen trockenen Stängelteilchen füttern wir den Kompost. Das Reinigen bzw. das Aussortieren geht am besten folgendermaßen:

Man nehme ein weites Gefäß und fülle dieses mit Wasser. Alles, was in den Tüchern liegt, kommt dorthinein. Die guten Körner sinken ab, der Rest schwimmt oben und kann mit einem feinen Sieb abgeschöpft werden. Anschließend gießt man das Wasser mit den brauchbaren Samen durch ein feines Haarsieb und breitet die Körner zum Trocknen auf Tüchern aus.

Vorkultur - der Trick mit der Glasscheibe

Bei der Pflanzenanzucht im Frühjahr verliert man leicht die Übersicht. Deshalb bekommt jede Art ihren eigenen Topf oder Kasten, am besten mit einem Schild versehen. Die Hälfte des Gefäßes wird mit Kies oder (Ton-)Scherben gefüllt, darauf kommt die Aussaaterde, die derart fest gedrückt wird, dass ein Gießrand von 2 cm bleibt. Grobe Samen drückt man leicht an (dabei unbedingt auf Licht- und Dunkelkeimer achten!).
Gießen ist für die Keimlinge immer mit der Gefahr verbunden, weggespült zu werden. Erst wenn die Wurzeln fest verankert sind, können sie sich halten. Eine einfache Methode macht das Gießen überflüssig und sorgt dennoch für ausreichend feuchtes Klima im Anzuchttopf. Man legt dazu ganz einfach eine Glasscheibe auf das Gefäß, die täglich abgenommen, in kaltes Wasser getaucht und nass wieder aufgelegt wird. Sind die Samen erst einmal aufgegangen, kann die Glasscheibe entfernt werden. Von da an lassen sich die Anzuchttöpfe problemlos gießen.

Abhärtung für den Umzug ins Freie

Pflanzen, die im Haus vorgezogen wurden, müssen erst allmählich an die rauere Umgebung im Freien gewöhnt werden, sollen sie nicht einem Kälteschock erliegen. Etwa 10 Tage vor

dem geplanten Pflanztermin beginnt man mit der Abhärtung. Zunächst werden die Pflanzen draußen nur für ein paar Stunden an einem halbschattigen Platz abgestellt. Tag für Tag verlängert sich die Zeitspanne, bis die Töpfe die letzten zwei Tage auch nachts draußen stehen bleiben (allerdings nicht bei drohenden Nachtfrösten).
So weit, so gut. Nur was man bei dieser ganzen Prozedur auf keinen Fall vergessen darf ist das Gießen, genauer gesagt, das in aller Regel erforderliche vermehrte Gießen. Stehen die Pflanzen im Freien, benötigen sie aufgrund höherer Verdunstung meist wesentlich mehr Wasser als im Haus. Selbst bei nur leichtem Wind trocknen die Töpfe im Nu aus – also öfter kontrollieren.

Gut vorbereitet - gut gesät - gut gegossen - gut verpflanzt

Bei der Aussaat im Freien steht man zunächst vor der gleichen Frage wie bei der Aussaat im Haus: Wie gießt man frische Saat so, dass besonders die feinen, flachliegenden Körner nicht weggeschwemmt werden? Im Freien kommt noch die Gefahr einer Verkrustung der Erdoberfläche nach ausgiebigen Regenfällen hinzu. Beides lässt sich vermeiden, wenn das Saatbeet gut vorbereitet ist. Es muss fein gehackt sein, und auf die frische Saat werden Sackhüllen gelegt, die bis zur Keimung liegen bleiben. Sind die Pflänzchen im Saatbeet groß genug, dürfen sie an ihren vorgesehenen Standort gesetzt werden. Am Abend vor der Verpflanzung sollte das Saatbeet noch einmal gut gegossen werden. Ist die Erde im Saatbeet fein und locker, braucht man dann keinerlei Gerät, um die Jungpflanzen mit einem schönen Wurzelballen ausheben zu können (vorsichtig herausziehen, Hand unter den Wurzelballen). In festeren Böden reicht ein spitzes Hölzchen zur Unterstützung. Man stelle sich einen Eimer zurecht, der mit nassem Zeitungspapier ausgelegt ist. Hier hinein kommen die Pflanzen. So halten sie sich frisch, bis sie an ihrem neuen Standort eingesetzt werden. Für gute Startbedingungen sorgt man außerdem so: An sonnigen Tagen nicht zwischen 10 und 16 Uhr sowie nicht bei windigem Wetter pflanzen.

Grünes Orakel befragen: gibt's Nachtfrost?

Nachtfrost ist im Anmarsch, wenn abends etwa 5 cm über einem mehrere Quadratmeter großen Rasenstück Temperaturen unter 6 °C gemessen werden. Wem dies zu orakelig-dunkle Angaben sind, der kann ja, bitteschön, nachts noch mal messen gehen.

Bester Frostschutz – Glasglocken, Mini-Gewächshäuser & Co.

Frostempfindliche Pflanzen wussten sich bei Großvater gut aufgehoben. Er hielt für sie im Frühjahr stets einige große Glasglocken parat. Auch transportable Mini-Gewächshäuser mit in Metall gefassten, kleinen Scheiben gehörten zu seiner Frostschutz-Ausstattung.
Aufpassen musste er nur an sonnigen Tagen, denn dann wurde es selbst im Frühjahr leicht zu heiß unter solchen Schutzdächern; so hieß es, auf entsprechende Belüftung zu achten.
Wem also derartige Frostschutzmittel vergangener Zeiten zur Verfügung stehen, der denke an unterzulegende Hölzchen bei den Glocken und zu öffnende Fensterchen bei den transportablen Häusern.

Heutzutage schützt man sich vor Frost häufig mit Folien und Vliesen. Das sind durchaus nützliche moderne Errungenschaften, zumal wenn ganze Beete zwecks Ernteverfrühung abgedeckt werden.
Großvaters Methode bietet allerdings einen nicht zu unterschätzenden Vorteil: Gezielt können einzelne Pflanzen, etwa junge Zucchini oder Paprika, erste Triebe von Dahlien oder Gladiolen, für einige Tage vor späten Frösten geschützt werden. Wer nun nicht auf großväterliche Bestände zurückgreifen kann, verwende große Einmachgläser oder baue sich Holzrahmen, die mit Folie bespannt bzw. mit Glas abgedeckt werden. Hauptsache, man hat ein Dach überm Pflanzenkopf parat.

Die Gartenheizung bei Nachtfrostgefahr

Stehen nächtliche Fröste bevor, können junge Pflanzen einfach durch umgestülpte Blumentöpfe geschützt werden. Bei leichten Frösten langt das völlig. Etwas stärkere Fröste erfordern ausgefuchstere Schutzmaßnahmen: Einige Platten aus Metall (etwa 2 bis 5 mm stark, mal beim Schrotthandel vorbeisehen) werden auf den Beeten so aufgestellt, dass man Kerzen, beispielsweise Grablichter, darunterstellen kann (auf ausreichend Windschutz achten). Achtung: Kerzen weit genug von den Pflanzen wegstellen, damit es keine Verbrennungen gibt. Für eine Platte von 40 cm Seitenlänge sind

drei Lichter notwendig. Die Kerzen erwärmen die Platten stark genug, dass die Pflanzen in der Nähe ausreichend vor Frost geschützt sind. Diese Methode eignet sich auch für überwinternde Pflanzen im Freien, wenn im Januar oder Februar noch starke Fröste drohen.

Zimmerpflanzen perfekt anziehen

Eigentlich ist es bekannt: Ableger von Zimmerpflanzen sind empfindliche Geschöpfe. Sie müssen besonders gut geschützt werden. Am besten zieht man sie auf der Fensterbank unter Glas an. So hält man Zugluft ab und sorgt gleichzeitig für eine hohe Luftfeuchtigkeit. Damit die Luft aber nicht muffig wird, wodurch der Erfolg ebenfalls gefährdet wäre, legt man einige Hölzchen unter den Glasrand. So ist die Frischluftversorgung gewährleistet. Bei starker Sonneneinstrahlung sollte zusätzlich für eine Schattierung gesorgt werden. Die Ableger brauchen solange Schutz, bis sie Wurzeln geschlagen haben. Das kann je nach Art bis zu mehreren Wochen dauern.

DÜNGER UND GRÜNDÜNGER FÜR GESUNDEN BODEN UND STARKE PFLANZEN

Was Großvater noch wusste - endlich bewiesen!

Es ruft doch immer wieder Erstaunen hervor, dass den sogenannten exakten Wissenschaften gelegentlich Erkenntnisse zufallen, die im normal menschlichen Bereich eigentlich nie ernsthaft bezweifelt worden sind, die aber bedauerlicherweise oft ein fast vergessenes Dasein fristen müssen. „Die Schritte des Herrn düngen den Garten“ besagt eine alte Gartenweisheit. So könnte auch das Fazit eines von der Fachhochschule Weihenstephan wissenschaftlich begleiteten Experiments aus jüngerer Zeit lauten.

Es zeigte sich – welchen alten Gartenhasen wundert's –, dass sich beispielsweise Tomatenpflanzen bei liebevoller pflegerischer Zuwendung mit einem Mehrertrag bedankten. Gegenüber Pflanzen, die lediglich mit dem materiell Notwendigen (Wasser und Düngung) versorgt wurden, ließen die freundlich und zuvorkommend bedienten Gemüse durchschnittlich drei Früchte mehr wachsen. Der abendliche Rundgang nach getaner Gartenarbeit dient also weniger der Planung für den nächsten Tag, als vielmehr der Pflege der Pflanzen. Es ist selbstverständlich erlaubt, den Rundgang zu vertraulichen Gesprächen mit den grünen Freunden zu nutzen.

Der Ton macht eben auch im Garten die Musik. Trotzdem sei Euch Gartenmenschen auch folgender Tipp ans Herz gelegt.

Von Anfang an gesund

Ein gesunder, lebendiger Boden mit einem regen Bodenleben stellt eine geradezu unerlässliche Voraussetzung für ebenso muntere Pflanzen dar. Emsige Mikroorganismen finden sich

nicht nur im Wurzelbereich der Pflanze, die ganze Bodenoberfläche ist ein Tummelplatz der verschiedensten Kleinstlebewesen. Diese lebendige Mikroflora und -fauna hilft, die Pflanzen vor den Angriffen der Krankheitserreger zu schützen. Giftanwendungen jeglicher Art würde hier sinnlose Zerstörung anrichten und die Pflanzen schutzlos hinterlassen, was weitere Spritzungen zur Folge hätte.
Wie gesagt: Viel konstruktiver und im besten Sinne biologischer ist es, die Mikroflora und -fauna zu unterstützen und sogar noch zu bereichern. Wässrige Auszüge aus reifem Kompost, der selbst eine sehr „lebendige" Substanz ist, haben sich hier bestens bewährt. Vor allem gegen Pilzerkrankungen, wie zum Beispiel Mehltau, Grauschimmel sowie Kraut- und Knollenfäule, helfen regelmäßige Spritzungen, mit denen im Frühjahr begonnen werden sollte. Der Kompostextrakt wirkt in erster Linie abwehrstärkend, mithin vorbeugend. Die in ihm enthaltenen Mikroorganismen können jedoch auch bereits vorhandene Schaderreger stoppen.
Grundsätzlich kann jeder Kompost, der gut verrottet ist, zur Anwendung kommen. Eine besonders gute Wirkung haben auch Komposte, denen Pferde- oder Rindermist zugegeben wurde.
Um den hilfreichen Extrakt herzustellen, mischt man einfach einen Teil Reifkompost mit vier Teilen Wasser, lässt die Mischung mindestens 10 Tage stehen und rührt sie täglich um. Vor der Spritzung gibt man die Mischung durch ein Tuch, damit die Düsen des Spritzgerätes nicht verstopfen. Zu Anfang kann erst einmal eine Verdünnung von 1:20 ausprobiert werden. Je nach Wetterlage verstärkt man die Verdünnung (schlechtes nasses Wetter) oder schwächt sie ab (trockenes Wetter). Angewendet wird der Extrakt alle 10 bis 14 Tage während der gesamten Vegetationsperiode.

Schnell bereitet - flüssiger Dünger

Für flüssigen Dünger spricht, dass er sofort pflanzenverfügbar ist. Für die Herstellung besorgt man sich ein Gefäß (Eimer, Jauchefass oder Ähnliches; bitte nicht aus Metall!), das zu etwa einem Drittel mit strohfreiem Stalldung angefüllt wird. Ist nur strohiger Mist zu bekommen, schüttele man den Mist vom Stroh ab oder trenne den Mist mit Hilfe des Kompostsiebes vom Stroh. Das Stroh kann als Mulchmaterial verwendet werden oder zerkleinert auf den Kompost. Kuh- und Schafdung gelten hier als ausgesprochen brauchbar. Anschließend füllt man das Gefäß mit Wasser auf, rührt das Ganze gründlich durch und lässt es für einige Tage abgedeckt stehen. Dann wird wieder gut gerührt, bis sich die gröberen Bestandteile aufgelöst haben. Danach lässt man das Gefäß abgedeckt für sechs bis acht Wochen zur Gärung stehen. Der fertige Flüssigdünger kommt fünffach verdünnt zur Anwendung. Dung von Hühnern und Tauben ist als Grundstoff für flüssigen Dünger ebenfalls sehr zu empfehlen. Man verfährt wie vorher beschrieben. Der fertige Flüssigdünger aus Hühner- bzw. Taubendung wird zehnfach verdünnt verwendet.

Wurmgold - Dünger einfach einsammeln

Wer die Mühe nicht scheut, wird durch das Absammeln von Regenwurmauswurf, der nach Regen vermehrt vorkommt, einen vorzüglichen Dünger für Kulturen unter Glas oder auch Topfpflanzen erhalten. Das gesammelte Material wird getrocknet und fein zerbröselt. Dünn aufgestreut, arbeitet man es dann oberflächlich ein. Anschließendes Gießen macht das „Wurmgold“ zu einem ausgesprochen ergiebigen und sehr schnell pflanzenverfügbaren Dünger.

Vogelmist als Krafstoffzufuhr

Einen guten Kopfdünger, für Stark- und Mittelzehrer, gewinnt man aus Guano (Vogelmist). Dazu mische man einen Teil Guano mit 50 Teilen Wasser, verrühre gut und gebe jeder zu düngenden Pflanze etwa einen Liter an den Fuß, nur nicht auf die Blätter. Für eine so gezielte Kraftstoffzufuhr dürften sich die Pflanzen mit ausgesprochener Wachstumsfreude bedanken.

Wachstumshilfe für Tomaten aus eigenem Hause

Ähnliches hilft Ähnlichem – nach diesem Grundsatz verfahre man und besorge sich nach dem Tomatenpflanzenverkauf die übrig gebliebenen Pflänzchen von einer Gärtnerei. Von dem Pflanzenmaterial setze man eine Jauche an (zwei Hand voll Pflanzen auf zwei Liter Wasser), die nach etwa 14 Tagen verwendbar ist. Verdünnt wird die fertige Jauche 1:10 mit gutem Gießwasser. Die Tomatensetzlinge werden damit fein gespritzt und auch gegossen, was ihrem gesunden Wachstum ungemein förderlich ist. Nach dem Fruchtansatz sollen Tomaten dann aber nicht mehr gespritzt, sondern nur noch gegossen werden.

Wundersamer Kohl - die Jauche für Starkzehrer

Kohl-Jauche (3 kg frische, zerschnittene Blätter auf 10 Liter Wasser) ist ein hervorragender Dünger für Tomaten und Kohl. Ihr wird nachgesagt, sie habe einen feinen Nebeneffekt: Sie könne eine Ansteckung mit Kohlhernie verhindern, selbst wenn der Boden schon verseucht ist.

Algendünger, Energie aus der Sonne

Algenhaltiges Wasser ist im Gartenteich äußerst unerwünscht, als Dünger für Gemüsepflanzen dagegen sehr willkommen. Will man algenhaltiges Wasser zur Pflanzen-Fütterung verwenden, kann man sich Algen selber züchten. Dafür benötigen Sie eine Tonne, die exklusiv für den Algendünger reserviert ist. Dorthinein kommt Erde mit Kompost und Wasser im Verhältnis 1:50. Am besten stellt man den Bottich in die Sonne, dann wachsen die Algen gleich nochmal so gut.
Nach der Entnahme wird immer wieder mit Wasser und einigen Hand voll frischem Kompost aufgefüllt. Algendünger bietet den Pflanzen eine ausgewogene Nährstoffversorgung und lässt sie gesund wachsen.

Blumenspendern gebührend danken

Der frische Blumenstrauß aus dem eigenen Garten ist eine wahre Freude für jeden Gärtner und gewissermaßen der i-Punkt bei allem, was das traute Heim so schmückt. Bei unserer Liebe zum regelmäßig ausgetauschten Vaseninhalt dürfen nur nicht die „Spender-Pflanzen" draußen in Vergessenheit geraten. Häufig geschnittene Blumen brauchen öfter mal eine Kopfdüngung, um neue Blüten treiben zu können. Die viel und zu Recht gerühmte Brennnessel-Jauche erweist sich zu diesem Zweck wegen ihres hohen Stickstoffgehaltes als nicht geeignet. Blütenpflanzen benötigen eher Phosphor und Kalium. Für eine solche Kopfdüngung stellen deshalb Beinwell-Jauche oder Guano (in Wasser angerührt) die richtigen Dünger dar.
Beinwell-Jauche wird hergestellt, indem 300 g frische Blätter auf 10 Liter Wasser gegeben werden. Das Gemisch wird 10 bis

14 Tage stehen gelassen, dabei täglich umgerührt und zur Anwendung 1:10 mit Wasser verdünnt.
Und weil's gerade so gut passt, noch rasch ein passender Zusatztipp: Düngen Sie besser bei Regenwetter, oder gießen Sie noch mal mit klarem Wasser nach, den Blättern bekommt es nicht sonderlich, wenn sie vom Flüssigdünger längere Zeit benetzt sind.

Pflanzendünger nach asiatischer Art

Geheimnisvolles Indien, erstaunliches China, viele Eurer Ratschläge sind fruchtbarer Dünger auf unseren abendländischen Äckern. Waren es nicht Eure Großväter, in deren Reihen man als guter Gärtner galt, wenn man tierischen Dünger ablehnte, weil er angeblich die Fortpflanzung des Ungeziefers begünstigte? Jedenfalls drang Anfang des 19. Jahrhunderts aus Fernost die Kunde von einem Pflanzendünger ganz besonderer Art nach Deutschland. Naturbewusste Gartenmenschen können heute immer noch ihren Nutzen daraus ziehen.
Ihren Pflanzendünger bereiteten chinesische und indische Gärtner aus dem Ölkuchen der Erdbohne, den sie eine Zeit lang im Wasser gären ließen, bis man mit Fug und Recht von Jauche sprechen konnte. Mit dieser begoss man nun die Beete und erfreute sich an der ertragssteigernden Wirkung. Die Inder waren davon wohl so angetan, dass sie es mit allen möglichen Pflanzen probierten. Die Jauche von Brennnesseln haben wir von den Großeltern geerbt und mittlerweile unter anderem als guten Stickstoffdünger kennen und schätzen gelernt. Wegen des hohen Stickstoffgehaltes bietet sie sich sicher nicht für alle Pflanzen an. Nehmen wir also den Gedanken unserer fernöstlichen Vorfahren auf und begreifen die Jauche verschiedenster Pflanzen, zum Bei-

spiel im Hinblick auf die Düngewirkung, als eine Alternative bzw. Ergänzung zum Mulchen. Die kostbaren Inhaltsstoffe, beispielsweise der gejäteten Wildkräuter können so zurückgewonnen werden und stehen unseren Kulturpflanzen zur Verfügung. Beim Verjauchen muss man auch nicht so sehr auf samenfreies Pflanzenmaterial wie beim Mulchen achten, weil die meisten Samen während des Gärprozesses ihre Lebensfähigkeit verlieren werden, bis auf sehr hartschalige Gesellen.

Stickstoffdünger aus heimischer Produktion

Den nötigen Stickstoffdünger für unsere Zimmerpflanzen können wir selbst gewinnen – aus unserem Frühstücksei. Genauer gesagt aus den gesammelten Eierschalen, die wir zerdrücken und eine Woche mit Wasser bedeckt ziehen lassen. Dieses Eierschalenwasser behandeln wir dann wie reinen Stickstoff-Flüssigdünger, wenn wir damit unsere Zimmerpflanzen versorgen. Auch kalkfliehende Pflanzen, wie Azaleen, können damit gegossen werden, weil der Kalk der Eierschale nicht ausgeschwemmt wird.

Wertvoller Dünger vom Metzger

Neben den bereits preisgegebenen kostenlosen Düngern zur Stickstoffversorgung, von Alge bis Eierschale, wurde uns unlängst ein weiteres Mittelchen ans Herz gelegt, das unseren Geldbeutel schont. Von diesem Wissen, liebe Leser, soll auch Eure Haushaltskasse profitieren. Anstatt schon wieder ins Gartencenter zu laufen, um kostspielige organische Dünger zu erwerben, kann man zur Abwechslung auch einfach mal mit der leeren Gießkanne in die Küche schlendern, das Waschwasser vom Sonntagsbraten einfüllen und in die Blumentöpfe gießen.

Bei so einem guten Geschäft schmeckt's einem doch gleich doppelt so gut! Übrigens, bekommen die Pflanzen Verdauungsprobleme, sollte man vielleicht den Metzger wechseln.

Vorsorgen nicht vergessen - Jauche für's Frühjahr

Bereits im Sommer denken erfahrene Gärtner an den nächsten Frühling und decken sich mit getrockneten Kräutern ein, die sie früh im Jahr zum Verjauchen und Düngen verwenden möchten. Dazu gehören in erster Linie Brennnesseln, die das Bodenleben aktivieren. Aber auch Beinwell, Ringelblumen und andere Heilkräuter können verjaucht werden.
Um für die erste Pflanzzeit diesen Flüssigdünger gleich parat zu haben, werden die getrockneten Kräuter bereits im Februar mit Wasser (zum Beispiel geschmolzener Schnee) an einer geschützten Stelle aufgesetzt, denn bei niedrigen Temperaturen geht das Verjauchen langsamer vor sich. Etwa ab Ende März ist die erste Jauche dann fertig (daran zu erkennen, dass es beim täglichen Umrühren nicht mehr schäumt) und man kann die frisch gesetzten Jungpflanzen mit – wie gewohnt – verdünnter Jauche nun schon bestens versorgen.

Guter Start für den Nachwuchs: Tipps zur Baumpflanzung

Den jungen, unerfahrenen Erdgeschöpfen wollen wir alles Gute mit auf den Lebensweg geben, und bei frisch zu pflanzenden Jungbäumen beginnen wir mit folgender edler Tat: Im Herbst bereits heben wir das Pflanzloch aus, etwa einen Meter tief und breit. Die ausgehobene Erde wird dabei auf zwei Hau-

fen verteilt: einer mit der oberen, besseren, und einer mit der unteren Bodenschicht. Im Frühjahr zur Pflanzzeit kommt nun zuerst die Erde der oberen Schicht ins Pflanzloch, und zwar so viel, dass der daraufgesetzte Baum ausreichend hoch steht. Die Veredelungsstelle, erkennbar an einer Verdickung im Stamm, soll eine handbreit über dem Boden sein.

Strenge Biogärtner werden jetzt stirnrunzelnd einwenden, dass so das ganze Bodenleben auf den Kopf gestellt wird. Aber liebe Mitkämpfer und -kämpferinnen, es geht hier darum den Untergrund zu verbessern. Steht der Baum wie gewünscht auf seinem extrafeinen Grund, wirft man zwei bis drei Hand voll Gerste auf die blanken Wurzeln und füllt anschließend mit der restlichen, eventuell mit Kompost und einigen Hornspänen angereicherten Erde, auf. Man darf nun den Boden nicht allzu fest antreten, damit sich die Gerste nicht erhitzt (durch möglichen Luftabschluss) und zu faulen beginnt – mit entsprechender Ansteckungsgefahr für den Setzling.

Die Gerste soll sich langsam zersetzen und dient auf diese Weise als Kraftspender, um die Wachstumsfreude der jungen Wurzeln anzuspornen. Mit dieser speziellen Starthilfe lassen sich dem jungen Baum die ersten Früchte frühzeitiger entlocken, verriet uns Großvater. Und dann muss es ja stimmen.

Knochenmehl bei Großvater äußerst beliebt

Als Blumendünger, wir verraten nichts Neues, ist Knochenmehl unsere erste Wahl. Er bringt die Blüten so richtig in Fahrt. Noch viel weniger neu und deswegen sicher lange nicht so verbreitet, ist die Tatsache, dass Knochenmehl als vorzüglicher Dünger für schwere, lehmhaltige und kalte Böden unter den älteren Generationen gehandelt wurde. Für sandige Böden eignet es sich dagegen weniger, weil sein hitziges Temperament die Trockenheit des Erdmaterials noch verstärken würde.

Eierschalen fein zermahlen

Eierschalen brauchen auf dem Kompost sehr lange, bis sie vollständig verrotten. Besser und schneller geht es, wenn man die Eierschalen vorher zermahlt. Dazu werden die Schalen erst einige Tage getrocknet und anschließend durch eine alte Kaffeemühle gedreht. Das so gewonnene Kalkmehl tun wir auf den Kompost oder verwenden es gleich direkt als Kalk-Stickstoff-Dünger.

Hornspäne - je kleiner, desto feiner

Als Stickstoffdünger sind Hornspäne besonders gut geeignet. Die großen Stücke brauchen jedoch recht lange, bis sie sich zersetzen und somit den Pflanzen in Form von Stickstoff verfügbar sind. Am Besten siebt man daher die Späne mit einem groben Sieb aus und wirft die größeren auf den Kompost.

Welcher Mist für welchen Boden?

Als Dünger dient auch heute noch oft Mist. Nur: Mist ist nicht gleich Mist, hier muss man streng unterscheiden. Pferdemist, der mit dem hitzigen Temperament, findet Verwendung in warmen Mistbeeten und in schweren Böden. Ausgesprochen sandige Böden macht er nur noch trockener, was nicht gewollt ist. Hier bot sich vorzugsweise Großvaters kalter Schweinemist an. Aber wo bekommt man den heute noch?
Schweinemist hat in Tonböden nichts zu suchen, denn er würde nur deren schlechte Eigenschaften (vor allem die Tendenz zu Verdichtung und Verkrustung) verstärken. Ein Mistdünger bietet sich im Zweifelsfalle immer an: der Rindermist. Er nimmt eine Art Mittelstellung ein und kann beinahe überall eingesetzt werden. In dieser Funktion ist er ein allseits gefragter Kraftstoff auf des Gärtners Beet (vielleicht mal beim Biobauern fragen).
Großvater brachte den Mist noch im Herbst aufs Beet. Heute weiß man, dass dies äußerst ungünstig ist, weil damit eine Ausschwemmung von Nährstoffen und damit eine erhebliche Verunreinigung des Grundwassers einhergeht. Man bewahrt ihn besser zugedeckt über Winter auf und bringt ihn im Frühjahr, bereits leicht angerottet, aufs Beet. Dann ist er auch nicht mehr so geruchsintensiv und lockt nicht allerlei ungebetene Insekten an.

Was im Stallmist alles steckt

Wie man zur Tageszeit seine Taschenlampe nicht angeknipst herumliegen lässt, so sollte man auch mit den Energievorräten, die in der Biomasse von Stallmist stecken, gewissenhaft umgehen. Soll Stallmist im zeitigen Frühjahr als Wärmepackung des Mistbeetes genutzt werden, muss er über den Winter luftig gelagert werden. In locker aufgeschichtetem Mist kann der Verrottungsprozess nicht in Gang kommen und die Wärmeentwicklung damit noch nicht einsetzen – so wie es zur Winterzeit erwünscht ist. Der Verrottungsvorgang wird erst im gepackten Mistbeet benötigt. Dort entfaltet er in dicht geschichteten Mistlagen dann auch seine Wirkung.

Dünger mit leichter Verzögerung - die Mulchschicht

Mulch liefert Nährstoffe. Bis es jedoch so weit ist, dass das organische Material genug zersetzt ist, um den Pflanzen auch als Nahrung zur Verfügung zu stehen, fließt noch viel Wasser in so manche Regentonne. Zwischenzeitlich kann es gar zu Engpässen kommen, weil die Verrottung selbst Nährstoffe bindet.
Vom Aufbringen des Mulches bis zur Zersetzung vergehen durchschnittlich sechs Wochen. In dieser Zeit sollte man gelegentlich die Pflanzen kontrollieren und insbesondere die unteren Blätter in Augenschein nehmen. Sind diese gelb verfärbt, kann es an Stickstoff mangeln. Mit einem Flüssigdünger (zum Beispiel Brennnessel-Jauche) hilft man den Pflanzen über den Engpass rasch hinweg.

Dünger aus der Luft gegriffen

Preiswerter kann man es eigentlich nicht haben: Dünger, der praktisch vom Himmel fällt. Um ihn aufzufangen, braucht man jedoch bestimmte Pflanzen. Leguminosen heißen diese Wunderlinge. Sie binden mit Hilfe ihrer Wurzelknöllchen Stickstoff aus der Luft im Boden. Während der Blüte und Samenreifung wird dieser allerdings weit gehend von den Pflanzen selbst ver-

braucht. Deshalb müssen zur Stickstoffanreichung gesäte Leguminosen zu Beginn der Blüte auch geschnitten werden. Die Wurzeln bleiben im Boden und sammeln eifrig den Stickstoff, der für andere Pflanzen dann abrufbereit im Boden lagert.
Zu den Luftstickstoff-Sammlern gehört unter anderem die Gemeine Ackerbohne oder auch Dicke Bohne, die bei den Großeltern noch regelmäßig auf dem Teller zu finden war. Ganz gezielt kann man mit ihr eine Stickstoffanreicherung inszenieren. Steht im Winter der Gartenplan fürs nächste Jahr fest, werden schon ab Mitte Februar in diese Reihen, in denen später die Starkzehrer stehen werden, Ackerbohnen gelegt. Sie werden dann mit Ausbreitung der Hauptkultur nach und nach abgeschnitten. Bei Frühkartoffeln lohnt es sich, je zwei Ackerbohnen in das Pflanzloch zu legen und später abzuschneiden. Dem Himmel also sei, trotz allem, was sonst noch so von ihm runterkommt, gedankt!

Als Gründünger brauchbar - die Buschbohne

Die Buschbohne muss bei näherer Betrachtung keineswegs Vergleiche mit anderen Gründüngungspflanzen, beispielsweise Lupine und Steinklee, scheuen. Älteren Gärtnergenerationen galt sie als ausgezeichneter Gründünger, da ihr Schotenertrag alle investierten Kosten abdeckte. Aber allein schon der Düngeaspekt und die Verbesserung der Bodenstruktur, machte die Bohne zu einer ausgezeichneten Gründüngungspflanze. Ihre feinen Wurzeln durchziehen den Boden und machen ihn schön locker und krümelig.
Zum einen kann man nun einfach die Stängel über dem Erdboden abschneiden und den Rest schön stehen lassen. Auf diese Weise kommt der in den Wurzelknöllchen gespeicherte Stickstoff der Nachfrucht zugute. Gerade Nutzpflanzen mit gro-

ßem Stickstoffhunger erweist man damit einen großen Dienst. Zum anderen lassen sich Stängel und Kraut als Dünger in die obere Bodenschicht einarbeiten, also nicht tiefer als 10 cm. So erhalten die Nachkulturen Stickstoffdünger vom Feinsten.

Wie Jauchedüfte verduften

Zugegeben, nicht jedermanns Nase heißt die Ausdünstungen vieler Dünger-Arten willkommen. Man sollte sich dennoch nicht von einer sinnvollen Verwendung abhalten lassen. Praktikable Duftbremsen stehen parat. Denn alle stark riechenden Dünger, wie Stallmist oder die verschiedenen Jauchen, verlieren ihren Geruch, wenn sie mit einer Brühe oder einem Auszug von Weinraute übergossen werden. Für die Brühe wird die Weinraute (300 g frisches Kraut auf fünf Liter Wasser) eine Stunde lang auf kleiner Flamme gekocht und nach dem Abkühlen auf die riechenden Stoffe gegossen. Ein Kaltauszug muss vor Gebrauch sechs bis acht Tage ziehen.

Der Boden – gut versorgt über den Winter

Die dem Boden mit der Ernte entzogenen Mineralien (Magnesium, Kalzium und andere) müssen wieder ersetzt werden. Weil nicht alles, was geerntet wurde, auch wieder kompostiert wird, also kein geschlossener Kreislauf existiert, muss gele-

gentlich Dünger von außen zugeführt werden. Hier leisten Steinmehl und Algenkalk gute Dienste. Beides wird, anders als stickstoffhaltige Dünger, am besten im Herbst verabreicht. Die Vorteile liegen auf der Hand:
Die Mineralien halten nicht nur die Feuchtigkeit besser, sie binden außerdem die Nährstoffe und verringern so die belastenden Auswaschungen ins Grundwasser.
Auch das Mulchmaterial (Winterabdeckung mit Laub oder Ähnlichem) benötigt zur Verrottung Mineralien, es zersetzt sich bis zum Frühjahr bei entsprechendem Ausgleich einfacher.
Steinmehl erhöht beispielsweise den Quarzgehalt des Bodens, dadurch wird die Sonneneinstrahlung im Boden verstärkt und dieser erwärmt sich im Frühjahr schneller.

Schnee - Dünger von oben

Schafft Schnee auf die Beete, sofern es bei Euch noch welchen gibt. Das hierzulande immer seltener werdende Weiß schützt nicht nur den Boden, bei Tauwetter hat das nach und nach ins Erdreich sickernde Nass zusätzlich bodenbelebenden Düngecharakter. Die im Schnee enthaltenen Verbindungen, wie Ammoniak und Phosphorsäure, helfen so beim Dünger sparen. Wer seine Gartenwege räumt, sollte deshalb den Schnee ruhig auf den Beeten verteilen.
Was in Zukunft beim Niederschlag mehr und mehr fehlen wird, ist der Schwefel. Man hört es schon gelegentlich munkeln, dass sich Gartenfreunde langfristig darauf einstellen müssen, dass dieser an sich unbeliebte Stoff (aus den Schloten von Kohlekraftwerken der dreckschleudrigen Art) Mangelware im Boden werden könnte. Genau genommen wär's zu schön, um wahr zu sein.

BEWÄSSERN MIT VERSTAND UND UMSICHT

Gießen – Antworten auf die wichtigsten Fragen

Wann? Ein erfahrener Gartenfreund sieht im Grunde auf den ersten Blick, ob seine Zöglinge Durst haben. Zur groben Orientierung (für Einsteiger) sei dieser Tipp genannt: Mit der Hand durchwühlt man die Beeterde ein bisschen. Lässt sich nun die Erde zusammendrücken, ohne dass sie gleich wieder auseinanderfällt, dürfte die Bodenfeuchtigkeit in der Regel noch ausreichend sein. Bei Pflanzen mit ausgesprochen hohem Wasserverbrauch, zum Beispiel Gurken, Tomaten und Sonnenblumen, muss eine Versorgung jedoch oftmals früher erfolgen. Was die Tageszeit betrifft, zu der man am besten mit der Gießkanne losgeht, gelten folgende Regeln:

- Morgens von Sonnenaufgang bis etwa 10 Uhr.
- Am Spätnachmittag bis zur eintretenden Dunkelheit. Bei großer Hitze möglichst nicht vor 18 Uhr bzw. morgens nicht nach 8 Uhr.
- Während der ersten Frühjahrswochen sollte man die wärmste Tageszeit nutzen.
- Mistbeete werden generell morgens gegossen, denn die Feuchtigkeit über Nacht fördert Pilzerkrankungen.

Wie? Vor allem regelmäßig, denn darauf legen die Pflanzen Wert. Wenn's die Witterung also zulässt, sollte man die einzelnen Beete tatsächlich stets zur gleichen Tageszeit versorgen.

Womit? Idealerweise mit abgestandenem Regenwasser. Das Gießwasser sollte zudem möglichst kalk- und eisenfrei und natürlich nicht kalt sein. Steht nur kälteres Wasser zur Verfügung, etwa weil man einen Brunnen nutzen kann, sollte man immer nur das nehmen. Daran können sich Pflanzen durchaus gewöhnen, aber auf keinen Fall an einen ständigen Wechsel von warm und kalt!

Die Hacke ist die Gießkanne des Gärtners

Wie denn das? Selbstverständlich geht's nicht ohne gießen. Alle Pflanzen brauchen eine regelmäßige Versorgung mit Wasser. Aber gerade bei sehr trockener Witterung gilt Großvaters Motto: Einmal hacken spart zweimal gießen.

Der gelockerte Boden bleibt in der Tiefe feuchter und kühler, wirkt eher isolierend gegen die Wärme und speichert besser Feuchtigkeit (zum Beispiel Tau) als ein unbearbeiteter, verdichteter Boden. Außerdem werden durch die Lockerung Verwitterungs- und Zersetzungsvorgänge unterstützt. In Kreisen besonders sparsamer Großväter meint man sogar, einmal hacken erspare fünfmal gießen. Also einfach ausprobieren und gut beobachten!

Pflanzen nicht verwöhnen - die richtige Erziehung ist alles

Nicht, dass das Grünzeug regelrecht kiebig würde – aber auch Pflanzen kann man anscheinend komplett verziehen. Sie werden dann recht mimosenhaft und man muss sich ständig um sie kümmern. Wer seine Pflanzen jeden Tag gießt, vielleicht in der Hoffnung, sie wüchsen schneller, wird sein blattwelkendes Wunder erleben, wenn die liebe Vielgießerei erstmal ein Ende hat. Denn oft gegossene Pflanzen entwickeln nur ein kleines und sehr flaches Wurzelwerk. Auch Pflanzen sind eben faul und sparsam. Wenn ständig Wasser zur Verfügung steht, müssen sie kein tiefgehendes Wurzelwerk bilden. Wasser gibt's ja auch oben.

Pädagogisch klüger ist es, seltener und dafür ausgiebig zu gießen. Die Wurzeln werden auf diese Weise angespornt, tiefer in den Boden einzudringen, wo sie in trockenen Zeiten noch Feuchtigkeit finden. Einige Pflanzen sind aber von Natur aus Flachwurzler. Ihnen nützt diese Erziehung kaum. Zu den Flachwurzlern gehören zum Beispiel Erdbeeren.

Wasserscheue Gurken und Melonen

Weder Gurke noch Melone mögen es, wenn ihre Blätter mit Wasser benetzt werden. Lassen wir ihnen ihren Willen und sparen uns das Gießen ganz. Die alternative Wasserversorgung dieser sehr durstigen Geschöpfe sieht so aus: In ein mit Wasser gefülltes Gefäß, das neben den Pflanzen steht, taucht man das eine Ende eines dochtartig gedrehten Wolllappens, der zuvor ganz durchfeuchtet wurde. Nun führt man das andere Ende an bzw. um den Wurzelbereich der Pflanzen herum. Das Wasser sickert auf diese Weise stetig und ohne Blattbefeuchtungsgefahr den Wurzeln entgegen.

Die Klangprobe für richtiges Gießen

Womöglich kommt es öfters vor, dass Zimmerpflanzen regelrecht ersaufen, als dass sie vertrocknet alle Blätter von sich strecken. Viele Topfgewächse werden einfach zu großzügig gegossen. Wie erkennt man nun aber, wann gegossen werden sollte?

Hat man seine Zimmerpflanzen in Tontöpfe gepflanzt, gibt es

eine simple Methode, um festzustellen, wie es mit dem Wasserhaushalt im Wurzelballen bestellt ist. Man klopft einfach leicht an den Topf. Gibt es einen hellen Ton, ist die Erde trocken und ein Wasserguss ist fällig. Bei einem eher dumpfen Ton wird noch ausreichend Feuchtigkeit vorhanden sein. Bedenken Sie aber, dass ein Riss im Topf den Klang „verfälscht". Dann muss man sich eine andere Methode einfallen lassen.

Wassertürme - Gießersatz für den Nachbarn

In einem Blumenkasten herrschen recht beengte Verhältnisse. Kein Wunder also, dass die Blumen – bedingt durch den begrenzten Wurzelraum – schnell vom Austrocknen bedroht sind. Um sich die ständigen Kontrollen zu ersparen, sorgt man auf folgende Weise für einen ausreichenden Wasservorrat: Eine mit Wasser gefüllte Flasche wird kopfüber etwa 5 cm tief in die Erde des Kastens gesteckt. Je nach Bedarf sickert das Wasser nun aus der Flasche in die Erde. Eine simple, wenngleich annähernd geniale Einrichtung, die sich außerdem für längere Abwesenheit – beispielsweise während des Urlaubs – nutzen lässt. Man muss nur rausfinden, wie groß der Flaschenbedarf für einen bestimmten Zeitraum sein wird und eine entsprechende Anzahl Wassertürme in Stellung bringen.

Gießen während der Blüte- aber wie?

Während der Blütezeit dürfen Pflanzen nicht bedenkenlos gegossen werden. Die Begründung hierfür ist schnell genannt: Ein Überbrausen der Pflanzen, namentlich der Blüten, mit Gießkanne oder Schlauch, erschwert unter Umständen erheblich die Bestäubung. Während der Blüte beschränkt man sich daher auf die Bewässerung des Bodens.

Gemüse mögens gerne feucht

Wenn die ganz große Sommerhitze vorbei ist, darf man sich nicht täuschen lassen. Vielleicht nimmt man lange ausbleibenden Regen nicht mehr unbedingt als Trockenzeit wahr. Aber gerade deshalb sollte man in dieser Zeit unbedingt ein Auge auf den Feuchtigkeitsgehalt des Bodens haben. Herbst- und Lagergemüse brauchen besonders in den Wochen vor der Ernte nochmal großzügige Wassergaben, um nicht im Lager rasch dahin zu welken. Auch Erdbeerpflanzen bekommt das Gießen bei herbstlicher Trockenheit sehr gut, sie starten dann im Frühjahr schneller. Hören Sie im Winter nicht auf, regelmäßig Ihr Augenmerk auf den Garten zu lenken, wie der nachfolgende Tipp eindringlich beschreibt.

Trockenheit - auch im Winter beachten

Immergrüne Pflanzen gehen – wer hätte das gedacht – häufiger an Trockenheit als Frost zugrunde. Besonders nach sehr niederschlagsarmen Sommern können solche Pflanzen bis in den Winter hinein ballentrocken bleiben. Die von den Wurzeln durchzogene Erde ist während der Sommerzeit staubtrocken

geworden und hat trotz normaler Mengen Herbstregen noch nicht wieder genügend Wasser aufnehmen können. Die raue Winterluft entzieht nun auch noch den Blättern das Wasser, die keine Möglichkeit haben, den Verlust aus dem meist gefrorenen Boden zu ersetzen. Die Pflanzen werden welk und vertrocknen – mitten im Winter. Der Gartenfreund, der es nicht besser weiß, glaubt, die Pflanzen wären erfroren. Nach heißen Sommern ist deswegen unbedingt anzuraten, immergrüne Pflanzen bis in den Oktober und sogar November gründlich zu wässern.
Um zu verhindern, dass womöglich das gesamte Wurzelwerk einfriert, bedeckt man den Wurzelhals vorsichtshalber mit einer etwa 15 cm hohen Laubschicht. Ein festgestecktes Netz schützt diese vor Wind.

PFLANZEN SCHÜTZEN - BRÜHEN, JAUCHEN UND ANDERE FALLEN

Lieblingsspeise der Schnecken kennen und gegen sie verwenden

Man könnte meinen, Schnecken seien ausgesprochene Genusstypen, was freilich übertrieben ist. Aber eines scheint festzustehen: Für Kleie kriechen sie meilenweit, jedenfalls noch viel lieber. Besonders Roggenkleie zieht sie geradezu magisch an. Wer sich in feuchten Jahren seine Ernte nicht mit diesen, und seien wir ehrlich, oft lästigen Erdbewohnern teilen will, sollte sich Kleie besorgen und diese als Lockspeise in kleinen Häufchen auslegen. Abends, während der Dämmerung oder frühmorgens, kann man dann die Tiere an den Ködern ganz bequem einsammeln und aus seinem Garten verbannen. Nebenbei gefragt, wie verstehen Sie sich eigentlich mit Ihrem Nachbarn? Prima? Hätte auch gar keinen Zweck, die Tiere sind ausgesprochen anhänglich.

Und weil das Thema so interessant ist, wollen wir es noch ein wenig ausschmücken: Auch schon zu Urgroßvaters Zeiten, und wer weiß wie lange vorher schon, war bekannt, dass das sicher-

ste Mittel gegen die Schneckenplage im regelmäßigen Absammeln dieser wirklich gefräßigen Tiere besteht. Ausgelegte Unterschlüpfe erleichtern das Einsammeln. Unter umgestülpten Blumentöpfen beispielsweise, die an einer Seite mit einem Hölzchen angehoben stehen, lassen sich die Schnecken den ganzen Tag über einsammeln. Das Schönste an dieser Fangart ist, dass man nicht so schrecklich früh aufstehen muss. In Kombination mit dem Kleie-Trick ist das eventuell die lang ersehnte Patentlösung.

Rhabarberblätter für den Schneckenfang

Die großen Blätter des Rhabarbers sind ebenfalls beliebte Versammlungsorte für Schnecken. Das können wir uns zu Nutze machen, indem wir Rhabarberblätter überall dort im Garten auslegen, wo es viele Schnecken gibt. Man kann viele Schnecken, die sich im Morgengrauen unter die Blätter verkrochen haben, recht bequem auch noch tagsüber einsammeln. Man weiß ja wo sie geblieben sind.

Barriere gegen Schnecken

Von den vielen Tipps, die mittlerweile gegen Schnecken im Umlauf sind, hier eine ältere Version. Man besorge sich während des Gerstendrusches (Wintergerste wird im Juli geerntet) von der Gerstenspreu. Davon wird ein kleiner Wall um die gefährdeten Pflanzen gestreut. Die spitzen, widerhaarigen Borsten (Grannen) hindern die Schnecken am Überwinden dieser Barriere. Ob man vielleicht ganze Beete mit einem Wall umgeben kann, wäre auszuprobieren und hängt von der Menge des Gerstendrusches ab, die man bekommen kann.

Der Spezialtipp zur Schneckenabwehr

Rezepte zur Schneckenbekämpfung kann man eigentlich nicht genug kennen – es gibt doch so viele von ihnen, ja, Schnecken freilich, Schnecken. Aber auch Rezepte, hier ist noch eins: Die Früchte der Asiatischen Kermesbeere *(Phytolacca acinosa)* lassen sich für die Bekämpfung der Weichtiere einsetzen. In den Früchten sind sogenannte Saponine enthalten, die die Schleimhüllen der Schnecken angreifen und dadurch tödlich wirken.

Weil keine genau beschriebenen Anwendungsformen von Großvater auffindbar waren, schlagen wir folgende Herangehensweise vor: Man sammelt die Früchte bzw. besorgt sich die Pflanzen vom Handel und wartet auf die Ernte. Die Früchte werden getrocknet und anschließend vermahlen. Nun stellt man einen Kaltwasserauszug her (zwei Esslöffel Kermespulver je Liter, 30 Minuten ziehen lassen) und sprüht davon auf die schneckengefährdeten Beete. Wie lange die Wirkung anhält hängt unter anderem von der versprühten Menge ab und muss beobachtet werden. Eventuell muss man die Konzentration erhöhen oder man streut das Pulver trocken an ausgewählte Schneckenpfade. Die toten Schnecken entfernt man am besten von den Beeten, weil ihr Geruch nur weitere herbeilocken würde. Aber für die haben wir zur Not ja die anderen Rezepte.

Ein Hinweis noch zur Kermespflanze: Sie kommt verwildert vor und siedelt sich mitunter von allein im Garten an. Im Handel sind die beiden in unseren Regionen kultivierbaren Arten (insgesamt gibt es etwa 30) meist fälschlicherweise unter dem Namen Amerikanische Kermesbeere *(Phytolacca americana)* zu bekommen. Man orientiere sich an folgendem Unterscheidungsmerkmal: Die asiatische Art hat aufrechte, die amerikanische hingegen hängende Blütenstände.

Schnecken, Schnecken ...
... und noch ein paar Tipps

Guten Rat gegen Schnecken gibt es zuhauf. Schnecken auch. Vielleicht reagieren sie überall anders, diese schlauen Kriecher. Wir geben nicht auf, wäre ja gelacht. Und deshalb hier noch einige Gerissenheiten für all die, deren Schnecken längst nicht mehr in die Bierfalle tappen, respektive kriechen: Die Pastinake gehört zu den Pflanzen, die von Schnecken gemieden werden. Das Auslegen des Krautes dieser möhrenähnlichen Pflanze, zum Beispiel um gerade aufgelaufene Saaten, schützt diese vor Schneckenfraß. Einen Nachteil hat die Methode aber: Man muss Geduld haben. Wer im Frühjahr Pastinaken aussät, hat frühestens im Herbst das hilfreiche Kraut zur Hand.
Allerdings ist die Pflanze winterhart und kann draußen bleiben, so dass im nächsten Jahr schon frühzeitig Pastinakenkraut geerntet werden kann.

Empfindlich sind die Schnecken offensichtlich gegenüber dem Geruch von Begonien. Ein Auszug dieser Pflanze (eine feinsäuberlich klein geschnittene Begonie einen Tag in 10 Liter Wasser stehen lassen) über die gefährdeten Pflanzen gespritzt oder gegossen, gilt als wirksame Barriere.
Von Jungpflanzen kann man die Schnecken durch Gelbsenf oder Kresse ablenken, die in der Nähe gepflanzt werden. Mit Gelbsenf sollte man jedoch besonders in Kohlbeeten vorsichtig sein und nicht groß werden lassen. Handhoch abgeschnitten, braucht man sich aber vor der Kohlhernie nicht fürchten.
Gar nicht erbaut reagieren Schnecken auch auf den Geruch von Knoblauch. Diesen sollte man folglich überall „dazwischenstecken". Besonders aber zu Erdbeeren und Salat, die Schnecken bekanntlich besonders lieben.
Wer Bierfallen im Garten stehen hat, kann deren Hinterhältigkeit steigern, indem in der Nähe Unterschlüpfe ausgelegt werden. Kriechen die Schnecken dann abends los, ist die Bierfalle das erste, was ihnen in den Weg kommt. Was aber tun, wenn immer wieder andere Tiere in die Falle gehen und nicht mehr raus können? Damit andere kleine Tiere, wie zum Beispiel Laufkäfer, wieder aus der Falle gelangen, stellt man einen mit grobem Schmirgelpapier umwickelten Stab in den Bierbehälter. Auch wenn es ungerecht ist, der gewünschte Effekt: Die Käfer können raus, die Schnecken aber nicht. Sie kommen auf dem rauen Untergrund nicht voran.
Zu guter Letzt noch ein ganz heißer Tipp: Ohrwürmer haben gelegentlich Schneckeneier auf dem Speiseplan. Die Art *Forficula auricularia* geht dabei gar nicht so bescheiden zur Sache, bevor sie sich in den Boden zum Überwintern verkriecht. Also: Ohrwürmer züchten oder wenigstens in Ruhe lassen. So, das müsste erst mal langen.

Wühlmausprobleme - kein alter Zopf

Nach wie vor ein haariges Thema. Wer aber bereit ist, für die Entschärfung des Problems einige Haare zu lassen, begebe sich zum Friseur und rette das zu Boden sinkende Material vor dem Müllschlucker. Man stopfe nun davon in die Löcher dieser hartnäckigen Nager, die den menschlichen Geruch nicht mögen und bestimmt vor ihm flüchten werden.

Holunder gegen Wühlmaus

Für diejenigen, die bei der Wühlmausbekämpfung vergeblich viele Haare gelassen haben (siehe Tipp vorher), hier eine weitere Erfolg versprechende Maßnahme, diesmal mit Hilfe des Holunders. Man kann Holunderzweige in die Gänge stopfen, besser mögen zerriebene Holunderblätter sein. Eine noch größere Beleidigung für das Riechorgan dieser hartnäckigen Nagetiere ist die Jauche von Holunderblättern, die man samt den Blättern in die Gänge gießt (Rezept siehe Seite 135). Je nach Ausdauer der Nager muss man diese Anwendung wiederholen und ruhig auch mit anderen Methoden kombinieren.

Die Wühlmaus mag den Knoblauch auch nicht

Manche Wunder sollen auch ohne Zauberei funktionieren. Um Bäume herumgepflanzt, hält Knoblauch die Wühlmäuse angeblich von ihrer ärgerlichen Nagerei ab. Die Tier-

chen wissen wohl den Gesundheitswert von Knoblauch nicht recht zu schätzen, können ihn einfach nicht riechen.

Wühlmausjäger unterstützen

Will man die eigene oder eine befreundete Katze für die Jagd auf die lästigen Nager gewinnen, muss man für anständige Arbeitsbedingungen sorgen und ihr freie Bahn verschaffen. Dazu gehört das Kurzhalten der Rasenfläche, die von Wühlmausgängen durchzogen ist. Auf eine Formel gebracht geht man davon aus: Die Erfolgsquote der Katze steigt ungefähr proportional zur abnehmenden Länge des Grases.

Stacheligkeiten gegen Wühlmäuse

Liebend gern tut sich die Feldmaus an frischer Saat gütlich. Sehr zum Ärgernis der Gärtner. Eine Spezialwürzung verdirbt ihr jedoch den Appetit: Man mische dem teuren Saatgut einfach Tannennadeln unter, die Stacheligkeiten werden die Nager zum Fasten veranlassen.

Den Maulwurf vergraulen

Manchmal wird es einem – Tierliebe hin, Naturschutz her – möglicherweise doch zu bunt: Die Maulwurfshügel nehmen überhand und ihre Gänge üben auch noch große Anziehungskraft auf die Wühlmäuse aus. Alle Ausrottungsmethoden sind jedoch sehr unfein und außerdem verboten, der Maulwurf steht unter Naturschutz! Er lässt sich eventuell aber so vergraulen: Man legt einige in Seifenlauge (Kern- oder Schmierseife) gekochte Nüsse in die Gänge (mit verschiedenen Sorten probieren), das soll er gar nicht mögen.

Bevor man sich aber zu einer Maulwurfsvertreibung hinreißen lässt, sollte man bedenken, dass er ein nicht zu unterschätzender Nützling ist, da er etliche unterirdische Pflanzenschädlinge auf seiner Speisekarte hat.

Spezialmischung, die Maulwürfe nicht mögen

Was für durchtriebene Verscheuchungsmittel unsere Altvorderen schon zusammengebraut haben, ging ihnen – zu Recht oder Unrecht – doch das Maulwurfgetier gewaltig auf die Nerven. So vermixten sie beispielsweise drei Teile Molke mit einem Teil Buttermilch und bewahrten das Gebräu vier Tage an einem warmen Ort auf, wo es sein volles Abschreckaroma entfalten konnte.

Die Anwendung folgte nun dem simplen Prinzip des „einfach in die Gänge gießen“ – pro Hügel so rund eine Tasse. Die gruselige Soße soll dann etwa ein halbes Jahr für entschiedene Vorbehalte hinsichtlich der Bewohnbarkeit solcher präparierter Wohnanlagen seitens der Maulwurfsgesellschaft gesorgt haben. Also, wer's glaubt, darf es ruhig selbst mal probieren. Wer nicht, selbstverständlich auch.

Gegen Wildverbiss anstänkern

In Gärten in Waldnähe und wildreichen Gegenden kommt es häufig zu beträchtlichen Verbissschäden an den Frühjahrspflanzungen. Dagegen kann durchaus das feine Einstäuben der zu schützenden Pflanzen mit Knochenmehl helfen. Den „Duft“, der dieser Dünger ausströmt, hat wildvertreibenden Charakter. Zugleich tut man seinen Pflanzen noch etwas Gutes, denn der hohe Phosphatanteil des Knochenmehls fördert die Blütenbildung. Zur weiteren Verwendung von Knochenmehl die Herstellerangaben beachten oder in einem Buch über naturgemäßen Gartenbau nachlesen.

Wildkaninchen - aber bitte nicht im Garten

Wildkaninchengeplagte Gärtner sind dankbar für jeden Tipp. Hier gleich mehrere zur freien Verfügung: Kaninchen mögen gerne Sojabohnen. Ein „Zaun“ aus diesen Bohnen, ringsum den gefährdeten Gartenteil, schützt die anderen Pflanzen vor Kahlfraß. Der Anbau von Sojabohnen ist übrigens nicht schwieriger als der von Buschbohnen.

Was Kaninchen gar nicht mögen, ist der Geruch einiger Pflanzen. Abwehrend wirken zum Beispiel Pflanzungen von Ringel-

blumen, Primeln und Zwiebeln. Wer nicht so viel Platz hat, sollte sich mit regelmäßigen Abwehr-Spritzungen behelfen, die alle 10 Tage und nach jedem Regen erneuert werden. Dazu ein Brei aus Zwiebeln und Knoblauch, für einen Tag mit Wasser stehen gelassen (etwa drei Zwiebeln auf einen Liter Wasser), ergibt eine wirksame Spritzbrühe, die nicht nur vor Kaninchen, sondern auch gleich noch vor Pilzerkrankungen schützt.
Den Appetit verderben kann man den Kaninchen auch mit einer Mischung aus einem Liter Wasser und fünf bis acht Tropfen Baldrianblütenextrakt. Nachfolgend und zum Abschluss noch ein Tipp für Ofenbesitzer.

Wildkaninchen mit Ruß vertreiben

Wer immer wieder Verbissschäden durch Wildkaninchen zu beklagen hat, sollte sich, wenn er mit Holz oder Kohle heizt, etwas Ruß aus dem Schornstein besorgen (hinter der Schornsteinklappe im Keller ist für gewöhnlich reichlich vorhanden). Man fülle den Ruß in kleine Gefäße und stelle diese zu den gefährdeten Pflanzen ins Beet. Die vertreibende Wirkung hält einen Sommer lang an. Um zu vermeiden, dass der Ruß wegweht oder vom Regen ins Beet geschwemmt wird, nehme man eine ausreichend hohe, nur zu zwei Drittel gefüllte Dose und überdache diese.

Winterfutter für Hasen - bitte hier entlang

Finden Hasen im Winter wenig Futter, nagen sie ganz gerne an der Rinde von Bäumen – auch unseren Obstbäumen. Wer diese schützen möchte und keine Lust hat, einen hasensicheren Zaun zu bauen (immerhin muss der 30 cm tief in den Boden reichen), kann seine Baumstämme mit einigen Lagen Zeitungspapier umwickeln (auch Reisig ist geeignet). Man sollte sich außerdem die Tatsache zu Nutze machen, dass die Rinde für Hasen lediglich ein Notfutter ist: Kohlpflanzen, die den Winter über auf den Beeten gelassen werden, sind bei Hasen viel beliebter und natürlich bekömmlicher. Einige Grün- und Rosenkohlpflanzen, bei deren Ernte man nur die Blätter bzw. Röschen abgeschnitten hatte, lenken Meister Lampe ebenfalls von den geliebten Bäumen ab. Genau besehen scheint, vor allem unter dem Gesichtspunkt einer möglichst rationellen Arbeitsweise und eines gesunden Lebens in Muße, die letztere Methode die elegantere zu sein.

Wie Wermut die Vögel vergrault

Das Problem ist so alt wie die Anfänge des Ackerbaus. Gierig picken die gefiederten Gesellen das soeben mühsam ausgebrachte Saatgut auf. Um ihnen das zu vergällen, streue man beim Säen etwas Wermutpulver mit dazu. Der Geruch von Wermut soll nicht nur Vögel vergraulen, auch Ratten und Mäusen vergeht offenbar der Appetit.
Wermutpulver kann man sich in der Apotheke besorgen oder selbst aus gut getrockneten Blättern herstellen, man vermahlt sie zu feinem Pulver.

Vögel vom Junggemüse fernhalten – ein paar Tricks gefällig?

Auf Gezwitscher im Gemüsebeet kann man ganz gut verzichten, picken die Vögel doch allzu gerne an den jungen Blättern von Salat und Gemüse, auch Keimlinge werden gerne aus dem

Boden gezogen. Sind die Pflanzen erst einmal ein gutes Stück gewachsen, schadet ihnen das gelegentliche Anknabbern nicht mehr, aber bis dahin sind junge Setzlinge oft kahlgefressen. Hier ist gärtnerische Fantasie gefragt.

Um die Vögel, vor allem Spatzen, von den Beeten fernzuhalten, muss man sich öfter neue Abschreckungsmethoden einfallen lassen, denn das Federvieh ist erstaunlich lernfähig. Für das Saatbeet eignen sich dicht über dem Boden kreuz und quer gespannte blaue Fäden, andere Farben zeigen nicht den gewünschten Erfolg. Später kann man einen Federstern basteln und aufhängen. Und das geht so: Eine ringsum mit Federn besteckte Kartoffel wird an einem schräg in den Boden gesteckten Stock aufgehängt. Der sich im Wind frei bewegende Federstern hält die Vögel dann eine ganze Weile vom Beet fern. Je nach Größe des Beetes können mehrere Federsterne aufgestellt werden.

Livekonzert im Kirschbaum - klirrender Schutz vor Vögeln

Weil wir unsere Kirschen genauso gerne essen wie die Vögelchen das tun, müssen wir das liebe Federvieh bedauerlicherweise mit großväterlicher Raffinesse vom Schmausen abhalten. Wir müssen dazu lediglich zwei Glasstückchen so miteinander verbinden, dass sie, im Baum aufgehängt, beim geringsten Lufthauch klirren und blinken. Unter Umständen werden bei großen Bäumen aber Größenordnungen erreicht, die Anlass zu nächtlichen Tumulten unter der Nachbarschaft geben könnten, so dass mit ihnen vielleicht nicht mehr so gut Kirschen essen ist. Daran sollte man denken.

Die Vogeltränke schützt junge Knospen

Es ist nicht immer der Hunger oder gute Appetit, der die Vögel dazu veranlasst, an den jungen Knospen, zum Beispiel unserer Obstbäume, herumzupicken. Oftmals ist es schlicht Durst, der die Tiere (jedenfalls bei lang anhaltender trockener Witterung) zu den Knospen zieht. Manchmal hilft schon das Aufstellen einer Vogeltränke nahe der gefährdeten Bäume oder Sträucher, um dem Naschen der Vögel zu begegnen.

Ameisen - nicht jedes Tier ist ein Untier

Grundsätzlich sei zunächst angemerkt, dass Ameisen, wie eigentlich alle Tiere und Pflanzen, ihren Platz in der Natur, also auch in unserem Garten, haben. Damit soll nun aber nicht für Toleranz gegenüber beispielsweise Wildschweinen im Hausgarten geworben werden. Man sollte sich aber überlegen, ob das eine oder andere Kräutlein oder Tierchen nicht doch geduldet werden kann. Außerdem gibt es geschützte Arten, denen keinesfalls zu Leibe gerückt werden darf. Sollten sich etwa einmal Waldameisen in Ihrem Garten verirrt haben, dürfen diese nicht getötet werden! Das zuständige Forstamt kann in einem solchen Fall sicher mit einem Rat weiterhelfen.

Anti-Ameisenmethode für Hartgesottene

Über ein störendes Ameisennest wird an einem sonnigen, warmen Tag ein großer Blumentopf gestülpt. Innerhalb von drei bis fünf Stunden legen die Tierchen ihre Eier dorthinein ab. Das kann man durch das Bodenloch beobachten. Diese Methode eignet sich für Nester unter gepflasterten Flächen. Der Blumentopf wird über die gut erkennbaren Eingangslöcher gesetzt. Ein Eimer mit sehr heißem Wasser sollte jetzt bereitstehen. Mit einem Spaten wird der Ameisentopf abgehoben und in den Eimer versenkt.

Ameisenvertreibung etwas humaner

Weniger rabiat können wir mit folgender Methode gegen Ameisen vorrücken: Das störende Nest vorsichtig mit dem Spaten ausheben und in weitem Bogen in den Garten schleudern. An den Eiern finden Vögel Geschmack und die zerstörte Kolonie wird nur sehr langsam, wenn überhaupt, wieder aufgebaut.

Ameisen verduften lassen

Will man die emsigen Gartenbewohner unblutig aus ihren Löchern vertreiben, können hierbei die Düfte verschiedener Kräuter hilfreich sein. Dazu drücke man frische Blätter von Kerbel, Thymian, Majoran oder Lavendel in die Erde des Ameisenbaus – und die Ameisen suchen das Weite. Auch frische Geiztriebe von Tomaten sollen die Tierchen vergraulen. Natürlich gibt es keine Gewähr dafür, dass sich die Ameisen nun auf die große Wanderschaft raus aus dem Garten begeben. Aber vielleicht fühlen sie sich ja auch beim Nachbarn wohler.

Ameisenstopp in Mistbeeten und andere Fallen

Ameisen in Frühbeeten und Gewächshäusern sind lästig. Warum? Na, weil sie mit ihrem fleißigen Nestbau extrem den Boden lockern, so dass kleinere Pflanzen keinen Halt finden und jämmerlich verkümmern. Was die Arbeitswut der Tierchen stoppen könnte, ist der Geruch von ausgelegtem Kerbelkraut. Im Freiland kann man Guano streuen oder Fallen in Form von flachen Behältern, die mit einem Hefe-Honig-Wasser-Gemisch gefüllt sind, aufstellen.

Der Maulwurfsgrille eine Grube graben

Mancherorts kennt man diese, auch Werre genannte, Grillen-Art zwar gar nicht, aber dort, wo sie auftritt, kann sie einem Gärtner ganz beträchtlichen Ärger bereiten. Ganz unter uns gesagt, wir hoffen natürlich, dass Sie zu den Gärtnern gehören, denen die Grille kein Begriff ist.

Dabei zählt sie nicht einmal zu den Schädlingen, vertilgt sie doch selbst so einiges an unterirdisch lebendem, unerwünschtem Getier. Richtig nervig wird es mit ihr auch erst, wenn sie sich in Massen im Nutzgarten niederlässt und im Frühjahr die Wurzeln der gerade gepflanzten oder gekeimten Gemüse auffrisst.

Maulwurfsgrillen muss man aber nicht gleich töten, auch sanftere Maßnahmen zeigen durchaus ihre Wirkung, sie vom eigenen Garten fernzuhalten, zum Beispiel folgende Methode: Im Herbst wird an geeigneter Stelle, vor allem dort, wo viele Maulwurfsgrillengänge zu finden sind, eine etwa einen Quadratmeter große, 60 bis 70 cm tiefe Grube ausgehoben und mit festgetretenem Pferdemist gefüllt. Viele Maulwurfsgrillen werden solch eine Grube als ideales Plätzchen zur Überwinterung ansehen und man kann die dort versammelten Tiere im zeitigen Frühjahr mitsamt dem Mist einfach an einen geeigneten Ort bringen.

Schutzblech um junge Pflanzen

Um junge Pflanzen vor Maulwurfsgrillen zu schützen, zieht man listigerweise ein Schutzblech um die Pflanzstelle herum hoch. Dieses kann aus einem nicht zusammengelöteten Blechzylinder, beispielsweise einer aufgeschnittenen Konservendose, bestehen. Nach dem Einpflanzen drückt man das schützende

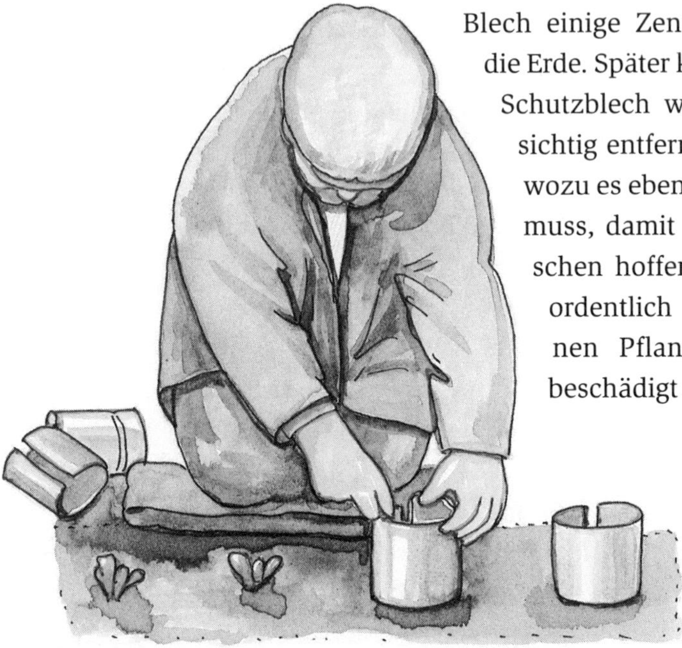

Blech einige Zentimeter in die Erde. Später kann unser Schutzblech wieder vorsichtig entfernt werden, wozu es eben offen sein muss, damit die inzwischen hoffentlich sehr ordentlich gewachsenen Pflanzen nicht beschädigt werden.

Die Maulwurfsgrille ***aus Mistbeeten vertreiben***

In Mistbeeten fühlen sich Maulwurfsgrillen offenbar durchaus wohl (siehe auch Tipp zuvor), sie genießen die Wärme der Mistpackung, wofür wir Verständnis haben. Leider fressen Maulwurfsgrillen so ziemlich alles, was ihnen in die Quere kommt, auch das, was wir lieber ausgewachsen im Kochtopf sehen würden. Damit sich diese grilligen Tierchen nicht sogleich auf die Wurzeln unserer jungen Pflanzen stürzen, sollte man sie loswerden, bevor man das Mistbeet bepflanzt oder besät. Eine Abkochung von Erlenrinde, ins Beet gegossen, soll alle sich eingenisteten Maulwurfsgrillen vertreiben.

Lieblingsköder für Drahtwürmer

Das wirkungsvollste Mittel gegen Drahtwürmer, die sich zu unserem Kummer an allen möglichen Wurzeln vergnügen, besteht in natürlichen Ködern. Geeignet sind zum Beispiel Salatstängel, die man abends zwischen den Gemüsereihen auslegt. Morgens kann man die Genießer dort einsammeln.

Fang- und Vertreibungsmittel für Tausendfüßler und Asseln

Diese beiden an sich harmlosen Gesellen und ihre Verwandten können dort, wo sie sich aufhalten und annagen, was ihnen in den Weg kommt, erhebliche Schäden anrichten.
Asseln schaden besonders Keimlingen in Treibhäusern und Frühbeeten. Unter Brettern, Steinen, Säcken und anderen Gegenständen sammeln sie sich besonders gerne. Deswegen besteht die erste Maßnahme auch im konsequenten Wegräumen von sowieso nur nutzlos rumstehenden und -liegenden Dingen.
Kellerasseln machen sich gerne über unsere Lagergemüse her. Hier hilft eine ausgehöhlte Kartoffel als Köder. Die nachtaktiven Tiere sammeln sich in der Kartoffel und können so bequem ins Freie gebracht werden. Da fragen wir nicht lange, ob es den Herrschaften passt.
Tausendfüßler können an vorgezogenen Bohnenaussaaten, verschiedenen Wurzelgemüsen und auch an jungen Erdbeeren Schaden anrichten. Kurz an allem was beginnt, kleine, zarte Wurzeln zu bilden.
Im Gemüsebeet sind sie gar lästig, auf dem Kompost aber höchst nützlich, sie zerkleinern alle frischen Abfälle, die Tierchen mit den vielen Füßen. Will man sie also vom Gemüsebeet

auf den Komposthaufen umsiedeln, benutze man folgenden Köder: Halbierte Kartoffeln werden unter einen umgestülpten Blumentopf gelegt, besonders gerne mögen die Tausendfüßler bereits angefaulte Kartoffeln. Um diesen Leckerbissen werden sich eine Menge Tausendfüßler scharen, die dann leicht umgesiedelt werden können.

Hitzeschock für Blattläuse - das Ende der Plage

Ein kurzes „Heißwasserbad" (maximal 55 °C) kann bei verlausten Sträucherzweigen Abhilfe schaffen. Dazu taucht man befallene Triebspitzen bzw. Zweige, so weit sie in ein entsprechendes Gefäß reichen, für einige Sekunden in solch heißes Wasser.

Lange Tauchgänge für Zimmerpflanzen und Blattläuse

Wenn es auf unseren Zimmerpflanzen lausig zugeht, verordne man ihnen zusammen mit den Biesterchen ein Tauchbad. Auf zwei Stäbe, die auf den Rand eines Eimers Wasser (Zimmertemperatur) gelegt wurden, stellen wir kopfüber die befallene Pflanze. Das Blattwerk lässt man etwa eine Stunde in dem kalten Tauchbad, dann wird auch der letzten Laus die Luft ausgegangen sein. Bei Bedarf wiederholt man die Prozedur.

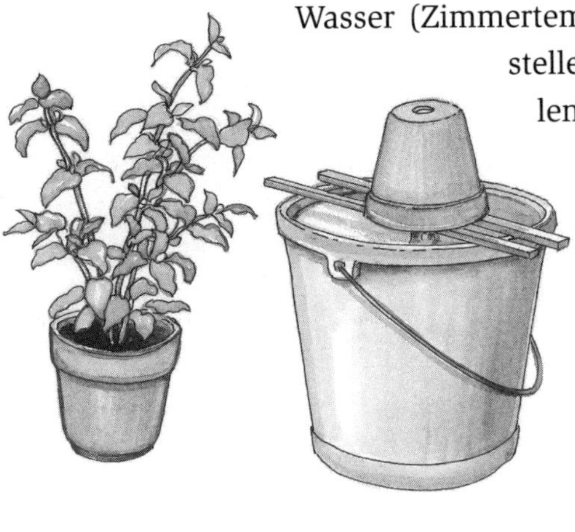

Der Blattlausplage ein Ende bereiten - so oder so

Blattläuse sind allseits bekannt und allseits recht unbeliebt. Bei trockenem, warmen Wetter zudem auch noch unverschämt ausbreitungsfreudig, regten sie uns schon immer auf und damit den gärtnerischen Erfindungsgeist auch gelegentlich an. Von den zahlreichen, teilweise kuriosen, Methoden, die aus Großvaters Werkstatt stammen, wollen wir einige vorschlagen, die sich mit dem Gedanken des naturgemäßen Gartenbaus vertragen. Abschneiden, abbürsten oder abseifen, alles haben wir im Repertoire.

Die Abschneid-Methode

Da sich die Läuse zu Beginn ihrer Invasion nur an den Triebspitzen der Bäume einquartieren, kann man durch Abschneiden eben dieser, der Ausbreitung Einhalt gebieten. Auch anfängliches Entfernen einzelner gut besuchter Blätter dürfte recht verheerende Auswirkung auf den Blattlausbestand haben. Diese Methode ist bei allen Obstbäumen erlaubt, mit Ausnahme frisch veredelter Reiser.

Konsequent abbürsten

Das wiederholte Abbürsten der Läuse von Blättern und Zweigen ist sehr Erfolg versprechend, erlaubt es doch den Pflanzen immer wieder, sich zu erholen – vielleicht ändert sich das Wetter ja und die Blattläuse kehren nicht wieder zurück. In größeren Gärten stößt diese Methode jedoch an ihre Grenzen, da sie zu aufwendig ist. Ein scharfer Wasserstrahl leistet hier die Arbeit.

Die Bitternis-verbreiten-Methode

Als ziemlich tödlich gilt der Kontakt für Blattläuse mit bestimmten Bitterstoffen, wie sie in Wermutkraut *(Artemisia absinthium)* und Enzianwurzel *(Gentiana*-Arten*)* zu finden sind. Will man diese weit reichende Wirkung nutzen, muss entweder ein Absud oder eine Art Tee aus den genannten Pflanzen hergestellt werden. Ein Absud, der nur aus holzigem Pflanzenmaterial (Wurzel und Ähnlichem) gewonnen werden sollte, entsteht, indem man das Material kalt aufgesetzt zum Sieden bringt und etwa 90 Minuten leicht weiterkochen lässt. Danach wird abgeseiht. Die befallenen Pflanzen werden mit dem Absud bzw. der wie Tee hergestellten Brühe nach dem Erkalten gut befeuchtet.
Die Flüssigkeiten sollten so bemessen sein, dass sie schnell aufgebraucht werden. Sonst besteht die Gefahr, dass sie nach einigen Tagen übler Geruchsentwicklung eine vertreibende Wirkung auf ihre Anwender ausüben, was ja nicht im Sinne des Erfinders wäre. Geeignete Bitterstoffe enthalten neben den bereits erwähnten Pflanzen auch: Kalmuswurzel *(Acorus calamus)*, Schafgarbenkraut *(Achillea millefolium)*, Engelwurz *(Angelica archangelica)* sowie Tausendgüldenkraut *(Centaurium umbellatum)*.

Die Abseif-Methode

Als bestes Mittel wurde lange Zeit Seifenwasser gehandelt. Man verfährt bei der Herstellung wie beim Anrühren von Seifenlauge für die Rasur. Das Verhältnis von Wasser und Seife stimmt dann, wenn es beim Schlagen tüchtig schäumt. Nur für die braunen Läuse der Kirschbäume sollte die Mischung kräftiger sein (mehr Seife).
Die Anwendungsmethoden sind verschieden. Gewöhnlich reicht es, das Seifenwasser mit einem groben Haarpinsel auf die befallenen Stellen zu streichen. Bei hartnäckigen Fällen hat sich ein Schwamm bewährt, der gut getränkt auf die befallenen Zweige gedrückt wird. Ebenso ist das Einseifen mit der Hand möglich. Dazu ergreift man tapfer eine Portion Schaum und streicht damit die Zweige von unten nach oben ein; so werden zusätzlich die Blattunterseiten benetzt. Kleinere Zweige können einfach in das Seifenwasser getaucht werden.
Weil sich die Eier der Blattläuse von diesen Maßnahmen unbeeindruckt zeigen, ist eine Folgebehandlung nach zwei bis vier Wochen nötig, dann sind die Blattlauslarven geschlüpft.

Brennnessel-Spritzung bei Blattlausbefall

Nicht jeder Gartenbesitzer versorgt sich rechtzeitig mit Brennnessel-Jauche, um beispielsweise gegen Blattläuse vorzugehen. Um bei Bedarf trotzdem rasch handeln zu können, bietet sich folgendes Rezept an: 10 kg frische Brennnesseln lässt man in 50 Liter (Regen-)Wasser 24 Stunden ziehen. Der unverdünnte Auszug kommt dann zum Einsatz. Verbraucht man nicht alles, kann man den Rest verjauchen lassen und entsprechend verwenden (dann verdünnt als Dünger usw., Angaben dazu Seite 134 f.).

Blattläuse auf Kübelpflanzen unerwünscht

Oleander, Lorbeer und andere im Haus überdauernde Pflanzen sind im Winter häufig mit Blattläusen regelrecht übersät. Um die einmal ins Haus eingeschleppten Blattläuse von den Kübelpflanzen abzulenken, stecke man in jeden Topf einige Knoblauchzehen. Die fangen rasch an auszutreiben und die Läusebande mit ihrem frischen Blattwerk zu begeistern. Mit größeren Abwanderungen Richtung Lauchgrün darf daher gerechnet werden. Befallenen Knoblauch einfach ausreißen und eventuell durch neue Knoblauchzehen ersetzen.

Blattläuse - und was hilft noch?

Trockenes, warmes Sommerwetter scheint die Vorzugswitterung von Blattläusen zu sein – Massenauftritte sind regelrecht vorprogrammiert. Dennoch, alleine schon gärtnerische Alltagsroutinen, wie ausreichendes Gießen und Lockerung des Bodens, können wirksamen Schutz vor einem unerwünschten Ansturm bieten. Manchmal allerdings hilft einem gerade pralles Sommerwetter. Blattläuse sind hohen Temperaturen gegenüber sehr empfindlich, und ab 30 °C aufwärts heißt es unerbittlich auch für dies Getier, den Weg allen Fleisches zu gehen. Wir wollen also festhalten: Knackiges Sonnenlachen ist schwer erwünscht, auch gerade unter uns Gärtnern; die pure Sünde wär's ausgerechnet wegen ein paar Blattläusen für passendes Mistwetter zu beten.

Außerdem stehen uns im Kampf gegen die Blattläuse mehrere Verbündete zur Seite. Neben der Brennnessel lässt sich mit Rhabarber gegen die Läuseplage direkt angehen. Dazu mehr im folgenden Tipp:

Schwarze Plagegeister an dicken Bohnen

Macht uns die Schwarze Bohnenlaus zu schaffen und haben wir Rhabarber im Garten, können wir ihr schnell zu Leibe rücken. Wir stellen einen Tee aus frischen Rhabarberblättern her und gießen mit der abgekühlten Flüssigkeit die ganze Pflanze tropfnass, besonders dort, wo die Läuse sitzen (meistens an den Blattspitzen). Bei großer Hartnäckigkeit der Tiere gießen wir zweimal die Woche mit dem Tee, bis die Bohnen befreit sind.

Hier noch ein Tipp für vorausschauende Gärtner: Vorbeugen kann man auch durch Vorkultur. Bereits Ende Februar können die Bohnen, am besten in Einzeltöpfen auf der Fensterbank, im Gewächshaus oder im Frühbeetkasten vorgezogen werden und dann Ende März ins Freie. Dort wachsen sie rasch weiter und sind bereits reif, bevor höhere Temperaturen die Läusebande auf Trab bringt.

Zubereiten kann man auch eine Jauche aus Rhabarberblättern. Dazu grob zerschnittene Rhabarberblätter für acht Tage in Wasser ziehen lassen (locker in einen Eimer geben und mit Wasser aufgießen), täglich umrühren und unverdünnt nicht nur bei Bohnen anwenden.

Lockpflanze für Blattläuse

Man mache sich die Vorliebe von Blattläusen für Kapuzinerkresse zu Nutze und pflanze sie auf die Baumscheibe von Obstbäumen, die man gerne vor den Blattschädigern schützen möchte. Die Läuse fühlen sich im Allgemeinen von der Kresse noch stärker angezogen als von dem für sie ebenfalls verführerischen Blattwerk der Bäume. Die farbenfrohen Blüten der Kapuzinerkresse sind außerdem was für's Auge.

Gezielt angehen - und einen Umweg wählen

Weise Gärtner wissen: Nicht immer führt der direkteste Weg zum Ziel. Auf Umwegen bekommt man mitunter das Problem „Blattlausbefall am Baum" besser in den Griff. Dazu erschwert man Ameisen, den bekannten „Blattlaus-Züchtern", den Zugang zum Blattwerk. Vornehmlich an jungen Bäumen können Blattläuse erheblichen Schaden anrichten. Streicht man nun die Stammbasis im Frühjahr mit Insektenleim ein, können die Ameisen nicht mehr den Stamm hochsteigen, ihre Blattlauskolonien anlegen und beschützen. Wirkung zeigt auch das wiederholte Einreiben der Stammbasis mit Knoblauch – sein Geruch überschreitet offenbar die Toleranzschwelle der Ameisen. Nur nicht den Baumpfahl oder eventuelle Aststützen vergessen! Erst dann kann man die Blattläuse erfolgreich bekämpfen. Gleichzeitig sollten Sie die Bodenverhältnisse prüfen und gegebenenfalls verbessern (lockern, mulchen, Baumscheibe anlegen). Wer den Ameisen einige Blattlauskolonien gönnt, pflanzt auf der Baumscheibe Kapuzinerkresse, Brennnesseln oder Ackerbohnen an, auf denen sich die Läuse gerne niederlassen. Als Dankeschön muss man nicht jedes Jahr den Baum behandeln, und zur Bodenlockerung tragen Ameisen außerdem bei.

Ackerschachtelhalm nicht nur gegen Pilzerkrankungen

Das meist als Spritzbrühe vorbeugend gegen Pilzerkrankungen eingesetzte Kraut, leistet uns auch in anderer Zubereitungsform große Dienste. Als Jauche aufgesetzt (frisches Kraut locker in einen Eimer geben und mit Wasser übergießen) und in gärendem (vier bis sechs Tage alt) Zustand 1:5 verdünnt angewendet, wirkt es sowohl gegen Blattläuse als auch gegen Rote Spinne. Verstärkt wird dieser Effekt durch Zugabe von 3 % Brennspiritus oder 1 % Pflanzenseife. Und der Pilzabwehr schadet's auch nicht.

Blutlaus vertreiben

Um der Laus den Zugang ins Holz zu versperren, müssen an befallenen Bäumen alle Ritzen mit Lehm verschmiert werden; so wird dem Gelause die Eiablage und Überwinterung erschwert. Auch mit einem scharfen Wasserstrahl kann man gegen die Blutlausplage angehen. Zur Wasserspritze sollte dann auch wiederholt gegriffen werden. Ein Gemisch aus einem Teil Spiritus und drei Teilen Fett, das auf die Lauskolonien getropft oder gepinselt wird, kann ebenfalls Abhilfe schaffen. Wer's übrigens noch nicht vernahm: Die Apfel-Sorte 'Ontario' wird von Blutläusen merkwürdigerweise weit gehend verschont. Weiß die Laus warum?

Eine Winterarbeit - Blutläuse auspinseln

Blutläuse bekämpft man am besten im Winter, wenn keine Blätter das gründliche Sichten der Rinde behindert. Zu erkennen sind die Blutlauseier, die meist in Kolonien auftreten, an watteartigen, kleinen Knäueln, welche die Eier schützen. Spritzungen können hier nichts ausrichten, sie dringen nicht durch den weißen Filz. Man muss die Blutlauskolonien einzeln mit heißem Wasser (etwa 50 bis 55 °C) oder mit der im vorherigen Tipp genannten Mischung „auspinseln". In milden Wintern finden sich die Eier auch an der Rinde vom Stamm und den Ästen, in strengen Wintern sind sie nur am Wurzelhals zu entdecken. Man muss folglich die Erde ringsum den Stamm etwas entfernen, um nichts zu übersehen.

Gespinstmotten - was tun?

Um das Blattwerk befallener Apfelbäume aus den Fängen der Gespinstmotte zu befreien, muss man die „Fangleinen" erst mal ausfindig machen. Eingerollte Blätter an Apfelbäumen sind ein Indiz und sollten genauer unter die Lupe genommen werden. Manchmal entdeckt man dann jene feinen Gespinste. Dort befinden sich die Nester der Gespinstmotte. Und um ehrlich zu sein, die Bekämpfung ist mühsam: Alle Gespinste rausschneiden, lautet das Gebot der Stunde.
Unerreichbare Nester können mit scharfem Wasserstrahl zerstört werden. Die eingesammelten Gespinste sollten vernichtet werden. Aber was tut man nicht alles für einen guten Apfel.

Raupengespinste heiß abduschen

Die verschiedenen Raupen richten im Schutze dichter Gespinste oft große Schäden im Obstbau an. Die Raupen müssen dort keine Angst haben, als Vogelfutter zu enden, da die Vögel die klebrigen Gespinste nicht nach Nahrung absuchen. Ein einfaches, bewährtes Mittel ist auch hier das Abspritzen mit einem Warmwasserstrahl, dessen Temperatur jedoch 45 °C nicht übersteigen darf. Am besten geht das freilich mit einer elektrischen Pumpe, die uns aus einem mit warmem Wasser gefüllten Bottich versorgt.

Raupennester einfach abseifen

Dort wo's am schönsten ist, lässt man sich nieder, dachten wohl auch die Raupen und bauten ihre Nester in die Zweige und Äste unserer Obstbäume. Egoistisch wie wir nun mal sind, sorgen wir für ätzende Ungemütlichkeit unter den Raupentieren, indem wir Seifenwasser (Pflanzen- oder Neutralseife) in die Nester befördern, das heißt, diese mit der Lauge einpinseln. Was nun mit den Nestern tun, die sich in verflixt unerreichbaren Höhen befinden? Praktisch ist hier ein Stock mit der nötigen Länge, dessen eines Ende mit Wollstoff umwickelt wird. Wolle bietet sich an, weil sie besonders viel Flüssigkeit aufsaugen und auch halten kann.

Mithilfe dieses Instruments befreit man nun auch noch die letzten Nester von allerlei schädlichen Raupen.

Frostspanner - alternativer Fanggürtel

Schon bevor es Leimringe fertig zu kaufen gab, wusste man sich durchaus des Frostspanners zu erwehren. Nach der alten Methode ging das so: Im Spätherbst wird um die betreffenden Baumstämme sogenannte feiste Schafwolle gewickelt, das ist ungereinigte und unversponnene Wolle. Sie ist sozusagen mit dem Leimring-Effekt ausgestattet.

Ende Januar werden die Wollgürtel abgenommen und „entschärft". Früher wurden sie einfach verbrannt, heutzutage gibt es strenge Auflagen, was das Verbrennen im Garten angeht. Tieferes Eingraben der befallenen Fanggürtel stellt eine ökologisch sinnvolle Alternative dar; dies empfiehlt sich auch zur Vernichtung von mit Pilzen befallenem Obst.
Wer ganz konsequent sein möchte, sieht nach, ob Nützlinge, wie Ohrwürmer oder Marienkäfer, in der Woll-Falle Unterschlupf gesucht haben. Sie werden herausgenommen und in einen Ersatz-Schlupf (zum Beispiel mit Holzwolle gefüllter Behälter) gebracht. Hierin besteht auch ein Vorteil gegenüber den Leimringen: Wer diesen erst einmal auf den Leim gegangen ist, dürfte rettungslos verloren sein.

Den ungeliebten Himbeerkäfer loswerden

Streng genommen kann von unserer Seite eigentlich nicht von einer generellen Abneigung die Rede sein: Deine Maden in unseren Himbeeren allerdings sind doch nicht so recht nach unserem Geschmack. Wir werden somit folgende Prophylaxe ins Auge fassen, worauf du deine Brut bestimmt nicht mehr einfach ablegst, wo und wann es dir beliebt: Mit nur leicht angerottetem Kompost mulchen wir unterm Himbeergebüsch. Wirksam ist auch eine Untersaat mit Vergissmeinnicht, damit du's gleich weißt. Bestimmt liegt's an der hellblauen Farbe der Blüten, dass du alter Gauner nicht mehr kommen magst, so Großvaters neueste Theorie – falls es irgendwen interessiert. Wer zweimal tragende Himbeersorten wählt, hat bei der zweiten Ernte (von September bis zum Frost) garantiert keine Maden in den Früchten. Die Blüte liegt außerhalb der Flugzeit der Käfer. Streng genommen ist diese zweite Ernte die erste, denn die im

Sommer neu ausgetriebenen Ruten tragen erstmals im Herbst und dann noch einmal im darauf folgenden Sommer.

Hindernis für Kartoffelkäfer

In kleinen Gärten hat man bei einer Kartoffelkäferplage mitunter Probleme, im nächsten Jahr ein Beet zu finden, das einen ausreichenden Abstand zu den im Boden abgelegten Kartoffelkäfereiern bietet. Der Mulch-Trick hilft hier weiter. Eine ungefähr 30 cm dicke Mulchschicht aus Stroh oder noch besser Heu (öfter auflockern), lässt zwar die Kartoffeln durchwachsen, aber die geschlüpften Käfer sind nicht in der Lage, sich durch dieses sperrige Dickicht zu ihrer Nahrungsquelle, den Blättern, nach oben durchzukämpfen.

Ablenkungsmanöver für Kohlgallenrüssler

Diese kleinen Käfer, die in den unteren Stängeln der Kohlgewächse ihre Eier ablegen, bereiten vergleichsweise selten größere Kopfschmerzen. Ärgerliche Schadensdimensionen können sie aber bei langer Kultur, zum Beispiel bei Weiß- und Rotkohl anrichten. Die Larven des Kohlgallenrüsslers rufen haselnussgroße Gallen (Verwachsungen) hervor. Knipst man diese ab, kann man innen die Larven in ihren Fraßgängen sehen. Die berüsselten Käfer haben scheinbar ihre Liebe zu Kohlrabi entdeckt, da sie diese den anderen Kohl-Arten vorziehen. Diese interessante Beobachtung kommt uns zupass, und wir nutzen sie, indem wir einige Kohlrabi ablenkerisch zwischen dem Kopfkohl platzieren. Es freut uns obendrein mächtig, dass der Kohlrabi zwar reichlich Besuch erhält, darunter jedoch wegen seiner kurzen Kulturdauer nicht zu leiden hat.

Kohlweißlinge in die Irre führen

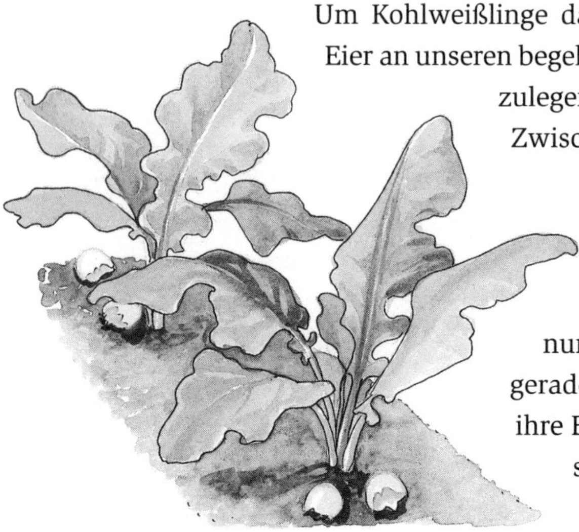

Um Kohlweißlinge daran zu hindern, ihre Eier an unseren begehrten Kohlpflanzen abzulegen, hilft folgender Trick: Zwischen eben jene Pflanzen legt man weiße Eierschalen. Das herumsuchende Weibchen meint nun, dass an den Stellen gerade (weiße) Artgenossen ihre Eier ablegen und sucht sich deshalb ein anderes Plätzchen.

Mulchen gegen den Kohlweißling

Heckenschnitt von Ligusterhecken (giftig!) lässt sich zur Abwehr des Kohlweißlings verwenden. Die zweite Generation des Falters fliegt Mitte Juli, mithin dann, wenn auch der Schnitt der Hecke fällig ist. Diesen günstigen Umstand nutzend, wird der Heckenschnitt als Mulch zwischen die Kohlgewächse gelegt.

Die Möhrenfliege vertreiben

Diese Fliegen reagieren schon einmal empfindlich auf den Anbau von Möhren mit Zwiebeln in Mischkultur. So richtig stinken tut ihnen dann ein Guss mit Zwiebelschalen-Wasser bzw. -Jauche. Zur Herstellung des Wassers bzw. der Jauche übergießt man Zwiebelschalen mit Wasser (etwa 50g auf 10 Liter

Wasser) und lässt es etwa einen Tag durchziehen. Zur Jaucheherstellung bleibt die Mischung unter täglichem Umrühren 10 bis 14 Tage stehen, die Jauche wird so wirksamer. Man muss dafür aber eben warten. Gegossen wird unverdünnt; 10 Liter reichen für eine sieben bis zehn Meter lange Möhrenreihe aus.
Ebenfalls abschreckend auf die Möhrenfliege wirkt es, wenn man vor der Aussaat Sägemehl in den Boden einarbeitet. Bitte darauf achten, dass das Sägemehl von unbehandeltem Holz stammt.

Aufgepasst! Die Porreefliege kommt

Was davon zu halten ist, dass die jüngere Generation immer als diejenige gilt, welche besonders aufsässig ist, wissen wir alle. Eines steht aber unverrückbar fest: Im Juli/August fliegt die zweite der oftmals wirklich großen Schaden anrichtenden Generation der Porreefliegen. In dieser Zeit nun aufgepasst und die Lauchreihen gut beobachtet! Die Eier werden oben an den Spitzen der Blätter abgelegt, und die Larven fressen sich anschließend abwärts. Unten angekommen, ist das Triumphgeheul der lästigen Biester unüberhörbar. Nun hat endgültig die letzte Stunde für diese an sich doch unschuldigen, zudem überzeugend leckeren Pflanzen geschlagen. Dabei hätte man noch bei frühzeitigem Erkennen mit recht einfachen Mitteln diesen schwarzen Gartentag verhüten können: Sobald die ersten Fraß-

gänge Richtung Wurzel auszumachen sind, können die Larven dort zerdrückt werden (unteres Ende der Fraßspur zwischen den Fingern zerdrücken). Eine andere Möglichkeit besteht darin, die Blätter so weit, wie die Fraßgänge reichen, abzuschneiden. Zur allgemeinen Beruhigung kann festgehalten werden, dass unser Herzschlag dadurch nicht aus dem Takt zu geraten braucht, denn Ertragseinbußen sind als Folge nicht zu befürchten. Die Pflanzen werden zwar nicht mehr so lang, zum Ausgleich gehen sie dafür aber freundlicherweise in die Breite.
Neben der Quetsch- und Abschneid-Methode bieten sich Heißwasser-Spritzungen an, sie sind einfach und erfolgreich. Wie das geht, steht weiter hinten in diesem Kapitel (siehe Seite 136).

Die Zwiebelfliege verkohlen

Nicht mit Kohl lässt sich die Zwiebelfliege verkohlen, sondern mit Holzkohle. Um die Zwiebeln vor der anfliegenden Plage zu schützen, muss man die Pflanzen von Juni bis Juli wiederholt mit Holzkohlepulver bestäuben. Allerdings sollte man nun nicht hergehen und den ganzen Holzkohlevorrat, der wieder mal ins Wasser gefallenen Grillpartys, wie wild verstreuen. Salopp gesagt: das bringt einfach nichts. Auch wenn alle Zwiebeln bestäubt würden, ließen sich die Fliegen nicht von der Eiablage abhalten – und das Zwiebelkraut wäre ganz unnötig schwarz.
Holzkohlepulver verteilte der weise Großvater deshalb nicht im gesamten Zwiebelbeet, einige Exemplare ließ er unbestäubt der Fliegenbrut. Diese Opferpflanzen beobachtete er dann besonders sorgfältig, um sie bei den ersten Anzeichen von Befall (gelbliches, kränkliches Aussehen) auszureißen und zu kompostieren. Großvater wusste demnach genau: Zwiebelfliegen lassen sich nur bedingt verkohlen.

Spargelfliege leimen - gemein aber wirksam!

Die Spargelfliege sieht der gewöhnlichen Stubenfliege recht ähnlich, kann aber mehr Ärger bereiten. Etwa von April bis Ende Juni versucht sie, ihre Eier in den weißen Triebspitzen der Spargelpflanzen abzulegen. Besonders im zweiten Jahr der Bepflanzung ist der Spargel gefährdet, weil er noch nicht gestochen wird. Ein altbewährtes Hausmittel, auf das die meisten der unerwünschten Spargelliebhaber immer wieder hereinfallen, ist folgendes: Während der Flugzeit werden auf dem Beet spargeldicke, weiße Holzstäbchen gleichmäßig verteilt und in den Boden gesteckt. Die Spitzen dieser Stäbe streicht man mit Fliegenleim ein. Irgendwie clever, oder?

Unter Glas - Nützlinge gegen Schadinsekten

Ist im Garten das ökologische Gleichgewicht in Ordnung, wird man sich weniger mit Schädlingen rumzuplagen haben. Vielerlei Nützlinge finden sich ein, die gründlich mit den Schädlingen aufräumen. Ein Gartenbereich ganz anderer Art ist jedoch das Gewächshaus. Hier begünstigt das unausgeglichene, künstliche Klima (entweder feucht-warm oder trocken-warm) das vermehrte Auftreten von Schadinsekten, wie Weiße Fliege, Blattläuse, Thripse. Auch haben es leider die natürlichen Widersacher schwerer, den Weg in die Gewächshäuser zu finden, als auf die Gartenbeete. Vielleicht haben sie Platzangst?

Abhilfe bei Schädlingsbefall in Gewächshäusern schaffen somit extra dorthin beförderte Nützlinge. Es gibt inzwischen etliche, auch für den Hobbygärtner, erwerbbare Gegenspieler. Die Nützlinge werden zum Beispiel versandt und müssen, je nach Art, auf die Pflanze oder im Boden unter den Pflanzen verteilt werden. Es dauert einige Tage, bis das hilfreiche Viehzeug schlüpft und unter den weniger angesehenen Genossen das ersehnte Desaster anrichtet. Die Geduld lohnt sich allerdings, denn die Wirkung ist allemal nachhaltiger als beim Einsatz von Spritzmitteln. Zu beachten ist die Luft- bzw. Bodentemperatur. Erstere sollte nicht unter 18, letztere nicht unter 13 °C liegen (Gebrauchsanweisung beachten!).
Folgende Schädlinge können mit wunderbar nützlichen Gegenspielern bekämpft werden:

- Weiße Fliege lässt sich mit einem winzigen Nützling namens Schlupfwespe bzw. Erzwespe *(Encarsia formosa)* in Schach halten. Die Schlupfwespen legen ihre Eier in die Larven der Fliegen, man muss nur einige Wochen Geduld aufbringen, bis erste Wirkungen zu verzeichnen sind.
- Gegen Thripse lässt sich die *Amblyseius*-Raubmilbe einsetzen. Es ist immer dann lohnenswert, wenn der Befall frühzeitig erkannt wird, denn die Nützlinge machen sich über die Larven der Thripse her. Eventuell müssen die Raubmilben mehrfach ausgebracht werden.
- Spinnmilben bzw. Rote Spinne werden von den *Phytoseiulus*-Raubmilben vernichtet. Die Raubmilben ernähren sich sowohl von den Eiern als auch von den ausgewachsenen Tieren.
- Blattläuse bereiten, wenn schon nicht uns, doch vielerlei Kleingetier eine wahre Freude. Dazu gehören *Aphydius*-Schlupfwespen, die ihre Eier in den Blattläusen ablegen. Die Schlupfwespen sind bei optimalen Temperaturen von 18 bis

24 °C sehr aktiv. Auch Florfliegen kommen infrage, deren Larven große Mengen an Blattläusen vertilgen.

- Schmier- und Wollläusen ist es besonders schwer beizukommen. Hier hilft der Australische Marienkäfer. Acht bis zehn Tage dauert es, bis aus den Käfereiern, die zwischen den Schädlingen abgelegt werden, die Larven schlüpfen. Mehrere hundert Exemplare dieser wolligen und schmierigen Läuse werden dann im Laufe der Entwicklung von einer Larve verzehrt. Und damit unter Gartenfreunden keine Panik ausbricht, sei noch darauf hingewiesen, dass sich die entwickelten Käferlarven nur noch schwer von den Wollläusen unterscheiden lassen, beide sind mit wachsartigen Ausscheidungen bedeckt. Bei Kontrollgängen muss man also genau hinsehen, sonst glaubt man noch, die erworbenen Nützlinge hätten sich lediglich auf der faulen Haut ausgeruht, das gesamte Programm sei ein gigantischer Fehlschlag gewesen und alles mit diesen neuartigen naturschonenden Methoden sowieso nur aufgeblasenes Bio-Getöse.

Wie die Kohlfliege verduftet

Salbei verscheucht nicht nur plagende Hals- und Hustenprobleme, sondern auch die lästigen Falter der Kleinen Kohlfliege. Spritzungen der Kohlpflanzen mit einem wässrigen Auszug aus Salbeiblättern (eine Hand voll frische Blätter und Triebe auf einen Liter Wasser, 24 Stunden stehen lassen) irritieren den fliegenden Gesellen gewaltig.

Der intensive Salbeigeruch hält die Falter davon ab, ihre Eier an den Wurzelhals der Kohlpflanzen zu legen. Während der Hauptflugzeit der Insekten, von Ende April bis Anfang Mai, empfiehlt sich dann eine Spritztour alle vier bis sechs Tage.

Methodenvielfalt gegen Weiße Fliege

Hauptsächlich im Zimmer und in Gewächshäusern sind die Pflanzen bei ungünstigen Bedingungen (vor allem trockene Wärme) vom Befall mit der Weißen Fliege bedroht. Sie sitzt an den Blattunterseiten und ist etwa 1 bis 2 mm groß. Sie schädigt die Pflanzen durch Saugen und starke Honig-Tau-Ausscheidungen, die oft noch Pilzerkrankungen zur Folge haben. Aus fernen Landen winkt uns nun Beistand gegen diese weiße Invasion. Für das Gewächshaus bietet sich *Nicandra physalodes* an, ein giftiges Nachtschattengewächs aus Peru. Die Pflanze, die Tomaten, Gurken und anderes wirksam vor der Weißen Fliege schützt, wird bis zu zwei Meter hoch und trägt hellviolette Blüten. Sie wird in Mischkultur mit den Nutzpflanzen angebaut und verbreitet mit ihren Blüten einen unangenehmen Geruch. Wer im Gewächshaus ein extra Plätzchen für spezielle Maßnahmen freihalten kann, sollte es bei drohender Fliegengefahr mal mit der *Solanum quitoense* probieren. Dieses südamerikanische Nachtschattengewächs wird, anders als die *Nicandra,* in eine etwas entlegene Ecke des Gewächshauses gesetzt. Sie zieht die Weiße Fliege wie magisch an. Die anderen Pflanzen bleiben verschont, sofern sie nicht zu dicht an dieser Lockpflanze stehen.
Für Zimmerpflanzen greifen wir uns eine andere Methode aus dem Maßnahmenkatalog gegen die Weiße-Fliege-Plage. Dass sich diese Insekten nur im Warmen vermehren, könnte ihnen nun zum Verhängnis werden. Das können wir geschickt ausnutzen. Dann kommen die befallenen Pflanzen kurzerhand für einige Wochen in den kalten Flur oder ins Treppenhaus (unter 16 °C ist die gnadenlose Bedingung) und der weiße Spuk ist verschwunden.
Für kälteempfindliche Pflanzen muss man natürlich andere Verfahrensweisen favorisieren (siehe zum Beispiel oben).

Der Tipp für Hühnerhalter - Kirschfruchtfliege ade!

Um die Kirschfruchtfliegen zu bekämpfen, kann man sich die Gewohnheit der Maden zu Nutze machen, sich nur relativ flach im Boden zu verpuppen. Im Herbst sollte der Boden um die betroffenen Kirschbäume öfter aufgehackt werden, so können die Maden von den eingetriebenen Hühnern verspeist werden. Der nächste Tipp wieder für Hühnerlose. Ehrenwort!

Signale gegen die Kirschfruchtfliegen setzen

Kirschfliegen legen ihre Eier ab Mai in reifende Früchte. Das Gelb der Früchte wirkt wie eine Art Startsignal auf die Fliegen – und schon gibt es kein Halten mehr für unsere Konkurrenten. Als Orientierung hinsichtlich der Fliegenflugzeit, die je nach Wetter um einige Wochen variieren kann, dient die Akazie. Sobald diese erblüht, sollte man schleunigst seinen Maßnahmenkatalog aufschlagen.

Im Handel sind Fliegenfallen (mit Leim bestrichene, knall gelbe Dreiecke oder Kreise) erhältlich, die in die Bäume gehängt werden. Je nach Größe des Baumes müssen drei bis zehn solcher Fallen aufgehängt werden (Gebrauchsanweisung beachten!). Die meisten Fliegen fängt man bzw. die Falle, auf der südlichen Seite des Baumes. Auf der Sonnenseite des Lebens beginnt die Reife nun mal zuerst und man möchte doch bei diesem gemeinen Verwirrspiel von Anfang an dabei sein, oder?

Den Apfelblütenstecher mit Klopfzeichen nervös machen

Der Apfelblütenstecher *(Anthonomus pomorum)*, ein kleiner Käfer, gehört zu den vielen Tierchen, die die Blüten von Bäumen heimsuchen und beträchtliche Schäden anrichten können. Die Made des Apfelblütenstechers ernährt sich von Staubgefäßen und Stempel, wodurch eine Befruchtung unmöglich wird. Am sichersten kann man die Blüte im August durch Fanggürtel schützen, die um die Stämme (im Handel nachfragen) gelegt werden. Auch das frühmorgendliche Abklopfen der Käfer, von Mitte März bis zur Blüte, hat sich bewährt. Bei dieser Vorgehensweise sollte man Tücher oder Ähnliches unter die abzuklopfenden Bäume legen und die gefangenen Käfer anschließend in einem Gefäß mit kochend heißem Wasser töten. Beim Beklopfen der Bäume darauf achten, dass die Borke nicht beschädigt wird.

Bündnispartner gegen den Apfelwickler gewinnen

Damit die Gärtnerfreuden angesichts madiger Äpfel nicht Schaden erleiden, können zum Beispiel vorbeugend Raupen-Fanggürtel aus Wellpappe angebracht werden. Diese wickelt man ab Mitte Mai etwa 20 cm über dem Boden mit Hilfe von Draht fest um den Baumstamm und kontrolliert regelmäßig auf untergeschlüpfte Raupen. Bei starkem Befall müssen die Gürtel gegebenenfalls entfernt, verbrannt und durch neue ersetzt werden.

Bis Ende Juli noch muss man sich in diesem Falle damit befassen. Man kann sich auch die Mühe machen, die Äpfel ab Juni bis vier Wochen vor der Ernte einzeln in fest verschlossene Papiertüten zu wickeln (japanische Methode mit nettem kosmetischen Schon-Effekt). Oder sich eben nach Verbündeten im Kampf gegen den Apfelwickler umsehen.

Die Kohlmeise ist hier besonders fleißig und nur zu gerne bereit, einem den größten Teil der Arbeit abzunehmen. Wichtig ist hierbei, die Ansiedlung der Kohlmeise schon im Herbst vorzunehmen. Ab Ende Oktober sind die Vögel auf der Suche nach geeigneten Winternachtquartieren. Nisthöhlen oder ähnliche Behälter, in denen die Vögel bis etwa April wohnen können, sollten jetzt im Obstgarten bereitstehen.
Der Heißhunger der Kohlmeisen auf Raupen reduziert den Apfelwicklerbefall so drastisch, dass von einem Schaden zu sprechen mitunter eher Aufschluss über die seltsame Gier des tapferen Bekämpfers gibt, als über das wahre Ausmaß verbliebener Verluste am Obst.
Wer nun von der ganz radikalen Sorte ist, sollte sich zuerst überlegen, ob er's nicht vielleicht übertreibt und bei grundehrlicher Verneinung schließlich versuchen, Fledermäuse als weitere Verbündete zu gewinnen.
Fledermauskästen gibt es im Handel. Diese können an Schuppen oder Hauswänden angebracht werden. Wenn ab Mai die Falter des Apfelwicklers in der Dämmerung aktiv werden, geht

auch die Fledermaus auf Jagd. Immerhin vertilgt sie täglich 500 Insekten – darunter wird bestimmt auch so mancher von den Faltern sein.

Wenn's gar nicht anders geht: Apfelwickler infizieren

„Das ist doch mal eine Erleichterung auf meine alten Tage", meinte Großvater, als er mit einem Präparat gegen den Apfelwickler aus dem Gartencenter kam. Das Mittel enthält Granulose-Viren, die selektiv auf die Raupen des Apfelwicklers wirken. Im Klartext: es bringt die Kriecher um.

Dieses Mittel muss im Frühjahr rechtzeitig und eventuell mehrfach gespritzt werden, wenn das Ganze zu des Menschen Zufriedenheit funktionieren soll. Denn die Raupen müssen schon zu Beginn ihres Anmarsches hin zum Apfel infiziert werden, damit sie sich erst gar nicht mehr in die Früchte einbohren können (Gebrauchsanweisung beachten!). So weit die Theorie, in der Praxis müssen auch Biogärtner keine Bedenken hinsichtlich ökologischer Gefährdung hegen.

Sägewespe: Vorbeugen und abschütteln

Wer der Sägewespe wirklich nachhaltig den Ast absägen will, auf dem sie sitzt – und das würde nicht nur einer sein –, sollte es mit dem Überbrausen der Baumkronen mit Holunderblüten-Absud versuchen. Die Behandlung muss, soll sie von Erfolg gekrönt sein, vor dem Öffnen der Blüte erfolgen und im Mai noch zwei- bis dreimal wiederholt werden. Ziel des Unternehmens ist es, die Pflaumen-Sägewespen durch die Spritzungen von der Eiablage abzuhalten. Für den hilfreichen Absud (Kaltwasser-

auszug) rechnet man eine Hand voll getrockneter Holunderblüten pro Liter Wasser.
Großvaters Arsenal an Abwehrmöglichkeiten enthält aber noch mehr: Die Wespen können zur Flugzeit mitunter einfach von den Bäumen geschüttelt werden. Findet man das Insekt (schwarz, rötlich braun-gelbe Beine, vier durchsichtige Flügel) am Baum vor, lässt es sich bei trüb-kühler Witterung auf untergelegte Tücher schütteln. Bei schlechtem Wetter ist die Sägewespe recht unbeweglich. Bei schönem Wetter würde man das Tier durch die Rüttelei nur auf- und nicht verscheuchen (außerdem hat man dann sowieso viel Besseres im Sinn, als irgendwelche Insekten zu verscheuchen).
Wer vorbeugend etwas gegen einen Befall im nächsten Jahr tun möchte, muss die heruntergefallenen Früchte täglich aufsammeln und vernichten – auch bei sehr, sehr schönem Wetter. Abseits der Bäume können die madigen Früchte in einem etwa einem Meter tiefen Loch unschädlich gemacht werden. Um sich mit dieser Arbeit nicht ewig plagen zu müssen, kann das erwünschte Fallen der madigen Früchte durch mäßiges Baumgeschüttel beschleunigt werden.

Blattwespen einseifen

Gegen die an verschiedenen Obstbäumen vorkommenden Blattwespen-Arten hilft ein Überbrausen der Blätter mit Seifenwasser. Großvater löste dazu etwa einen Teelöffel Schmierseife in einem Liter Wasser. Wir modernen Menschen haben auch die Wahl über den Gartenfachhandel Pflanzenseifen, zum Beispiel Kaliseife, zu beziehen. Dieselben benutze man nach Anweisung der Hersteller. Auch hier hilft ein längerer Stock zum Erreichen der höher gelegenen Äste.

Knoblauch-Sud hilft gegen Erdbeermilben

Kräuseln sich die Blätter der Erdbeerpflanzen, kann das auf einen Befall mit Erdbeermilben hindeuten, die Milben sitzen versteckt an der Blattunterseite! Und so kann man den Pflanzen helfen: 10 Liter kochendes Wasser werden auf 700 g zerschnittenen Knoblauch gegeben. Mit der abgekühlten Flüssigkeit begießt man die Erdbeerpflanzen und zwar besonders die Blattunterseiten. Ungefähr einen halben Liter bekommt die einzelne befallene Pflanze. Ranken, die für die Zucht vorgesehen sind, werden vorbeugend in den kalten Knoblauch-Sud getaucht. Überdies empfiehlt Großvater eine vorbeugende Behandlung vor dem Blütenansatz im Herbst.

Heißwasserbad gegen Spinnmilben auf Zimmer-Azaleen

Ärgerlich ist es, wenn nach einiger aufgewendeter Mühe und Sorgfalt, die Azaleen endlich Blüten ansetzen und sich dann Spinnmilben (Rote Spinne) in der Pflanze niederlassen. Hier hilft nur ein ordentlicher Temperaturschock, die Invasion zu stoppen. Dazu werden die Kronen der befallenen Bäumchen dreimal, je zwei Sekunden lang, im Abstand von vier bis fünf Sekunden in 55 °C heißes Wasser getaucht. Keine Sorge, die Azaleen nehmen keinen Schaden.

Kleingetier in Blumentöpfen unerwünscht

Die verschiedenen Würmer (Fadenwürmer) und anderes Kleingetier können, so willkommen sie im Garten auch sind, in Blumentöpfen durchaus Schaden anrichten, indem sie beispielsweise die Wurzeln unserer Zimmerpflanzen anfressen. Und wer weiß, wo sie sich dann sonst noch überall rumtreiben wollen. Mit einer Abkochung aus zerschnittenen Rosskastanien (sieben bis zehn Kastanien auf einen Liter Wasser, zehn Minuten gekocht) kann man der Entstehung eines unerwünschten Zimmerzoos entgegenwirken. Weil Großvater vergessen hatte, den Einsatz des Wundermittels genauer zu beschreiben, sei hier die folgende Vorgehensweise empfohlen: Zunächst versuche man das Getier mit einem abgekühlten Guss des Absuds zu vertreiben. Das müsste natürlich an einem Ort geschehen, wo die Tierchen auch verschwinden dürfen. Ist das Kleinvieh zu träge, sollte man den einzelnen „bevölkerten“ Pflanzen ein etwa halbstündiges Wurzelbad in dem abgekühlten Mittel gönnen. Mit dem Grundstoff können wir uns übrigens bei einem Spaziergang durch die herbstliche Alleenpracht versorgen. Die Kinder übernehmen bestimmt mit Freude die Sammelarbeit.

Sonnige Aussichten - aber nicht für Erdflöhe

Gegen Erdflöhe hilft oft schon das Schattieren der gefährdeten Reihen von Kohl-, Rettich- oder Radieschenpflanzen. Dazu stellt man einfach an den Reihen entlang hohe Bretter auf. Auch ein abendliches Übergießen der Pflanzen mit einem Wermut-Absud gilt als hilfreich. Bei frisch gesetzten Kohlpflanzen ist es am einfachsten mit Holunderblättern zu mulchen.

Schutz vor lästigem Getier - Pfefferminz-Tee koch’ ich hier

Der langen Liste der schädlingswidrigen Kräuter-Tees haben wir heute noch einen hinzuzufügen. Gegen Ameisen und Erdflöhe helfen wiederholte Güsse von Pfefferminz-Tee (eine Hand voll frische oder einen Teelöffel getrocknete Pfefferminze auf ein Viertel Liter Wasser). Wobei gegen Erdflöhe am besten die Pflanzen selbst und bei Ameisen die Nester am Boden begossen werden. Die Wirkung ist auch hier – wie bei vielen anderen Tees – eher auf den starken Geruch als auf spezielle Inhaltsstoffe zurückzuführen.

Die Erdfloh-Prophylaxe

Es ist ja irgendwie gemein – aber man kann den Erdflöhen schon vor der Aussaat den Spaß verderben. Die Samen später gefährdeter Pflanzen, wie Kohl, Rettich und Radieschen, werden in einem gut angefeuchteten Brei aus zerkleinerten Lauchgewächsen, gemischt mit Sägemehl (von unbehandeltem Holz, beim Sägewerk anfragen), zum Keimen gebracht. Die vorgekeimten Samen kommen dann in die Erde. Bei solchen Pflanzen vergeht – so wurde überliefert – den Erdflöhen angeblich der Appetit.

Levkojen von der Flohspeisekarte nehmen

Levkojen zieren nicht nur unsere Gärten, sondern auch mit Vorliebe die Speisekarte der Erdflöhe. Großvater kam kürzlich mit einem Trick rüber – wer weiß, wo er ihn her hat –, mit dem man frisch gepflanzte Levkojen vor der Flohplage schützen könne: Auf das Levkojenbeet wird zwei bis drei Wochen vor dem geplanten Pflanztermin dicht Salat gesät. Ist dann das Beet begrünt, werden die Levkojen (*Matthiola*-Arten) dazwischengepflanzt.
Mit zunehmender Größe der Blumen werden die Salatpflänzchen nach und nach entfernt. Sind die Levkojen erst einmal so

weit gewachsen, dass ihnen die Erdflöhe nicht mehr schaden können, hat der Salat seine Schuldigkeit getan und kann raus. Das Ganze funktioniert, weil Erdflöhe zur Gruppe der Salatverächter gehören. Was soll's, andere können dafür zum Beispiel Dicke Bohnen nicht ausstehen.

Erdflöhe einfangen – so gehen sie auf den Leim

Wer gerne und reichlich Kohl, Radieschen und Rettich anbaut, weiß, welche Mengen gefräßige Erdflöhe zu vertilgen in der Lage sind. Wo die Tiere in Massen auftreten, lohnt es sich, wieder einmal ganz gemein zu sein und den Bau eines Fangbrettes in Angriff zu nehmen. Die Fransen des Brettes werden abends regelmäßig über die betroffenen Pflanzen gestreift. Die aufgeschreckten Erdflöhe springen in die Höhe und bleiben an der mit Leim bestrichenen Unterseite des Brettes kleben. Hat man Schwierigkeiten Insektenleim zu bekommen, können auch die bereits bestrichenen Leimringe für Obstbäume verwendet und unter das Brett geklebt werden.

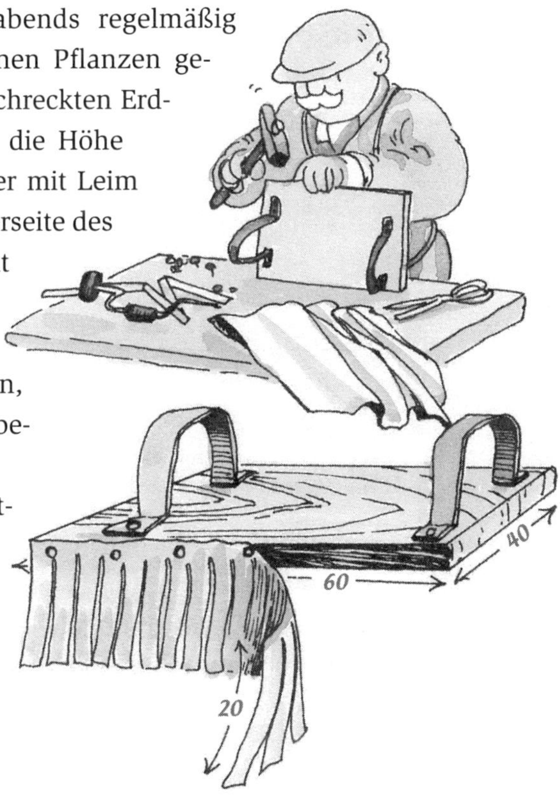

Erdflöhe - noch zwei Tricks

Treten die Flöhe nur von Zeit zu Zeit auf, so dass der Bau des zuvor beschriebenen Fangbrettes zu aufwendig erscheint, kann man die Tierchen auf andere Weise von den Pflanzen fernhalten. Ringsum die Kohlbeete oder die Radieschenreihen wird als „Fangpflanze" Kresse ausgesät – die mögen Erdflöhe noch lieber als Kohl oder Radieschen. Raffiniert, nicht wahr? Eine weitere Flohfang-Methode gefällig? Legen Sie doch einfach ein Kohlbeet mitten im Rasen an. Da die Erdflöhe nicht auf Grasflächen überwintern, ist auch nicht zu befürchten, dass sie hier den Kohl finden werden. Bevor wir diese Maßnahme ergreifen, sollte aber lieber erst die Familie gefragt werden, wie sie das findet.

Doppelt hält besser - die Kresse und der Floh

Vorab: Die ganz schön krasse Kresse säe man tunlichst nicht neben Radieschen, wenn diese nicht, anstatt Gaumenfreuden zu bereiten, eine Art flammendes Inferno im Mundwerk ihrer Vernascher anrichten sollen. Diese Anstifterin grandioser Schärfe hat jedoch ihre unbestreitbar guten Seiten: Als Mulch oder Zwischenpflanzung bei Rettich hält die Kresse mal wieder die Erdflöhe fern und verbessert gleichzeitig das Gemüsearoma.

Schluss mit Mücken

Sie gehören zwar nicht zu den Pflanzenschädlingen, aber ganz eindeutig zur Gattung der Sommer-Quälgeister und haben schon manch gärtnerischem Vergnügen einen Stich nach dem anderen versetzt. Man muss eben wissen: Viele Mücken-Arten legen ihre Eier im Wasser ab. Neu angelegte Gartenteiche etwa, die noch kaum von mückenvertilgenden Tieren besiedelt sind, sowie Regentonnen, gehören zu den idealen Kinderstuben für die Larven (an ihren ruckartigen Bewegungen zu erkennen). Wer seine Gewässer weit gehend frei von Mückenlarven haben möchte, kann eine Schwimmpflanze namens Wasserschlauch *(Utricularia)* einsetzen. Diese wurzellose, zarte Pflanze hat zwischen den Blättern kugelige Auswüchse, in denen die Larven eingefangen und verdaut werden. Etwa vier Pflanzen pro Quadratmeter Wasseroberfläche sind nötig, um den Teich weit gehend mückenfrei zu halten. Dieses erfreulich gefräßige Pflänzchen treibt überdies im Spätsommer hübsche, gelbe Blüten. Schön und nützlich, was will man mehr von einem Schlauch?

Pflanzenschutz aus der Küche - Kartoffelwasser gegen Schadinsekten

Als Allheilmittel gegen verschiedene sogenannte Schadinsekten – und das vom Ei bis zum ausgewachsenen Tier – wurde im 19. Jahrhundert der Kartoffel-Absud gehandelt. Das Besprengen der Pflanzen mit dem Kochwasser der Kartoffeln soll die vollkommene Beseitigung manches Schädigers gebracht haben. Sie zweifeln? Wie heißt es doch so treffend: Probieren geht über Studieren!

Schonung für unsere Verbündeten - Schlupfwespen erkennen

Oft finden sich zwischen den Kohlweißlingsraupen, die in größeren Gruppen auf den Unterseiten der Kohlpflanzen leben, einige Raupen mit gelben oder grauweißen, eiförmigen Gebilden.

Diese sogenannten Raupeneier gehören zu den Verbündeten des Gärtners, man lässt im eigenen Interesse schön die Hände von ihnen. Es handelt sich um die in feine Gespinste eingesponnenen Puppen von Schlupfwespen. Diese legen ihre Eier in Raupen oder anderen Schädlingen ab, die dann zugrunde gehen. O ja, auch die Natur kann sehr grausam sein.

Warum man Schädlinge nicht sofort bekämpfen muss

Vor Generationen bereits war das, was heute als die superfortschrittliche Schädlingsbekämpfung gilt, durchaus bekannt. Sie besteht in der Schonung, Ansiedlung und Förderung von Nützlingen. Zu direkten Bekämpfungsmitteln muss man nur bei starkem Befall greifen. Ist der Befall durch die verschiedenen Raupen-, Käfer- und Wespen-Arten eher gering, erweisen sich die sogenannten Schädlinge sogar als nützlich. Durch ihre Fraßtätigkeit dünnen sie ein Zuviel an Obstbehang aus, denn die befallenen Früchte fallen in der Regel schon lange vor der Reife ab. Um nun einer starken Vermehrung der Schädlinge vorzubeugen, muss das Fallobst regelmäßig aufgesammelt und vernichtet werden (zum Beispiel mindestens einen Meter tief vergraben). Hat man Hühner, kann das Fallobst an sie verfüttert werden. Ihnen werden sie bestimmt nicht zum Schaden sein, die sogenannten Schädlinge.

Winterquartier für fleißige Florfliegen

Wer liebt sie nicht, die Florfliegen. Eingeweihte wissen schon lange zu schätzen, dass die Larven der Florfliege große Mengen an Blattläusen vertilgen, weswegen sie im Garten solcher

Leute gerne gesehen sind. Wir wollen ein wenig vom Geheimwissen um die Florfliege ausplaudern und verkünden hier und jetzt: Richtet zu Ansiedlungszwecken ein Winterquartier in der Lieblingsfarbe der gefälligen Fliegentiere ein, rot soll es sein. Ein kleines, strohgefülltes, außen in besagter Farbe gestrichenes Holzkästchen wird gerne über Winter aufgesucht. Hier finden die guten Helferchen auch Schutz bei Frostgraden. Die ideale Höhe für das Quartier, dies sei noch verraten, liegt bei 1,60 m über dem Gartenboden.

Schwebfliegen ein zu Hause bieten

Weil die Larven der Schwebfliege mit ihrem Blattlausappetit denen der Florfliege in nichts nachstehen, dürfen sie sich ebenfalls in unserem Garten ansiedeln. Sympathisch wird ihnen unser Naturinselchen, wenn man ihnen bis möglichst weit in den Herbst hinein Blüten anbietet. Die Hauptnahrung der Schwebfliegen besteht aus Nektar von Doldenblütlern, wie Kümmel, Dill, Fenchel und Schafgarbe, sowie Korbblütlern, wie Ringelblume, Aster, Chrysantheme und Sonnenblume, und Wegerich-Arten. Auch *Phacelia* gehört zu den Pflanzen, von denen sich die Schwebfliegen mit etwas Glück gerne zum Bleiben überreden lassen.

Rausgelockt und dann entschärft: Kohlhernie

Das Hinterhältige der Dauersporen dieses im Boden lebenden Schleimpilzes ist zweifelsohne deren mehrjährige Keimfähigkeit. Und abermals diese Tücke! Die Kohlhernie schafft es, gleich alle Kreuzblütler zu befallen. Mitglieder dieser großen

Pflanzenfamilie sind unter anderen Rettich, Goldlack, Hirtentäschel und Senf. Gelbsenf, der als Gründünger fraglos gute Dienste leistet, kann daher als Vorkultur im Kohlbeet nicht empfohlen werden, weil er die Sporen zum Keimen bringt und so die nachfolgenden Kohlpflanzen unweigerlich mit ins Verderben zieht. Gerade diesen keimfördernden Effekt kann man sich aber bei der Bekämpfung der Kohlhernie zu Nutze machen.
Die List: Eine Aussaat von Gelbsenf wird in mit Kohlherniesporen verseuchte Beete gebracht. Nach sieben Wochen sind viele der Dauersporen gekeimt. Nun wird der Senf abgehackt und die gekeimten Sporen finden keine Wirtspflanze mehr vor. Sie sterben ab, wenn das Beet jetzt für mindestens drei Wochen von jeglichem Bewuchs freigehalten wird. Der beste Zeitpunkt für die Senf-Kur ist das Frühjahr, ab April. So kann das Beet im Sommer noch genutzt werden, zum Beispiel für späte Bohnen, Grünkohl oder Chinakohl.

Rhabarber hilft gegen Kohlhernie

Alle Kohl-Arten können von dieser üblen Krankheit befallen werden. Bei vorsorglicher Abwehr der Kohlhernie ist das Eingraben von Stücken einer Rhabarberstange, dicht bei den Kohlpflanzen, hilfreich. Wenn man ein befallenes Pflanzbeet hat, ist es für diese Behandlung leider schon zu spät und es bleibt einem nichts anderes übrig, als bis zu sieben Jahre keinen Kohl und deren Verwandte (Rettich, Senf, Radieschen und verwandte Wildkräuter, wie Hirtentäschel) mehr auf dem Beet anzubauen. Ein hoher Humusgehalt, durch Mulchen und Kompostgaben erreichbar, verkürzt die Anbaupause auf zwei Jahre, da die Humusbakterien die Pilzsporen vernichten. Im ersten Wieder-Anbaujahr vorsichtshalber Tipp oben anwenden.

Endlager für infizierte Kartoffeln

Kartoffeln, die mit den Erregern der Kraut- und Knollenfäule infiziert sind, müssen als Überträger ausgeschaltet werden, da gibt's kein Zaudern. Sorglos in die Mülltonne werfen ist für umsichtige Gärtner keine Lösung. Verbrennen stellt auch nicht unbedingt das Nonplusultra ökologischer Vernunft dar. Man muss dafür sorgen, dass die Knollen vollständig verfaulen können, dann sterben mit den Knollen auch die Erreger ab. Auf dem Kompost ist das aber eine recht unsichere Sache. Ein Misthaufen, der lange lagert, ist genau das Richtige.
Dazu die infizierten Knollen etwa in der Mitte des Haufens (der Höhe nach) flach ausbreiten und den Mist wieder oben draufpacken. Im Herbst aufgesetzt, kann dieser Mist im übernächsten Sommer benutzt werden. Bei entsprechender Sorgfalt funktioniert die Methode auch im „heißen Kompost", aber wirklich nur, wenn höchste Temperaturen von 70 °C sicher erreicht werden.
Die Kartoffel hat sozusagen den Nachteil, dass sie nach der Ernte „weiterlebt" und dem Pilz Lebensraum bietet. Auf dem normalen Haufenkompost ist die kranke Kartoffel deshalb nicht sinnvoll entsorgt. Dort treibt sie aus und bildet Knollen, die dem Erreger neue „Nahrung" bieten.

Magermilch gegen Kraut- und Knollenfäule

In jedem Supermarkt erhältlich und einfach anzuwenden, ist die vorbeugende Magermilch-Spritzung von Tomaten und Kartoffeln gegen die Kraut- und Knollenfäule. Die Pflanzen werden einmal wöchentlich mit der Magermilch-Wasser-Mischung (1:10) tropfnass gespritzt.

Keine Bange - Mehltau in Schach halten

Mehltau an Obstbäumen muss noch nicht das letzte Wort über die bevorstehende Ernte sein. Sind die Obstbäume mit Mehltau befallen, zeigen sich erste Symptome bereits kurz nach der Blüte. Die Triebspitzen sind verformt, und die Blätter scheinen wie mit grauem Puder bedeckt zu sein. Jetzt kann man die Verbreitung der Krankheit noch gut eindämmen. Dazu die befallenen Triebspitzen großzügig abschneiden und den ganzen Baum vorbeugend mit stärkenden Mitteln wiederholt spritzen. Geeignet sind zum Beispiel verdünnte Schachtelhalm-Brühe und Algen-Extrakte. Auch ein Aufguss aus frischem Schnittlauch, je stärker, desto besser (mindestens zwei Hand voll mit einem Liter kochendem Wasser übergießen und 15 Minuten ziehen lassen), kann die Gefahr der weiteren Ausbreitung verringern.

Monilia - eine lästige Obstbaumpest

Monilia lautet der Name einer Pilzerkrankung, die verschiedene unfreundliche Gesichter hat. Am häufigsten zeigt sie sich uns mit braunen Früchten, die mehrere Ringe aus weißen Schimmelpolstern aufweisen. Vertrocknete Triebspitzen an Kirschbäumen deuten ebenfalls auf dieses Gebrechen hin. Bereits angesteckte, aber erst im Lager erkrankte Früchte, werden oft schwarz. Um dieser „Obstbaum-Pest" aus dem Weg zu gehen, die in feuchten Jahren wahrhaftig verheerende Auswirkungen haben kann, muss man schon zeitig (ab Juli) mit vorbeugenden Spritzungen loslegen. Ein Aufguss aus Meerrettichblättern (frische Blätter mit kochendem Wasser bedecken und beim 15-minütigen Ziehen öfter umrühren), vierfach verdünnt und alle sieben bis zehn Tage wiederholt angewandt, kann die Ansteckung erheblich reduzieren.

Ebenfalls vorbeugend wirkt es, wenn Meerrettich auf der Baumscheibe wächst. Woran man nicht vorbeikommt, um größeren Schaden zu verhindern, ist sofortiges Aufsammeln und Entfernen erkrankten Fallobstes und sichtbar infizierter Zweige. Bei entsprechend sorgfältiger Kompostwirtschaft können befallene Früchte ruhig dorthin, sonst müssen sie vernichtet oder ganz tief (mindestens einen Meter) vergraben werden.

Keine Angst vor Hexenringen

Diese wäre auch vollkommen unbegründet und tendenziell sinnlos. Wer dennoch gewisse Vorbehalte gegen die im Rasen ringförmig in Gruppen wachsende Pilze, nun einmal Hexenringe genannt, hat, kann sich ihrer mit Schachtelhalm-Brühe erwehren. Wiederholt mit dieser Brühe oder Jauche begossen, verschwindet der Spuk bald. Sogar wenn man leicht abergläubisch ist – raunt man sich in geheimen Gärtnerzirkeln zu.

Ansteckungsgefahr bei Pflückarbeiten - Vorsicht im Bohnenbeet

Nein, der Pflücker kann sich natürlich nicht bei den Bohnen anstecken. Aber wer etwas gegen die Ausbreitung von Bohnenkrankheiten in seiner eigenen Plantage tun möchte, beachte bitte folgende kluge Grundregeln, wider die dusslige Erntehast:
Bei Regenwetter dürfen Bohnen nicht gepflückt werden. Die Pflanzen werden hierbei immer etwas gedrückt und damit zugleich auch ihre Oberfläche leicht beschädigt. So überträgt man vorhandene Pilzsporen von einer Pflanze auf die andere und die Krankmacher haben an den Druckstellen ein besonders leichtes Spiel. Das feuchte Wetter sorgt dann für den Rest.

Trockenes Wetter dagegen hemmt die Keimung der Sporen – Ernte erlaubt bis dringend erwünscht.
Zur moralischen Festigung nun abschließend ein Merkspruch für alle Bohnenfreunde unter uns: Lockt der Eintopf noch so doll, bei nassem Wetter Hände weg vom Bohngestell (reimt sich leider weder voll noch schnell).

Pilzkrankheiten vermeiden – der Gärtner im Visier

Gelegentlich ist er der Täter! Oh, ahnungsloser Verursacher verheerendster Kleingartenseuchen. Welch böser Geist mag bloß mit dem geliebten Grünzeug sein Unwesen treiben? So fragen sich die um den Lohn von Fleiß und Mühen Geprellten, wenn Erdbeeren und Salatpflanzen Jahr für Jahr erneut von Grauschimmel oder Mehltau überfallen wurden. Wie wohl im Prinzip alles ganz simpel ist. Bedenken sollte man schlicht, dass Pilzkrankheiten sich am besten bei feuchter Wärme und an geschwächten Pflanzen ausbreiten. Gießt man nun im Sommer abends, schafft man vorzügliche Bedingungen für Pilzbefall. Die Pflanzen haben sich tagsüber im Sonnenschein aufgewärmt und werden nun durch das kühle Gießwasser geschockt, was nicht gerade erbaulich ist. Die Nässe bleibt nachts auf den Blättern, weil sie abends nicht ausreichend abtrocknen kann; ebenfalls günstig für allerlei lauernde Erregerbrut. Daraus folgt: Lieber morgens gießen. Die Wasser- und Pflanzentemperatur ist annähernd gleich, und die Blätter können in der Sonne rasch abtrocknen. Einen weiteren Vorteil hat das morgendliche Gießen zusätzlich: Abends ist die Erdoberfläche trocken, so dass nicht noch Schnecken von weit her durch große, feuchte Stellen angelockt werden (siehe auch Seite 78ff.).

Intelligente Strategien gegen Pilze

Als da wären: ein Auszug vom Staudenknöterich *(Raynoutria sachalinenis)*, anwendbar ab Frühjahr, als Vorbeugung gegen Pilzerkrankungen; vor allem Mehltau und Grauschimmel.
Die Spritzflüssigkeit stärkt die Widerstandskraft der Pflanzen und hemmt die Keimung der Pilzsporen. Einmal ausgebrochene Erkrankungen kann man auf diese Weise aber nicht behandeln. Der Staudenknöterich wächst problemlos im Garten, man muss ihn aber strikt im Zaum halten, sonst überwuchert er alles. Unser Vorschlag: in einen eingegrabenen Bottich setzen!
Und hier noch das Auszug-Rezept: 10 g getrocknete und fein gemahlene Blätter in einen Liter warmes Wasser einrühren und 24 Stunden ziehen lassen. Sofort unverdünnt anwenden. Die Behandlung sollte alle sieben bis zehn Tage wiederholt werden.

Pflanzenschutz mit Kräutern

Auch wenn die Kräuterzubereitungen meist ungiftig sind, sollte man nicht unmittelbar nach der Behandlung ernten und natürlich vor dem Verzehr alles gut waschen.
Die meisten der „Helfer-Pflanzen“ können im Garten angebaut und dann frisch verwendet werden. Es gibt sie aber auch bereits getrocknet in der Apotheke, oder man holt sie wild wachsend vom Feldweg und Waldrand, wie beispielsweise Schwarzen Holunder. Zum Verjauchen der Pflanzen sind große Gefäße aus Kunststoff oder Holz mit passendem Deckel geeignet. In Metallgefäßen finden während der Gärung unerwünschte Reaktionen zwischen Metall und Flüssigkeit statt, die die Wirksamkeit der Jauche beeinträchtigen können. Für die Zubereitung von Tee und Brühe sind Emaille- oder Edelstahltöpfe genau das Richtige.

Jauche & Co. - die Zubereitungsarten

- **Jauche:** Das Pflanzenmaterial wird in das Gefäß gelegt und mit Regenwasser übergossen. Den Deckel legt man lose oder mit zwischengelegten Hölzern auf (Luftzirkulation). Die Jauche muss täglich umgerührt werden. Je nach Witterung ist sie nach 10 bis 14 Tagen fertig; man erkennt es daran, dass es beim Umrühren nicht mehr schäumt.
- **Tee:** Das Pflanzenmaterial wird in einen Topf gegeben und mit heißem, fast kochendem Wasser übergossen. Der Tee muss zugedeckt etwa 24 Stunden ziehen, dann wird abgeseiht. Der filtrierte Tee hält sich, kühl gestellt, etwa eine Woche.
- **Brühe:** Das Pflanzenmaterial 24 Stunden in einem Topf ziehen lassen. Dann wird alles zugedeckt erhitzt und 20 Minuten auf kleiner Flamme gekocht. Erst wenn die Brühe abgekühlt ist, seiht man ab. Ebenso wie der Tee hält sich die kühl gestellte Brühe etwa eine Woche.
- **Kaltwasserauszug:** Es eignet sich nur frisches Pflanzenmaterial. Die Pflanzen bleiben einen Tag lang im Wasser stehen. Der abgeseihte Auszug muss sofort verbraucht werden. Den Rest kann man verjauchen.

Welches Kraut für welche Behandlung - die Rezepte

- **Ackerschachtelhalm** *(Equisetum arvense)*: 1 kg frisches oder 150 g trockenes Kraut auf 10 Liter Wasser; die Brühe 1:10 verdünnt auf Pflanzen und Boden sprühen; wirkt gegen Pilzerkrankungen, vor allem vorbeugend.
- **Große und Kleine Brennnessel** *(Urtica dioica, U. urens)*: 1 kg frisches oder 250 g getrocknetes Kraut auf fünf Liter Wasser

(für den Kaltwasserauszug nur frisches Kraut verwenden); Kaltwasserauszug unverdünnt auf die Pflanze gegen Blattläuse geben; Jauche 1:10 verdünnt als Dünger und zur Aktivierung des Bodenlebens.

- **Schwarzer Holunder** *(Sambucus nigra)*: 1 kg frische Blätter auf 10 Liter Wasser; Jauche unverdünnt zur Vertreibung von Wühlmäusen.
- **Knoblauch** *(Allium sativum)*: 700g ungeschälte, gehackte Zehen auf 10 Liter Wasser; Tee unverdünnt auf die Pflanzen spritzen; hilft gegen Erdbeermilben und Pilzerkrankungen aller Art Pflanzen.
- **Rhabarber** *(Rheum rhabarbarum)*: 1 kg frische Blätter auf 10 Liter Wasser; Tee unverdünnt auf die Pflanzen spritzen; hilft gegen die Schwarze Bohnenlaus, weitere Anwendungen bitte ausprobieren.
- **Zwiebel** *(Allium cepa)*: 50g Schalen auf 10 Liter Wasser; Tee für kränkelnde Zimmerpflanzen; Jauche zur Abwehr der Möhrenfliege.

Gesundheits-Tee für Pfirsichbäume

Der Pfirsichkräuselkrankheit, die besonders bei nassem Frühjahrswetter auftritt, kann mit Zinnkraut-Tee-Spritzungen vorbeugend begegnet werden. Das Rezept für den Zinnkraut- oder Ackerschachtelhalm-Tee steht im vorigen Tipp.
Die Spritzungen gegen die genannte Krankheit sollten auf das Laub und vor allem auf die Triebspitzen erfolgen. Sie müssen etwa achtmal im Abstand von drei bis vier Tagen wiederholt werden. Ackerschachtelhalm-Präparate sollten stets bei Sonnenschein zum Einsatz kommen, aber nicht während der Mittagshitze.

Bei stark von der Kräuselkrankheit befallenen Pfirsichbäumchen hat sich zudem das Bespritzen mit Magermilch (mit Wasser 1:1 verdünnt) bewährt. Nur wenige Anwendungen (eine pro Woche, drei- bis viermal hintereinander) können schon ausreichen, um die Krankheit erfolgreich abzuwehren. Ein erfreulicher Nebeneffekt soll darin bestehen, dass die Blätter durch die Magermilch-Spritzung einen schönen Glanz bekommen (siehe auch Seite 129).

Es geht auch ohne Kräuter,
Heißwasser-Spritzungen im Garten

Haben Pflanzen erst einmal ein paar Jahre auf dem Buckel, sind viele von ihnen erstaunlich robust. Sie vertragen zum Beispiel, zumindest für einige Zeit, relativ hohe Temperaturen. Bis 55 °C halten die meisten Pflanzen-Arten für die Dauer einer Spritzbehandlung aus, ohne Schaden zu nehmen. Schadinsekten, Raupen oder Milben dagegen kommen bei diesen Temperaturen derart ins Schwitzen, dass ihnen die Puste für alle Zeiten ausgeht. Bei der Spritztour gegen Schadinsekten daran denken, stets nur kleine Mengen Wasser zu erhitzen, damit es während der Anwendung nicht so weit abkühlt, dass die Biesterchen die ganze Aktion eher als warme Dusche missverstehen. Ebenfalls ist zu beachten, dass das Wasser im Spritzschlauch pro Meter etwa um 5 °C abkühlt. Es muss dementsprechend heißer eingefüllt werden. Und man sollte konsequent handeln: Um befallene Pflanzen von möglichst allen Schädlingen restlos zu befreien und dabei auch jene zu treffen, die sich beim ersten Durchgang noch im geschützten Eizustand befanden, müssen mehrere Spritzungen im Abstand von sechs bis acht Tagen vorgenommen werden; sonst hilft's halt nicht. Aber dann beklagt Euch auch nicht.

Ohrwürmer - gern gesehen im Garten

Diese kleinen Blattläusevertilger erfreuen sich großer Beliebtheit im naturnahen Garten. Mit Holzwolle gefüllte, umgedreht aufgehängte Blumentöpfe sieht man dort in vielen Bäumen hängen. Darin siedeln sich die Ohrwürmer gerne an. Was aber tun, wenn alle Blattläuse verputzt sind und die lieben Helferchen damit beginnen, Gefallen an jungen Knospen und frischem Grün zu finden? Bestimmt kein Grund, ihnen die Freundschaft aufzukündigen. Sind die Ohrwurmhäuschen transportabel, kann man die Tierchen problemlos umsiedeln, zum Beispiel in Hecken, wo sie bis zum nächsten Blattlauseinsatz bleiben können.

Beobachtungen aus dem Garten: Welche Pflanzen gerne zusammenleben

Immer wieder erfährt Großvater bei seinen Zaungesprächen mit findigen Gärtnern und Gärtnerinnen von neuen, günstigen Mischkulturen. Hier sind nun einige, die es auszuprobieren lohnt. Sollte es im eigenen Garten nicht klappen, kann es an Boden- oder Witterungsverhältnissen liegen, die die positiven Wirkungen einer solchen Gemeinschaft hemmen.

- Puffbohnen (Dicke Bohnen, Pferdebohnen) sind oft von der Schwarzen Blattlaus befallen. In Mischkultur mit Kartoffeln oder *Phacelia* sollen sie von der Plage verschont bleiben.

- Paprika und Möhren fördern sich gegenseitig in Wachstum, Gesundheit und Geschmack.
- Petersilie, oft ein Problemkind, wächst zwischen Erdbeeren besonders gut.
- Rote Bete wird deutlich schöner und dicker, wenn sie neben Lauch oder Kohlrabi steht.
- Junge Apfelbäumchen, denen eine Blattlausplage sehr zusetzen kann, werden von den Plagegeistern verschont, wenn sie neben oder zwischen Johannisbeersträuchern stehen. Der beerige Schatten bietet günstige Bedingungen.
- Beerensträucher wiederum bleiben gesund und lange fruchtbar, wenn sie mit Maiglöckchen unterpflanzt sind. Bitte die Kinder warnen und gut aufpassen, denn die Maiglöckchen sind stark giftig! Am besten den Maiglöckchen nach der Blüte die Stiele abschneiden, damit keine Verwechslungsgefahr mit dem frischen Obst besteht.

VOM UMGANG MIT DEN WILDEN UNKRÄUTERN

Unkraut einfach wegrühren

Nicht nur delikate Soßen müssen bei ihrer Zubereitung gut gerührt werden, auch im Garten fallen Rührarbeiten an. Jedenfalls sprach man (und spricht vielleicht immer noch) vom „Rühren“, wenn man mit der Hacke (und den entsprechenden Bewegungen) die oberste Kruste leicht abschürft und so von Wildkräutern befreit. Dies sollte im Sommer etwa alle acht bis vierzehn Tage geschehen.
Die rührende Arbeitsweise ist jedoch nur bei lockerem Untergrund praktikabel. Festere Böden sollten öfter mal gehackt werden. Bei der Gemüsezucht heißt es sogar, dass das Großziehen von gutem Gemüse nicht am ehesten durch fleißiges Gießen, sondern durch Hacken geschieht. Anschließend eine dünne Mulchschicht aus Rasenschnitt ausgestreut, unterdrückt zusätzlich die Keimung der Wildkräuter für ein paar Tage (siehe auch Seite 141 f.).

Wurzelunkräuter - mit Geduld und langem Atem

Die ungebremste Ausbreitungsfreude und Beharrlichkeit manchen Krautes stellt des Biogärtners Frohsinn wahrlich auf eine harte Probe – und dann soll man dieses gierige Grünzeug neuerdings auch noch liebevoll „Wildkräuter“ nennen. So erscheinen einem ausdauernde, immer wieder neu austreibende Unkräuter (zum Beispiel Disteln, Ackerwinden und Löwenzahn) oft als ein Ärgernis ohne absehbares Ende. Hat man einen Teil der Wurzeln entfernt, treiben die im Boden gebliebenen Reststücke um so stärker aus, weil sie sich fröhlich an der Bruchstelle verzweigen. Dieser Sturheit muss man Gleiches entgegen-

setzen: Es wird empfohlen, die lästigen Pflanzen unmittelbar vor der Blüte auszureißen, damit die Wurzel im eigenen Saft „erstickt", wie dieses Phänomen nicht nur in großväterlichen Gärtnerkreisen genannt wird.
Manche erfahrene Gärtner sind auch der Meinung, diese Pflanzen immer dann auszureißen, wenn sie etwa handhoch aus dem Boden herausgewachsen sind. Dadurch würde die Wurzel auf Dauer geschwächt, denn bevor sich im Boden Seitenwurzeln zur Nahrungsaufnahme bilden, erscheinen die Blätter. Werden diese abgerissen, erhält die Wurzel von oben keine Nahrung mehr und zugleich von unten noch nicht.
Dem Schachtelhalm ist am schwersten beizukommen. Diese Pflanze hat Wurzeln, die bis zu mehreren Metern in den Boden reichen. Selbst tiefes Umgraben und Sammeln der Wurzeln nützt nichts. Hier braucht der Gärtner mitunter Engelsgeduld. Alle 10 bis 14 Tage müssen die Triebe abgehackt werden. Unterstützt wird diese Arbeit durch tiefes Lockern sowie Kompost- und Kalkgaben. Man tröste sich damit, dass die Geduld von Engeln sicher nicht die schlechteste Eigenschaft für einen Gärtner ist.

Quecke und Giersch erfolgreich unterdrücken

Eine dichte Pflanzendecke aus Kapuzinerkresse kann Giersch buchstäblich unterdrücken. Ebenfalls hilfreich unterdrückerisch wirkt eine dichte Einsaat im Herbst mit Winterwicke. Das entsprechende Beet sollte dann auch im nächsten Jahr noch nicht bearbeitet werden, sondern dicht bepflanzt stehen bleiben. Selbst Giersch kann auf diese Weise in Schach gehalten werden.

Topinambur statt Quecke

Wem die Quecke in seinem Garten zu schaffen macht, der kann durch den Anbau von Topinambur zwei Fliegen mit einer Klappe schlagen. Die erste fängt er sozusagen damit, dass sich die Quecke zumindest auf der Anbaufläche auf den Rückzug begeben wird. Und das zweite Schnäppchen besteht in der Bereicherung des Speiseplans.
Damit es für diejenigen, die Topinambur noch niemals gegessen haben, nicht bei einem einmaligen Erlebnis bleibt, sei das Nachschlagen in einem guten Kochbuch ans Herz gelegt. Die Geschmacksbandbreite zwischen falsch und richtig zubereitetem Topinambur ist laut Auskunft von Kennern beachtlich.

Giersch mag keine Kartoffeln

Ein weit verbreitetes Leiden kann dieser Tipp möglicherweise lindern. Das Leiden besteht im Verzicht auf die überall schon angebotenen und genossenen Frühkartoffeln, während man selbst noch an alten Lagerbeständen kaut, die in schöner Regelmäßigkeit endlos erscheinen. Aufatmen können nun all diejenigen, die im Besitz eines mit Giersch verkrauteten Gartenstücks sind. Man verteilt die alten Lagerkartoffeln auf der überwucherten Fläche zwecks Gierschvertreibung und kann sich anschließend guten Gewissens auf die neuen Kartoffeln stürzen.

Disteln ersäufen und vorbei ist der Ärger

Manch einer griff schon wieder zur Giftschleuder, um diese, zugegeben hartnäckigen, Pflanzen endlich loszuwerden. Es geht auch anders: Disteln haben einen bis zur Wurzel hohlen Stängel. Wird dieser abgeschnitten, schließt sich die Wunde rasch wieder. Und hier muss der Gärtner fix dranbleiben: Entweder man mäht das Dornengrün bei strömendem Regen oder man gießt sofort Wasser oder Jauche in den hohlen Stängel. Darauf fault dieser bis zur Wurzel durch und kann nicht wieder austreiben. Um wirklich von einem großen Erfolg in der persönlichen Geschichte der Distelbekämpfung sprechen zu können, muss man vor Blüte und Samenbildung einschreiten.

Ackerwinde einfach lang ziehen

Dass Schönheit nicht vor Lästigkeit schützt, wissen wir, seit es die Ackerwinde in unseren Beeten gibt. Winden sich die Winden gar gemütlich in unseren Dauerkulturen, wie Erdbeeren, mehrjährigen Kräutern und ähnlich Schmackhaftem, will überhaupt keine Freude mehr aufkommen. Da hilft ihnen auch das anmutige Blütengewimmel nichts mehr und wenn sie noch so entzückend mit ihren Köpfchen wackeln. Wer seine schön-lästigen Winden los sein will, braucht Geduld, Geduld.
Abhacken bringt wirklich nur dann etwas, wenn man es standhaft alle 10 bis 14 Tage wiederholt. Die Winden treiben sonst an der Schnittstelle flugs büschelweise wieder aus. Lieber zweimal jährlich bei feuchtem Boden solange Enden wie möglich von dem beharrlichen Gewinde rausziehen. Es dauert zwar etwas länger als die Abhack-Methode, der Erfolg ist aber ebenso dauerhaft und man kann sich noch an den netten Blüten erfreuen. Wissenswert ist außerdem, dass Winden nur in der Sonne schnell wachsen. Das Schattieren von Aussaatbeeten ist deshalb sinnvoll, damit die Winden nicht flotter wachsen als die Kulturpflanzen. In Kombination mit folgendem Tipp ist dies vielleicht die lässigste Ausrottungs-Methode.

Gebremstes Wachstum für die Ackerwinde

Was nützen einem die edelsten Vorsätze, wenn man im entscheidenden Augenblick einfach überfordert ist? Solch ein Augenblick ist beispielsweise dann gekommen, wenn man noch ganz im guten Glauben, alles unter Kontrolle zu haben, die explosionsartig wachsende, alles überwuchernde Acker- oder Zaunwinde über die eigenen Beete herfallen sieht. „Unkraut" entfährt es einem da, wohlweislich, dass hier nur eines der lieben Geschöpfe Gottes aus der Familie der Wildkräuter seiner Lebensfreude räumlichen Ausdruck verleiht.
Nun denn, wollen wir diesem ungestümen Drang nach Freiheit Zügel anlegen, bietet sich folgende Aktion an: Ist die Winde gerade im Begriff auszutreiben, stülpen wir entschlossen ein Glas (Marmeladen- oder Einmachglas) über sie und drücken es etwas in den Boden. Nach einer Weile hört die Winde auf, sich zu winden. Bleibt das Glas das ganze Jahr über stehen, dürfte dies auch für die kommenden Jahre seine Bremswirkung auf die Wildheit des Krautes nicht verfehlt haben.

Brennnessel:
Unkraut, Wildkraut oder unentbehrlich?

Das internationale Ansehen der Brennnessel ist in den letzten Jahren, ganz sicher zumindest in den Reihen aller zukunftsorientierten Gärtner, beträchtlich gestiegen. Allein die in konstruktiver Zusammenarbeit mit ihr durchführbaren Pflanzenschutzmaßnahmen rechtfertigen grundsätzlich die friedliche Koexistenz mit diesem wilden Kraut.
Bei aller Sympathie muss freilich einschränkend festgestellt werden, dass der Drang der Nessel zu hegemonialen Ansprü-

chen, gartenpolitisch gesehen, nicht immer hingenommen werden kann. Rückt die Nessel in großen Beständen in für sie nicht vorgesehene Zonen allzu dreist vor, muss man zügelnd für eine gerechte Platzverteilung unter den Gartenbewohnern sorgen.

Da wir eine Politik des Friedens mit immer weniger Waffen konsequent betreiben, verweisen wir einen chemischen Angriff ins Reich absurder Fantasielosigkeit und platter „Hau-drauf-Mentalität“. In unseren Kreisen schauen wir uns lieber wieder nach älteren, mitunter auch arbeits- und intelligenzaufwendigeren, Methoden um.

Ein Verfahren, das etwas Geduld erfordert, besteht im Ausreißen der Brennnessel samt ihres Wurzelwerkes. Man beginnt damit im Frühjahr. Jedes Mal, wenn die Stängel etwa 30 cm hoch sind, greift man handschuhgeschützt herzhaft zu. Ein ruckhaftes Zerren ist zu vermeiden, da man lediglich ein schnelles Abreißen kurzer Enden erzielt. Die Wurzeln der Nesseln verlaufen ziemlich flach, so dass sie sich oft meterweise „abribbeln" lassen. Schwere Böden wässert man gegebenenfalls vorher.

KRÄUTER - AROMATISCH UND WOHLTUEND FÜR ALLERLEI ZWECKE

Petersilie - auch im Winter stets frisch

Wer im Winter nicht unter der Abstinenz petersiliger Vitamine und Würze leiden möchte, topft sich das Kraut am besten ein – bequemerweise Wurzelpetersilie. Diese „Sorte" braucht man erst im Oktober/November aus dem Garten zu holen. Etwa vier bis sechs Wurzeln kommen in einen mittelgroßen Topf. Wer aus irgendwelchen Feinschmeckergründen oder anderen Geheimnissen Schnittpetersilie bevorzugt, müsste diese bereits im August eintopfen, damit sie bis zum Winter auch wirklich gut anwächst.

Schnittlauchtreiberei für den Winter

Wer auch im Winter nicht auf Schnittlauch verzichten möchte, sollte sorgfältig zu Werke gehen. Einfach so ausgraben, eintopfen und in die Küche stellen reicht nicht. Der Schnittlauch wird im November mit den Wurzelballen ausgegraben und zunächst bis zum ersten Frost liegen gelassen. Erst dann hat er den nötigen Kältereiz, um auch wirklich befriedigend neu auszutreiben. Im Haus bekommt er zu Beginn ein 12- bis 16-stündiges Bad in anfänglich gut 40 °C warmem Wasser. Dann werden die Wurzeln eingekürzt, gelbe Blätter entfernt und der Rest eingetopft. Feucht und warm gehalten, treibt die Pflanze rasch aus und nach zwei bis drei Wochen kann geerntet werden.

Schnittlauch - noch ein Kaffeegenießer?

Wer nicht alles Kaffeeliebhaber ist! Schnittlauch jedenfalls gehört zu jenen Individuen, die man mit der begehrten Bohne verwöhnen kann. Genauer: Schnittlauch soll besonders gut gedeihen, wenn er mit Kaffeesatz gedüngt wird. Ob bestimmte

Kaffee-Sorten bevorzugt werden, hat sich noch nicht herumgesprochen. Fragen Sie doch einfach mal Ihr wertes Grünzeug.

Mehr Brennnessel für mehr Aroma

Der Gehalt an wertvollen ätherischen Ölen von Heil- und Gewürzkräutern kann erhöht werden, indem wir Brennnesseln in ihre unmittelbare Umgebung pflanzen. Man muss nur darauf achten, dass die bei entsprechender Bodenbeschaffenheit (nährstoffreich, humos) äußerst ausbreitungsfreudige Brennnessel im Zaum gehalten wird. Wie auch bei der sehr ausbreitungsversessenen Pfefferminze zu empfehlen, sollte man eine spezielle Umzäunung schaffen. Dazu versenkt man einen (Holz-)Rahmen im Boden, der die Brennnessel-Anpflanzung umgibt und verhindert, dass die Seitentriebe in die Nachbarschaft „ausschwärmen" können. Hingewiesen sei zudem auf den guten ökologischen Nebeneffekt, den Brennnesseln mit sich bringen. Viele Schmetterling-Arten benötigen sie für die Eiablage und als spätere Futterpflanze für die Raupen. Und für die im biologischen Garten unentbehrliche Brennnessel-Jauche brauchen wir die Pflanze ohnehin.

Knoblauchsrauke - genießen ohne Reue

Wie vielen Kreaturen man doch so leichthin Gemeinheiten unterstellt! Zu den bedauerlichen Vertretern dieser Klasse gehört auch das Gemeine Lauchkraut *(Alliaria petiolata)*, das ganz zu Unrecht verteufelt wird, wiewohl es sich freilich rasch und stark ausbreiten kann. Bekannt ist es auch unter den Namen Knoblauchs-Hederich, Hasenkohl, Knoblauchsrauke und Wald-Knoblauch.

Von alters her als Heilpflanze und Gewürz im Gebrauch, ist es vielen heute unbekannt. Dabei kann dies feine Kraut einen attraktiven Vorteil gegenüber dem Knoblauch ins Felde führen: Die Blätter enthalten Senföle und ermöglichen deshalb eine Verwendung wie Knoblauch, ohne die unbeliebten Genusskonsequenzen befürchten zu müssen. Wen das geruchsneutrale Argument überzeugt, sollte ihm beim Anbau einen halbschattigen Standort und stickstoffhaltige, nahrhafte Böden zukommen lassen. Wild gedeiht es unter Hecken und Büschen, an Waldrändern und in lichten, feuchten Wäldern, wo wir es am besten ganz in Ruhe lassen.

Kräuter trocknen - was zu beachten ist

Mit einer gewissen Behutsamkeit muss an die Trockentechnik von Kräutern, wie Petersilie, herangegangen werden. Sonst erhält man womöglich nur schwarzes, geschmacklich ziemlich nichts sagendes Gebrösel. Und zwar deswegen, weil sich die ätherischen Öle unserer Kräuter in alle Windrichtungen verflüchtigen würden. Tee- und Küchenkräuter sollen daher nur bei mäßiger Temperatur (höchstens 30 °C), im Schatten bei leichtem Wind oder in Trockengeräten trocknen. Sie sind dann nach etwa zwei bis vier Tagen fertig konserviert und können zur Lagerung abgefüllt werden.

Anders verhält es sich bei schleimhaltigen Kräutern, wie zum Beispiel Malve, Königskerze, Eibisch und Queckenwurzel. Um die heilkräftigen

Schleimstoffe zu erhalten, ist rasches trocknen der Kräuter angesagt. Um die 40 °C sollten es schon sein.
Hat man kein Trockengerät zur Verfügung, lege man die Kräuter auf dunklen Tüchern in die pralle Sonne, schließlich sollen sie nach spätestens zwei Tagen trocken sein.

Wildkräuterküche, damit's im Frühjahr zeitig schmeckt

Bevor die ersten Salate und der frühe Spinat erntereif sind, haben die Wildkräuter schon längst ihr Blattwerk entfaltet. Vieles, was wir im eigenen Garten oft naserümpfend als lästiges Grünzeug ansehen und lieber heute als morgen los wären, lässt sich auf grundanständigerweise vernichten: Man isst es einfach auf. Hierfür werden die diversen Störenfriede zu appetitlichen, vitaminreichen Speisen verarbeitet.
Nicht nur die schon klassische Brennnessel-Suppe oder der Löwenzahn-Salat lassen sich auf den Tisch bringen. Auch Vogelmiere, Giersch, Melde, Gänseblümchen, Wegerich und das Wiesenschaumkraut sowie junge Erdbeer-, Himbeer- und Brombeerblätter bereichern die experimentierfreudige Frühlingsküche.
Für alle, die nach einer durch und durch ökologischen „Unkraut"-Vernichtungs-Methode Ausschau halten, hier also einige allgemeine Entsorgungsregeln für den Weg vom Beet auf den Speiseplan:

- Die ersten zarten Triebe von Giersch lassen sich zu Salat bereiten. Solange die Blätter noch hellgrün sind, schmecken sie eher mild; der herbe Geschmack entwickelt sich erst später.
- Wildkräutermischungen aus milden (Vogelmiere, Giersch) und herben (Himbeer- und Brombeerblätter) Arten können

als Gemüse, wie Spinat angerichtet, unsere Geschmacksnerven in ausgezeichnete Stimmung versetzen. Kommt einem das Angerichtete etwas zu streng daher, lässt es sich mit Milch oder Sahne ohne weiteres entschärfen.

◇ Empfehlenswert ist eine Geschmacksprobe. Dafür wird von jeder Kräuter-Art eine kleine Menge kurz in Butter gedünstet und einem Geschmackstest unterzogen. Je nach Standort und Entwicklungsstadium ist das Aroma der Kräuter mehr oder weniger ausgeprägt. So kann jeder seine eigene, ideale Mischung ausfindig machen, und mit der Zeit weiß man genau, wann man welches Kraut am besten auf den Tisch bringt.

◇ Wildkräuter lassen sich nicht nur zur Herstellung eigenständiger Gerichte heranziehen, auch als Beigabe für den geschätzten Gemüseeintopf eignen sie sich mindestens zur Vitamin- und Mineralstoffanreicherung. Soll der Eintopf eingedickt werden, nimmt man dafür am besten pürierte Kartoffeln, auch das mildert im Zweifelsfalle die Strenge der Kräuter.

◇ Und nicht zuletzt gelingt es dem Kenner, mit klein gehacktem Wildkraut, den Puffern oder Klößen den ausschlaggebenden geschmacklichen Pfiff zu entlocken. Man muss damit rechnen, nach dem Geheimnis des guten Geschmacks gefragt zu werden.

Kräuteressig nach Großmutter-Art

Unsere französischen und deutschen Großväter tauschten weiß Gott nicht nur Freundlichkeiten aus. Allerdings war man im Hinblick auf die nachbarlichen Kochkünste schon eher frankophil eingestellt, und so fanden auch diese beiden Rezepte für Kräuteressig ihren Weg in die deutsche Küche:
Zunächst müssen wir uns um die Beschaffenheit des Essigs, genauer gesagt um dessen Säuregehalt, kümmern. Danach kommen die Kräuter dran und rein. Der Säuregehalt muss wegen der Haltbarkeit erhöht werden, und das geht so: Man nehme einen guten Weinessig und lasse ihn solange frieren, bis nur noch ein Viertel der gewählten Menge flüssig ist. Da zuerst das enthaltene Wasser gefriert, besteht nun die Restflüssigkeit aus konzentrierterem Essig. Großmutter konnte diesen Essig nur im Winter zubereiten. Wir haben es einfacher und stellen das Gefäß in die Kühltruhe. Um die erforderliche Menge zu ermitteln, wird sie vorher genau abgemessen (zum Beispiel zwei Liter), ebenfalls die abgegossene Restflüssigkeit (in diesem Fall ein halber Liter). Zum Abgießen ist ein Haarsieb geeignet. Die zum Ansetzen gedachten Kräuter sollen getrocknet und fein gehackt sein.
Ein kleiner Hinweis am Rande: Die bei den Zutaten aufgeführten Roccambollen *(Allium sativum* var. *ophioscordum)* sind heute eher bekannt als Rockenbollen oder Schlangen-Knoblauch, es geht aber natürlich auch mit gewöhnlichem Knoblauch.

Mailles feiner Kräuteressig

- 100g Estragon
- 50g Basilikum
- 50g Lorbeerblätter
- 80g Roccambollen

Mit einem halben Liter des gestärkten Essigs (siehe Tipp vorher) vermischen und für drei bis vier Wochen warm (zum Beispiel Ofen, wer einen hat, oder Sonne, wer hat) stellen, anschließend durch ein Tuch geben, dieses noch einmal gut ausdrücken und dann alles filtern (Kaffeefilter).

Kraftessig

- 100g Estragon
- 60g Lorbeerblätter
- 50g Angelikawurzeln
- 60g Kapern (eingelegte)
- 60g Roccambollen
- 50g Schalotten

Mit zwei Liter gestärktem Essig aufgießen und wie in Tipp „Kräuteressig nach Großmutter-Art" beschrieben verfahren.
Mit diesen beiden Essigkonzentraten lässt sich übrigens auch anderer Essig würzen; sie eignen sich desgleichen für die Zubereitung von Senf und – sparsam verwendet – als Salatzugabe.

Kleiner Leitfaden für Salatamateure

Einmal ist immer das erste Mal, und soll's ausgerechnet dann schief gehen? Da hat man womöglich soeben seinen ersten Salat ohne größere Zwischenfälle geerntet und soll ihn nun noch

der erwartungsfrohen Freundin lecker zubereiten. Nur keine Panik, es stehen einem vier zuverlässige Partner zur Seite, die sich der Aufgabe entsprechend annehmen werden.
Das Grundrezept lautet: Ein Esslöffel Essig auf fünf Esslöffel Öl, dann mit Salz und Kräutern abschmecken. Was man beobachten kann, ist folgende Arbeitsteilung: Der Verschwender mischt das Öl, der Geizhals den Essig, der Weise dann Salz und die Kräuter und der Narr das Ganze durcheinander. Besser kriegen's Meisterköche auch nicht hin.

Aroma erhalten: Kräuter einsalzen

- 850 g Kräuter
- 150 g Salz

Kräuter lassen sich nicht nur durch schnödes Trocknen konservieren. Viel zu oft geht dabei ein Großteil des Aromas verloren. Vielleicht hat es zu lange gedauert, vielleicht war es zu heiß, wer weiß! Nun kann man überlegen, sich einen elektrisches Trockengerät mit Thermostat und Zeituhr zuzulegen. Aber so viel Technik ist nicht vonnöten. Der Urstoff Salz konserviert zuverlässig und das Aroma bleibt vollständig erhalten. Zusätzliches Salzen der Speisen erübrigt sich dann meist bei Verwendung solcherart präparierter Kräuter.
Zum Einsalzen rechnet man 15 % Salz, das heißt, bei 1 kg Gesamtgewicht kommen zu 850 g Kräutern 150 g Salz.
Die Kräuter werden klein gehackt oder geschnitten, mit dem Salz vermischt und in Glas- oder Steingutgefäße gedrückt. Achtung! Nicht so fest drücken, dass die Kräuter Saft ziehen, das vermindert die Haltbarkeit. Oben drauf kommt noch einmal eine dünne Schicht trockenen Salzes. Die Gefäße entweder mit Schraubdeckeln oder mit Cellophan verschließen.

Prima Kräutersalz-Mischung für Eintöpfe aller Art

- 500 g Sellerieblätter und -wurzeln
- 500 g Lauch
- 500 g Petersilie, ruhig mit Wurzel
- 500 g Zwiebeln
- 500g Möhren
- je eine Hand voll Majoran, Bohnenkraut, Basilikum und Thymian

Möhren klein schneiden. Anschließend alle Zutaten mit der entsprechenden Menge Salz (siehe Tipp Aroma erhalten: Kräuter einsalzen, Seite 155) vermischen und in Gefäße füllen. Angebrochene Gefäße am besten im Kühlschrank aufbewahren. Dort haben wir denselben Effekt wie bei Kaffeemehl: Es bleibt länger aromatisch frisch.

Köstlich - Brotaufstrich aus eigener Herstellung

Was man in den letzten Jahren in immer größerer Auswahl für immer mehr Geld in Reformhäusern und Naturkostläden erstehen kann, wussten unsere Großmütter schon selbst zu machen. Die fleischlosen, herzhaften Brotaufstriche nämlich, deren geschmackliche Bandbreite weit gehend dem Ideenreichtum ihres Komponisten gehorchen dürfte.

Hier das Grundrezept: 20 g Fett (zum Beispiel Butter oder Schmalz oder Butterschmalz)

mit einer klein geriebenen Zwiebel braun schmoren, vom Herd nehmen und 60 g frische Hefe hineinbröseln. Dazu drei bis vier Esslöffel feines Mehl rühren und mit Thymian, Majoran, Basilikum sowie etwas Senf abschmecken. Eventuell noch ein wenig Flüssigkeit (Wasser oder Brühe) und Salz dazugeben.
Im Kühlschrank hält sich der Aufstrich drei bis fünf Tage. Variieren lässt er sich durch Zugabe von Paprikapulver (mild oder edelsüß), fein gehackten Champignons (mitschmoren) oder mehr Zwiebeln – lassen Sie Ihrer Fantasie also freien Lauf.

Das Geschmacksgeheimnis des Senfs ist keines mehr

Bevor es den internationalen Austausch von Delikatessen gab, aßen die Süddeutschen zu ihren Weißwürsten noch keinen nach französischem Rezept hergestellten Senf – Gott bewahre –, man hat doch schließlich seinen eigenen Weißwurstsenf.
Dessen Herstellung in Eigenregie wird streng genommen nur den Besitzern einer Ofenheizung möglich sein. Wer's probieren will, sollte sich so gesehen, gutstellen mit einem Ofenbesitzer, die Senfkörner können freilich im eigenen Garten angebaut werden. Und hier das Rezept: 750 g gelbes (weißes) Senfmehl *(Sinapsis alba/S. chinensis)* mit 250 g grünem (schwarzem) Senfmehl *(Brassica nigra)* und 500 g Zucker trocken vermischen (Senfmehl gibt es in der Apotheke); einen drei Viertel Liter Wein- oder Kräuteressig mit einem Liter Wasser und einer mit vier Nelken gespickten Zwiebel erwärmen, die Zwiebel herausnehmen und die Senfmehlmischung einrühren. Abschließend wird das Ganze nun mit einem sauberen, glühenden Feuer- oder Kaminhaken zischend umgerührt. Wie lange, ist Geschmackssache und sollte zwischendurch geprüft werden.

Oh glücklicher Ofenbesitzer und deren Freunde! Nun möge man den Senfbrei kühl lagern und wachsendes Wohlgefallen daran finden, dass er mit der Zeit noch an Geschmack gewinnen wird.

So hat Hagebuttenmarmelade eine Chance

Es gibt zweifelsohne vieles auf dem Marmeladensektor, was anerkanntermaßen zum Gaumenkitzel einer nicht unbeträchtlichen Zahl von Zeitgenossen beiträgt. Andererseits muss unumwunden zugegeben werden, dass Marmelade aus Hagebutten weniger oft, streng genommen eher selten und, um ehrlich zu sein, eigentlich nie richtige Begeisterungsstürme an Frühstückstischen und anderswo auslöst. Großmutter hat das damals mitgekriegt, weil Großvaters Frühstückspausen immer so kurz waren, wenn nur Hagebuttenmarmelade auf dem Tisch stand. Tja, dachte sie sich, es fehlt halt doch die Abrundung, die man bei süßem Gebäck durch eine Prise Salz und bei den salzigen Gerichten mit einer Prise Zucker erreicht.

Mit Salz wird man bei der Hagebuttenmarmelade nicht viel ausrichten können, außer wahrscheinlich eine endgültige, störrische Verweigerungshaltung zu provozieren. Speziell dieses Problem betreffend, hatte dann Großmutter einst die richtige Eingebung.

Ihnen, werte Leser und Freunde von erstklassigen Konfitüren (und Verwandtem) wollen wir hier an exklusiver Stelle das tiefe Geheimnis auf's Verschwiegenste kundtun: 10 Minuten vor Ende der Kochzeit gebe man pro Kilogramm Hagebuttenmarmelade einen Teelöffel Senfmehl hinzu. So bekommt die einstmals langweilige Hagebuttenmarmelade einen Ehrenplatz im Regal der Köstlichkeiten.

Gutes aus Großmutters Kräuterapotheke

„Gegen alles ist ein Kraut gewachsen“, meinte man früher und heute wieder öfter. Da ist sicher eine Menge dran. Viel Beschwernis lässt sich mit Kräutern in Form von Tees, Bädern, Auflagen, Umschlägen oder Salben zumindest lindern, manches gar heilen.

Wir wollen hier nicht die sicherlich jedem bekannten Rezepte für Husten-Tee oder Beruhigungsbäder zum tausendsten Male abhandeln, sondern nur ein Beispiel dafür bieten, was Großmutter gegen die alltäglichen Widernisse des Lebens bereithielt. Diese Ratschläge ersetzen indes nicht den Besuch beim Arzt. Dennoch bedeutet es ein Mehr an Selbstständigkeit, wenn man im Rahmen der täglichen Pflege und gesundheitlichen Unterstützung eine persönliche Kompetenz besitzt. Und der eigene Garten gewinnt als kleine Hausapotheke nochmals an Attraktivität.

Ein Husten-Tee-Rezept wollen wir hier kundtun

Salbei, Thymian, Dost und Bohnenkraut aus dem Garten können mit Minze oder Zitronenmelisse verfeinert werden. Man braucht eine Hand voll frische Blätter, um eine große Tasse (etwa einen Viertelliter) zu bereiten. Salbei und Thymian sind wintergrün, man kann beide auch in der kalten Jahreszeit frisch ernten. Von den anderen lege man sich beizeiten einen Trockenvorrat an. Vielleicht zur Abwechslung auch das folgende Rezept beachten.

Es muss nicht immer Kraut sein - Gurke gegen Husten

Erkältungen, die einen zur Sommerzeit überfallen, sind häufig besonders hartnäckiger Natur. Gott sei Dank wächst aber auch im Sommer eine Frucht, die hier rasche Linderung verspricht: die Gurke. Frisch ausgepresster Gurkensaft, leicht angewärmt und mit etwas Honig verrührt, gilt als probates Mittel bei sommerlichen Hustenbeschwerden.

Feine Salbe, guter Schutz

Ein Loth (15,6g) Wollfett in einem Mörser über lindem Feuer (Stövchen) oder im Wasserbad zerlassen, anschließend zwei Loth frisches Mandelöl, 10 Tropfen Lavendelöl und zwei Tropfen Nelkenöl (erhältlich in Naturkostläden) zugeben und sorgfältig vermischen. Die Masse in einem gut schließenden Gefäß aufbewahren und morgens die Hände damit einreiben. Nicht nur Gärtners Haut wird dadurch weich und springt bei Kälte nicht auf.

Hautschutz für strapazierte Hände

Einer, der wie der Gärtner viel draußen arbeitet, bekommt oftmals raue, rissige Hände. Bei kalter, trockener Witterung passiert vielen das noch rascher. Mitunter hat selbst die vorbeugende Pflege mit Salbe das Malheur nicht verhindern können. Vielleicht wurde die schützende Schicht vergessen oder, arbeitsbedingt, zu schnell wieder runtergewaschen. In der Hausapotheke der Großeltern fanden wir dieses Rezept für den Ernstfall: Zusätzlich zu der obligatorischen morgendlichen und abendlichen Salbenpflege (siehe vorherigen Tipp) wasche man sich jeweils vorher und auch zwischendurch die Hände mit einer Mischung aus einem Esslöffel wässriger Myrrhen-Tinktur (erhältlich in der Apotheke) und einer Tasse heißem Wasser.

Kleine Schnittwunden schnell geheilt

Oft sind es die kleinen Verletzungen, die sehr schmerzhaft sein können, zum Beispiel die nicht blutenden Schnitte. Um diese rasch zum Abheilen zu überreden, bereite man einen Brei aus gehackter Petersilie und 2 cl Branntwein und lege dieses Gemisch als Umschlag auf die Wunde. Wenn der Umschlag dreimal innerhalb von 24 Stunden ausgewechselt wird, sollen einen derartige Wehwehchen angeblich nicht lange traktieren. Ob bei Großvater mehr die Petersilie oder der Branntwein den Ausschlag gegeben hat, wollen wir mal dahingestellt sein lassen.

Erste Hilfe bei Insektenstichen

Insektenstiche haben nicht selten recht unangenehme Folgen. Das kann von nervendem Juckreiz bis zu starken Schwellun-

gen reichen. Aber gegen jedes Übel ist bekanntlich ein Kraut gewachsen, so auch dafür. Das Kraut, das also extra gegen die unangenehmen Folgewirkungen der elenden Insektenstecherei gewachsen ist, heißt Spitzwegerich. Im Falle eines Falles soll man die Einstichstelle so schnell wie möglich einreiben. Damit der Saft auch an die Haut kommt, am besten die Blätter vorher zerkleinern, notfalls reißen. Wer Spitzwegerich nicht im Garten hat, oder nicht weiß, wo er wild wächst, kann sich im Fachhandel Samen besorgen oder ihn bestellen (siehe Seite 288).
Solche kleinen Erste-Hilfe-Aktionen ersetzen selbstverständlich nicht den Gang zum Arzt, wenn Zweifel an der Harmlosigkeit der Verletzung bestehen. Auch Allergiker sollten sicher sein, dass sie Spitzwegerich vertragen.

Magenkrämpfe behandeln – Großmutters Rezept

Selbst wenn man sich's aussuchen könnte – ob morgens gleich nach dem Frühstück oder später irgendwann nach üppig genossener Kost –, Magenkrämpfe sind eigentlich nie sehr heiter. Großmutter schwor auf folgende Rezeptur und behauptete sogar, dass das lästige Gekrampfe nach erfolgter Behandlung nicht selten für immer verschwindet.
Man nehme also drei bis vier Tropfen ätherisches Kümmelöl

(aus der Apotheke) und mische es in einem Schnapsglas mit einem Esslöffel Rum oder Obstgeist. Der Trunk wird mit einem Schluck genommen. Wohl bekommt's für alle Zeiten! Hilft es nicht, ist natürlich unbedingt ein Arztbesuch erforderlich.

Schlechter Atem - so kann er verschwinden

Mit Mundgeruch, ob er nun von Knoblauch, vom vielen Paffen oder verdorbenem Magen herrührt, ist selten ein Blumentopf zu gewinnen – höfliche Menschen fragen überdies nicht unbedingt nach dem Grund. Großmutter hatte auch hier zwei Erfolg versprechende Mittelchen zur Hand:

1. Vier Teelöffel Rosmarinkraut, einen Teelöffel Myrrhe (aus der Apotheke) und einen Teelöffel Zimt mit einem halben Liter Wein solange „leise" köcheln, bis die Hälfte der Flüssigkeit verdampft ist. Anschließend alles durch ein Sieb geben und in einer Flasche aufbewahren. Bei Bedarf morgens damit gurgeln.
2. Morgens auf nüchternen Magen etwas Mastix kauen. Mastix ist das Harz aus der Rinde des Mastixstrauches *(Pistacia lentiscus)*. In der Apotheke nachfragen.

Bei länger anhaltendem Mundgeruch empfiehlt sich unbedingt ein Arztbesuch. Sehr ungesunde Ursachen für Mundgeruch gibt es leider reichlich.

Minzengeist ganz einfach selbst gemacht

Sowohl innerlich, bei Magen-Darm-Beschwerden, als auch äußerlich, bei Kopfschmerzen und Migräne, vermag der Minzengeist seine wohltuende Wirkung zu entfalten. Das Rezept zur Herstellung dürfte kaum jemanden überfordern:

30 frische Pfefferminzblätter in einer Flasche mit einem Liter Korn übergießen. Bei den Großeltern hieß es nun: Den Gesundheitssaft fünf Tage in die Sonne oder an den Ofen stellen. Anschließend die Flasche zum Ruhen noch drei Tage bei Zimmertemperatur stehen lassen und abseihen.

Rosmarinwein, das ist wahr, hilft hier und da

Das Nützliche mit dem Angenehmen zu verbinden, ist doch die wahre Lebenskunst, die man gar nicht genug beherrschen kann. Mit Rosmarin als anregendem Badezusatz hat man ein schönes Beispiel dafür. Beim Rosmarin-Tee mögen sich die Geister streiten, was die Genussseite betrifft. Freunden geistiger Getränke gibt Großvater folgenden, lebensfrohen Tipp: Drei Esslöffel frische, klein geschnittene Rosmarinblätter mit einer Flasche Weißwein aufgießen und 24 Stunden ziehen lassen, dann abseihen. Wirkt bestimmt.
Hier vereinen sich zwei edle Elemente zu großem Wohlgefallen des Gemüts. Pro Tag ein bis zwei Schnapsgläschen in Ehren, muss man beileibe niemandem verwehren.

Baldriangeist für guten Schlaf

Zeigen sich bei Ihnen Stress-Symptome oder leiden Sie unter Schlaflosigkeit, könnte sich eine mehrwöchige Kur mit Baldriangeist als heilsam erweisen. Man nehme drei- bis fünfmal täglich 10 bis 20 Tropfen, eventuell in etwas Wasser, je nach Körpergröße und Gewicht, zu sich.
Zur Herstellung des Baldriangeistes werden 200 g getrocknete Baldrianwurzeln mit einem Liter Branntwein aufgegossen und

unter Luftabschluss für 10 Tage bei etwa 30 °C ziehen gelassen, danach wird abgeseiht. Glücklich dürfen sich jene gestressten Schlaflosen schätzen, die einen Kachelofen mit einem Wärmefach ihr Eigen nennen, dorthinein wandert dann der gute Geist. Wenn es einem außerdem noch gelingt, die Ursachen für Stress und Schlaflosigkeit zu beseitigen, hat man doppelt gute Chancen auf dauerhaften Erfolg.

Abendliches Wohltu-Bad für unsere Füße - sie haben's verdient

Kommen die Füße abends müde oder gar geschwollen aus dem Schuhwerk raus, zaudere man nicht lange und bereite ihnen ein feines Wohltu-Bad zu:
Zwei Hand voll getrocknete Holunderblüten und eine Hand voll getrocknete Pfefferminze in einem Liter Wasser aufkochen, abkühlen lassen, abseihen und in das lauwarme Fußbadwasser geben. Großmutter empfiehlt, den Füßen etwa 10 Minuten Badezeit zu gönnen. Das wird ihnen wieder auf die Beine helfen!

Gesichtswasser - Rezepturen aus dem Kräutergarten

Recht einfach und flott herzustellen sind die verschiedenen Gesichtswasser aus Kräutern. Sie werden nach gründlicher Reinigung ihrer Verwendung zugeführt und können, je nach Art, die verschiedenen Hautprobleme lindern helfen. Einen Teelöffel unseres jeweils empfohlenen oder getrockneten Krautes (oder Blüten) mit einer Tasse kochendem Wasser aufgießen, 10 Minuten ziehen lassen, abseihen – und fertig ist das kostbare Nass, das sofort verbraucht werden sollte.

- Bei Hautflecken haben sich Veilchen, Holunderblüten und Ringelblumen bewährt.
- Sollen Sommersprossen verschwinden (warum eigentlich, sieht doch nett aus?), greife man zu Frauenmantel oder Petersilie.
- Erfrischend für die Haut sind Lindenblüten und Zitronenmelisse. Zudem verzögern sie die Faltenbildung.

Duftwasser aus eigener Produktion

Anders als die Gesichtswasser, kann man Duftwasser auf Vorrat halten. Sowohl als Badezusatz als auch als Erfrischung für Gesicht und Arme an heißen Tagen, steht es uns so jederzeit zur Verfügung, ohne dass man erst die Produktion dafür anwerfen muss. Schließlich lassen sich die feinen Wässerchen, in offenen Gefäßen aufgestellt, auch als Raumduft verwenden. Zwei Zubereitungsweisen bieten sich an:

1. 100 g getrocknete Kräuter (zum Beispiel Lavendel, Rosmarin) oder 300 g frische Kräuter (Zitronenmelisse) mit einem Liter kochendem Wasser aufgießen und zusammen abkühlen lassen. Ist der Aufguss warm, gibt man zwei Esslöffel Alkohol dazu und lässt alles ganz abkühlen. Dann die Kräuter abgießen und in Flaschen füllen.
2. Ein kräftigeres Duftwasser erhält man, wenn die Kräuter in eine fast kochende Mischung aus halb Wasser, halb normal konzentriertem Essig kommen und über Nacht stehen gelassen werden. Nur noch abseihen und abfüllen, fertig.

Schuppenplage - weg damit

Es steht einem auch beim Problem mit Haarschuppen frei, diverse Gänge zum Geldautomaten zurückzulegen, um bei anschließenden Drogeriebesuchen neue Mittelchen zum Ausprobieren zu holen. Oder doch zur Abwechslung mal die eine Ecke da im Garten aufzusuchen, wo schon wieder die Brennnessel-Inflation ausgebrochen ist. Schnell den Spaten her und ein paar von den Nesselwurzeln ausgraben. Die Wurzeln werden anschließend gewaschen, klein geschnitten, in ein Glas gefüllt und mit Weinessig übergossen. Man rechne pro Hand voll Wurzeln einen halben Liter Essig. Das Gefäß bleibt laut Großvater für die nächsten drei Wochen in der Sonne stehen (dieser unerschütterliche Schönwetter-Optimismus ist einfach hinreißend), oder es steht am warmen Ofen, sofern vorhanden (eine andere Wärmequelle wird's auch tun) und wird täglich geschüttelt. Nach diesem Reifeprozess wird abgeseiht, und die Kur kann beginnen. Nicht anders als bei kommerziellen Alternativen empfohlen, steht nun die tägliche Kopfmassage auf dem Programm.

GEMÜSE RUND UM'S JAHR - IM GARTEN UND IN DER KÜCHE

Kulturschutznetze: Eine gärtnerische Diskussion

Praktisch sind sie ja, und es gibt zu diesem Thema immer wieder lange Gespräche am Zaun. Großvater hat es mal so zusammengefasst:

Mit Kulturschutznetzen können die Pflanzen beetweise vor heranfliegenden Schädlingen, wie Kohl-, Möhren-, Zwiebelfliegen, Kohlweißlingen und anderen, geschützt werden.

Die extrem feinmaschigen Netze aus Kunststoff werden schon zur Aussaat bzw. Pflanzung über die Beete gespannt und können bis zur Ernte dort verbleiben. Sie müssen an den Seiten gut befestigt werden, damit die Schadinsekten nicht darunter durch kriechen können. Erde ist zum Beschweren ungeeignet, es besteht die Gefahr, dass die Wildkräuter hindurch wachsen. Besser sind Sandsäcke.

Außer einer wirksamen Schädlingsabwehr haben die Netze noch den Vorteil, dass sie auf dem Beet ein mildes Klima schaffen, das die Pflanzen gut gedeihen lässt und auch die Bodengare fördert.

Die mechanische Abwehr durch Bedecken mit feinmaschigem Gewebe ist sehr wirkungsvoll, aber wir wollen die Nachteile nicht verschweigen, die vor einer Anschaffung zu bedenken wären.

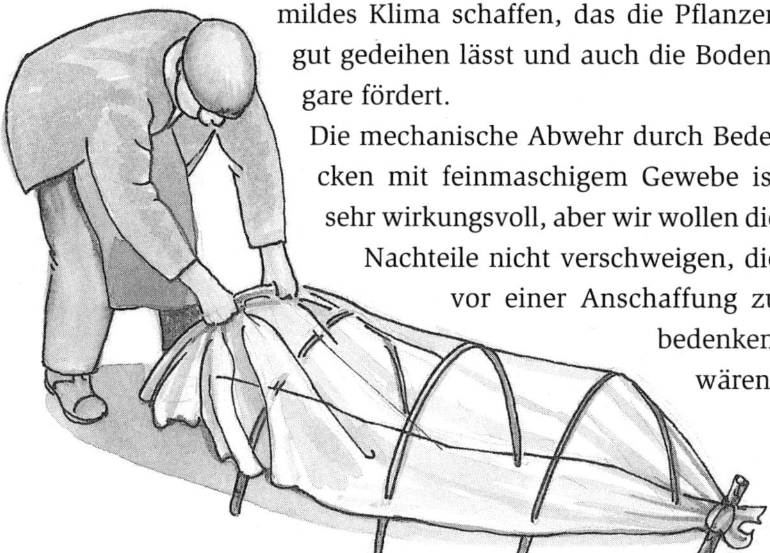

Durch das beetweise Abdecken wird der Anbau von Mischkulturen erschwert, weil man jedes Mal das Netz entfernen muss, wenn etwas am Beet getan wird, und das ist bei Mischkulturen häufiger der Fall als bei Monokulturen. Das gute Kleinklima unter den Netzen kommt bedauerlicherweise auch den Wildkräutern zugute. Sie wachsen noch üppiger, als es uns ohnehin schon lieb ist, und fordern uns zu gesteigerter Jät-Bereitschaft auf.

Die meisten Schadinsekten fliegen von April bis Mai, um ihre Eier an den Pflanzen abzulegen, und meist noch einmal gegen Ende des Sommers. Manche, wie die Möhrenfliegen, sind mit nur einer kurzen Pause im August, während der ganzen Vegetationszeit unterwegs. Hier ist zu entscheiden, ob man vielleicht nur die Hauptflugzeit abdecken möchte oder die Möhrenreihen die ganze Vegetationszeit hindurch geschützt haben möchte. Schließlich muss das Netz jedes Mal, wenn Arbeiten am Beet anfallen, entfernt und sorgfältig wieder festgesteckt werden.

Für Kulturarbeiten sind heiße oder windige Tage geeignet, denn bei solcher Witterung fliegen die Schädlinge kaum.

Die Netze lassen die darunter stehenden Pflanzen zwar erkennen, aber nur durch einen milchigen Schleier. Eine bunte Mischung von Gemüse, Kräutern und Blumen, die übrigens ebenfalls anfliegende Insekten durch Geruchsirritierung weit gehend fernhalten kann, sieht wesentlich lebendiger aus als ein gedämpft-grün-schimmerndes Pflanzengewölbe, das keine Einzelheiten erkennen lässt.

Immer da, wo für kurze Zeit etwas geschützt werden muss, wie zum Beispiel rote Erdbeeren vor Vogelfraß, macht man sich sicher gerne die zusätzliche Mühe, das Beet ab- und wieder zuzudecken.

Kulturpflanzen sind eben auch Ästheten

Seit Großvater sich manchmal als Gasthörer in der Gartenbaufakultät aufhält, kommt er mit tollen Ideen für seinen Gemüsegarten zurück. Alles wird gleich ausprobiert und am Gartenzaun erwogen. So konnte er nun folgenden Tipp geben:
Folien gibt es für verschiedene Zwecke in verschiedenen Farben. Schwarze Folie, die kein Licht durchlässt, hilft unerwünschten Wildwuchs zu unterdrücken. Durchsichtige Folie, die das Sonnenlicht durchlässt, kann zur Ernteverfrühung eingesetzt werden, manchmal auch in Kombination mit schwarzer Folie.
Andere Farben eignen sich für andere Zwecke. Die Erfahrung zeigt's und so lässt sich diese zusammenfassen: Herausgefunden hat man, dass hellblaue Folie, die zwischen den Pflanzen auf dem Boden liegt, Insekten abwehrt. Rote Folie, die zum Abdecken von Tomaten verwendet wird, wirkt sich ertragssteigernd aus. Kartoffeln, Paprika und Auberginen sprechen günstig auf weiße Folie an, und wer vermag zu sagen, welche Vorlieben andere Pflanzen haben? Der soll's uns ganz schnell sagen, Großvater brennt darauf. Nun ist aber nicht jeder Kunststoff für den Garten geeignet. Als unbedenklich gilt Polyethylen (zum Beispiel Plastiktüten). Wer Zweifel hat, mache einen Anbautest. Kohlrabi reagiert extrem empfindlich auf giftige Ausdünstungen von Plastik. Will er unter der Testfolie nicht gedeihen, sollte man diese keinesfalls im Garten einsetzen.

Löwenzahn bleichen - so wird's ein Genuss

Gebleichter Löwenzahn gibt einen schmackhaften Frühlingssalat. Um in diesen frischen Genuss zu kommen, wird der Löwenzahn im Sommer auf einem Gartenbeet ausgesät. Samen gibt's im Gartenfachhandel. Nicht zu dicht säen, damit die Pflanzen schön üppig wachsen. Im nächsten Frühjahr kann die Ernte beginnen. Sobald die ersten Triebe erscheinen, überdeckt man die Pflanzen mit einem umgestülpten Blumentopf. Wer besonders großen Appetit auf Löwenzahn hat, kann auch trockene Mistbeeterde vom letzten Jahr verwenden, die etwa 8 bis 10 cm dick über die Pflanze gehäufelt wird. Sind die Triebe so hoch, dass sie aus dem Boden schauen bzw. durchs Gießloch beim Blumentopf blicken, kann man sich ans Ernten machen. Gebleichten Löwenzahnblättern werden viele den Vorzug geben, weil sie zarter sind und weniger bitter schmecken. Grünblättrig darf er jedoch auch verspeist werden.

Salat ausgetrickst - und vorbei ist's mit der Schießerei

Treibsalat, der schon zeitig im Jahr ins Frühbeet ausgesät wird, neigt nach dem Auspflanzen oft zum Schießen. Folgende Methode kann das verhindern: Der Tag wird für die Keimlinge und jungen Pflänzchen künstlich auf acht bis maximal zwölf Stunden verkürzt. Zu diesem Zweck müssen die Frühbeete abgedeckt werden. Das kann mit Decken, Strohmatten oder Pappe geschehen, außerdem denke man an eine ausreichend windgeschützte Befestigung. Dabei ist es günstiger, die Abdeckung morgens, wenn es noch kühl ist, länger aufliegen zu haben anstatt diese bereits am Nachmittag auf die Frühbeetfenster zu legen.

Salat-Schießerei beenden - die Berliner Methode

Dass auch Großstadtmenschen nicht auf den Kopf gefallen sind, bewiesen einst die Berliner Schrebergärtner. Aus jenen grünen Kreativwerkstätten stammt folgender Trick gegen die lästige Salat-Schießerei: Diejenigen Salate, deren Ernte später erfolgen soll, werden am Strunk mit einem scharfen Messer zu drei Viertel eingeschnitten. Folglich wachsen die Köpfchen langsamer, ohne die Pflanze vollständig von der Wasser- und Nährstoffzufuhr abzuschneiden. Wer nun glaubt auf diese bahnbrechende Schieß-Stopp-Methode verzichten zu können, indem er – im Prinzip ja geradezu genial – von vornherein Folgesaaten einplant, dem halten wir wiederum überlegen entgegen, dass sich später Gesätes witterungsbedingt schneller entwickelt, die Schießgefahr sich solchermaßen keineswegs vollkommen bannen lässt.
Moral der Geschichte: Man sollte Großvaters Tipps und Tricks, schon gar wenn es sich um echt berlinerische handelt, gebührlich zu würdigen wissen!

Kopfsalat in Endlosproduktion

Kopfsalat kann man zu einer Art Endlosproduktion bringen, indem man beim Ernten die unterste Blattrosette an der Wurzel im Boden stehen lässt. Nur ungefähr die Hälfte der sonst üblichen Zeit braucht der Salatstumpf, um aus den Blattachseln etliche Stängelchen mit neuen Blättern sprießen zu lassen. Das ergibt für viele Wochen immer wieder frischen Pflücksalat, zum Naschen und für's Sandwich und je nach Beetgröße reicht es vielleicht auch für eine volle Salatschüssel.

Später Salat, aber welcher?

Wem an spätem Schnitt- und Pflücksalat gelegen ist und auch noch bis in den Oktober hinein die eigene Ernte genießen möchte, sollte hierfür die rotblättrigen Sorten bevorzugt aufs Beet bringen. Diese sind unempfindlicher gegen Grauschimmelbefall und machen nicht schon bei leichten Frösten sofort schlapp.

Salat überwintern - auch draußen

In Gegenden mit mildem Klima kann Salat draußen überwintern. Einer Winterkultur bekommt es besonders gut, wenn man den Salat in 10 cm breite und tiefe Rillen pflanzt, die in Ost-West-Richtung gezogen sind. Auch die empfehlenswerte Reisigabdeckung in schneearmen Wintern kann so besser aufgelegt werden, ohne die kostbaren Pflänzchen zu erdrücken.

Gurken richtig antreiben

Hat man frischen Pferdemist sowie Frühbeetfenster oder mit Folie bespannte Holzrahmen zur Hand, kann man Gurken in sogenannten Treiblöchern anbauen. In der zweiten Aprilhälfte werden diese vorbereitet. Man hebt dazu einen 40 cm tiefen und in der Länge und Breite den verfügbaren Fenstern entsprechenden Graben aus. Zur Hälfte wird der Graben mit festgetretenem und angefeuchtetem Pferdemist gefüllt. Darüber kommt ein Kompost-Erde-Gemisch. Nun werden die Fenster aufgelegt. Nach drei Tagen, wenn die Erde sich erwärmt hat, kann ausgesät werden. Die Fenster bleiben noch bis Ende Juni liegen. Wie beim Mistbeet (siehe Seite 43 ff.) sorgt der Pferdemist für „warme Füße“, was die Gurken besonders mögen.

So löst man einen Gurken-Boom aus

Gewürzgurken setzen reichlich Früchte an, wenn der Haupttrieb nach dem dritten Blatt entspitzt wird. Die sich dann bildenden Seitentriebe sind besonders üppig mit Blüten und infolge natürlich mit Früchten besetzt.

Gurkengewächsen genügend Halt geben

Wenn Gurke oder Kürbis allzu üppig ins Kraut schießen, kann man ihre Ranken einfach etwas abschneiden, die Schnittstellen in die Erde stecken und mit einer Hand voll Kompost abdecken. So bilden sich dort Wurzeln, die der Pflanze unter Umständen besseren Halt bieten und zugleich den heranreifenden Früchten zusätzlich Nährstoffe zuführen.

Wie Gurken nicht verbittern

Die Erfahrung, dass Gurken gelegentlich zu Bitterkeit neigen, haben sicher schon viele Gartenfreunde gemacht. Ursachen dafür gibt es eine Menge, hier die wohl häufigsten:

- Die Gurken sind warm, das heißt bei Sonnenschein, geerntet worden. Also lieber recht frühmorgens ernten, vor der wärmebedingten Entwicklung von Bitterstoffen.
- Die Gurken sind bei warmem bis heißem Wetter mit kaltem Wasser gegossen worden. Das sollte man tunlichst unterlassen. Kalte Duschen verübeln einem die Pflanzen ohnehin meistens.
- Die Gurken haben nach längerer Trockenzeit ein „Vollbad" erhalten. Dann muss man sogar damit rechnen, dass sich der schlechte Geschmack gar nicht wieder verzieht und wir womöglich verbittert die gesamte Ernte vergessen können.

- Die Gurken sind bei der Ernte oder der Zubereitung grob behandelt worden, was wir uns auch nicht gefallen lassen würden. Wenn wir nun also angesichts bitterer Gurken nicht sauer werden wollen, müssen wir sie behutsam ernten, dabei vorsichtshalber nur am Stiel anfassen und nirgendwo drücken. Wer außerdem auf die besten Vitamine verzichten und seine Gurken schälen will, sollte dies von der Blüte zum Stiel hin tun.

Knackige Gurken

Die selbst eingelegten Grünlinge schmecken am besten, da muss gar nicht lange debattiert werden. Schade nur, dass insbesondere die etwas dickeren Früchte die unerwünschte Gewohnheit besitzen, weich und hohl zu werden. Ob als Salzgurken milchsauer eingelegt oder als Gewürzgurken eingekocht – knackig sollen sie schon sein. Das ist hinzukriegen. Man braucht die Gurken vor dem Einlegen bzw. -kochen lediglich der Länge nach mit einer Stricknadel zu durchstechen.

Kürbisse stehen Spalier

Ein Gartengrundsatz lautet: Je luftiger, desto besser. Da macht auch der Kürbis keine Ausnahme. Er wird bekanntlich ebenfalls von allerlei Pilz- und Bakterienkrankheiten bedroht. Diese vermehren sich am besten in feuchtem Klima. Abhilfe schafft ein stabiles Rankgerüst, an dem die Kürbispflanze hoch ranken darf. Nach einem Regen kann sie so von allen Seiten rasch trocknen. Damit die Früchte, man denke nur an ihre mitunter wahrhaft stattliche Größe, nicht frühzeitig abreißen, bindet man sinnvollerweise ein Netz um sie, das am Gerüst befestigt wird.

Kleiner Eingriff, große Wirkung: Tomaten entblättern

Es ist Erntezeit und wie eh und je dasselbe erbärmliche Bild: Gedrückter Stimmung schleicht manch gedemütigter Tomatenbauer in der Gemüseabteilung des örtlichen Supermarktes herum, verstohlen nach den Tomaten aus dem Land mit den vielen Windmühlen greifend.

Ein reichlich feuchtes Jahr war's, wie so oft, und die rote Frucht hat's wieder mal erwischt: Pilzbefall lässt sie schwer kränkeln. Häufig hat sich der Erreger, vom Boden kommend und über die Blätter ausbreitend, auf der Pflanze eingenistet. Dabei genügen ein paar unscheinbare, fast schon als primitiv zu bezeichnende Handgriffe, diesem Übel den Aufstieg ins Tomatenblattwerk extrem zu erschweren. Die vorbeugende Maßnahme besteht darin, die unteren Blätter bis 20 cm über dem Boden zu entfernen. Weitere unschätzbare Vorteile dieser Methode: das Kraut trocknet nach Regen schneller ab und wird besser durchlüftet, beides unterstützt die vorbeugende Wirkung zusätzlich.

Tomatenanbau - nicht nur für den Genuss

Gehören Sie zu den Mücken-Geplagten? Und mögen Sie Tomaten? Wenn bisher nicht, gibt es jetzt eine neue Chance für eine gedeihliche Partnerschaft zwischen Pflanze und Mensch. Gute Beobachter haben einst herausgefunden, dass die stechenden Plagegeister den Geruch von Tomatenpflanzen abartig finden und einen großen Bogen drumherum fliegen. Können wir diese Einstellung nicht teilen, holen wir uns doch den sympathischen Mückenschutz auf Balkon und Terrasse. Jedenfalls dorthin, wo wir vor allem im Sommer gerne ungestörte Mußestunden verbringen möchten.

Tomaten reifen lieber im Schatten

Auch wenn die Tomatenpflanzen selbst gerne viel Sonne mögen, die Früchte haben es jedoch lieber schattig. Normalerweise werden sie im Schatten der Blätter reif. Ist dieser natürliche Sonnenschutz nicht vorhanden, sei es, weil kranke Blätter entfernt werden mussten oder weil die gepflanzte Sorte von Natur aus kein so buschiges Blattwerk anzubieten hat, sollte man für Ersatz sorgen. Beispielsweise kommen leichte, helle Tücher als luftige Schutzschilde infrage, die über den Tomatenpflanzen ausgebreitet werden. Schützt man seine Früchte nicht vor der Himmelsglut, können die Temperaturen im Fruchtinneren bei knackigem Sonnenschein leicht über 40 °C klettern. Bei unterlassener Hilfeleistung droht dann eine deftige Qualitätseinbuße, worunter vor allem Geschmack, Haltbarkeit und letztendlich auch wir zu leiden haben. Wer nicht leiden möchte, schaut mal im Wäscheschrank nach brauchbarem Sonnenschutz für die Tomaten nach.

Tomaten im Freien nachreifen lassen - mühsam aber lohnenswert

Gut geschützt im Freien nachgereift, hat man Tomaten frisch bis in den November hinein. Das wünscht sich sicher so mancher Freund dieser wunderbaren roten Früchte. Hat man nun im Oktober, wenn die ersten Nachtfröste zu befürchten sind, noch eine große Menge Tomaten an den Stöcken, lassen sich diese auf folgende Weise vor Frost schützen und ideal nachreifen: Man legt die Pflanzen um, auf ein untergelegtes Brett oder eine flache, umgekippte Kiste. Darüber kommt ein entsprechend großer Frühbeet- oder Wanderkasten. Über Nacht zusätzlich mit Decken oder Strohmatten abgedeckt, sind die Tomaten vor Frost sicher, und die so nachgereiften Früchte sind viel aromatischer als die halbreifen, ins Haus geholten. Na, wem ist es die Mühe nicht wert?

Mischkultur nach Leipziger Art

Wo eigentlich, liebe Zeitgenossen, nahm das berühmte Leipziger Allerlei seinen Anfang? In Leipzig, genauer gesagt auf den Beeten allerlei Gärtner im Raum um Leipzig. Es war damals üblich ein Gemüse, erraten Spargel, der für gewöhnlich eine Anbausonderrolle spielt, mit verschiedenen anderen Arten auf

den Beeten anzubauen. Um genau zu sein, das Gemüse ohne viel Brimborium dazwischenzupflanzen. Diese doppelte Nutzung der Spargelbeete, die streng genommen zumindest keine reinrassigen mehr sind, hat etwas sächsisch Pfiffiges, das man ausprobieren sollte. Bei der Zusammenstellung lasse man Starkzehrer von Gemeinschaftsbeeten mit Spargel lieber weg. Mit Salat, Kohlrabi, Spinat oder klassisch mit Erbsen und Möhren oder entsprechenden Kräutern aber sollte, was um Leipzig herum klappt, auch in anderen Gefilden nicht unmöglich sein. Wenn wider Erwarten nichts geht, einfach mal in und um Leipzig Erkundigungen einziehen.

Spargelgenuss ohne Abstriche - die Frischeprobe

Für diejenigen, die Spargel nicht selbst anbauen, sei hier ein Tipp vermerkt, wie man trotzdem frischen Spargel bekommt: Katzen kauft man auch nicht im Sack, dem Gaul schaut man vorsichtshalber ins Maul, aber wie beim Spargelkauf verfahren? Frisch gestochen mundet's am besten, klar weiß jeder. Es ist halt wie bei vielen anderen Leckerbissen: Direkt aus der Natur in den Bauch. Wie aber definitiv feststellen, ob alles stimmt, was da lauthals angepriesen wird?
Man achte in erster Linie auf die Schnittstellen. Sind diese bräunlich verfärbt, handelt es sich vermutlich um älteres Gemüse der Güteklasse „Kontrolle ist gut, blindes Vertrauen ist besser". Weiße, saftige Schnittstellen verraten, dass der Spargel erst morgens und nicht schon am Tag zuvor gestochen wurde. Ein weiteres Merkmal unumstößlich frischen Spargels ist mittels Klangprobe gnadenlos feststellbar: Entspricht seine Qualität wie gefordert betörenden Ausmaßen, gibt es einen hellen Klang beim Durchbrechen der Stange. Wie Sie allerdings diese Probe aufs Exempel veranstalten, ohne in größere Turbulenzen etwa mit der Supermarktleitung zu geraten, wollen wir als freiheitlich gesinnte Menschen der Tiefe Ihrer unendlichen Fantasie überlassen.
Zählt man schließlich und endlich zu den Frisch-Spargel-Ergatterern, muss man es nun nicht zu einem unanständigen Auf-ess-Stress kommen lassen. Gut eingewickelt in ein angefeuchtetes Tuch und kühl gelagert, kann man sich mit dem Objekt seiner Begierde einige Tage lang Zeit lassen und die Schlemmerei noch ein wenig hinausschieben. Vorfreude ist ja die schönste Freude.

Bunte Vielfalt im Gemüsebeet

Auf stolze 3.000 Jahre Kultur kann der Mangold zurückblicken – solange schon lassen ihn sich die Menschen schmecken. Anders als andere Kulturpflanzen ist er nicht völlig in Vergessenheit geraten, obschon eher selten im Garten anzutreffen. Es gibt aber immer noch ein vielseitiges Sortenangebot: Da findet sich grüner und roter Mangold, Stiel-Mangold mit dicken Stielen und breiten Blattrippen sowie Blatt-Mangold mit großen Blättern.
Im April ausgesät, liefert dieses Gemüse den ganzen Sommer über immer neue Blätter (nur die äußeren ernten), die sich auf unterschiedlichste Weise zubereiten lassen. Die Stiele können uns über spargellose Zeiten hinwegtrösten und wie eben jenes Gemüse gekocht werden. Die Blätter lassen sich füllen oder wie Spinat anrichten. Die roten Sorten sind obendrein hübsch anzusehen, und Mangoldblüten in der Vase sind ebenfalls recht gefällig fürs Auge. Wenn er auch etwas viel Platz in Anspruch nimmt (20 bis 40 cm Abstand, je nach Sorte), bestehen durchaus gute Aussichten für die nächsten 3.000 Jährchen, sollte man meinen.

Die Schwarzwurzel vom Blühen abhalten

Obwohl die Schwarzwurzel eine zweijährige Pflanze ist und demnach im zweiten Jahr nach der Aussaat erst Blüten treibt, kommt es vor, dass einzelne Pflanzen schon im ersten Jahr blühen wollen. Steht die wohl schmeckende Pflanze aber erst einmal in Blüte, kann man die Wurzel für die Küche abschreiben. Ohne Qualitätseinbuße für die Wurzel bleibt jedoch ein frühzeitiges Entfernen der Blütenstängel. Also: frühzeitig hingeschaut!

Schwarzwurzeln - empfindliche Wesen

Ganz so heikel ist es wohl nicht mit den schwarzen Wurzeln. Beim Ernten, so die gut gemeinte großväterlicher Mahnung, sollte jedoch auf jeden Fall Vorsicht höchster Güte obwalten, um jegliche Verletzung zu vermeiden. Aus einer beschädigten Wurzel kann der Pflanzensaft herausfließen: Sie dürfte geschmacklich verlieren und vor allem würde die Lagerfähigkeit darunter leiden.

Eine vergleichsweise risikoärmere Technik, mit deren Unterstützung das Wurzelgemüse aus dem Gartenboden in die Küche zu bekommen ist, besteht darin: Parallel zu den Reihen wird jeweils ein Graben von mindestens Schwarzwurzeltiefe gezogen. Von der gegenüberliegenden Seite aus sticht man mit dem Spaten tief ein und kann so die Wurzeln in den Graben drücken, ohne ihnen dabei zu nahe zu treten. Eine risikoarme Technik in diesen Zeiten, wo gibt's das schon?

Schwarzwurzel-Schälerei soll nicht zur Qual werden

Einen gestandenen Gartenmenschen kann so schnell nichts und niemand aus der Reserve locken. Wenn's nun aber nach der Ernte heißt: „Bitteschön, die Schwarzwurzeln schälen", dann vergeht wahrscheinlich selbst dem sonnigsten Gemüt das Lachen: Dickflüssiger Milchsaft quillt und strömt aus allen Ritzen und kriecht auf und in alle Instrumentarien, die jetzt freies Spiel benötigen. Das sind vor allem unsere Fingerchen und Messerchen. Fix muss obendrein alles laufen, weil das zimperliche Gemüse sonst schnell ins reichlich unlecker Braunfarbene wechselt.

Folgende Herangehensweise bringt nun Erleichterung ins Küchengeschehen: Man schält die schwarze Wurz erst nach dem Kochen, dann braucht man sich weder um ihren Klebstoff noch ums Braunwerden Gedanken zu machen. Oder man übergießt die Stangen vor dem Schälen mit sehr heißem Wasser, was den Charakter der Klebrigkeit deutlich mildert. Allerdings heißt es dann wieder Abmarsch ins Wasser, damit die Wurzel schön weiß und appetitlich bleibt.

Gutes Lager - gute Möhre

Möhren können bis in den Spätherbst geerntet werden, da sie dann vorkommende leichte Fröste durchaus vertragen. Aus der Erde werden sie praktischerweise mit dem Spaten gehoben. Das Kraut schneidet man ab, auch wenn die Möhren im Freien eingemietet bzw. im Keller eingeschlagen werden sollen. Vor der Lagerung müssen wir die Möhren erst einige Tage ausdunsten lassen. Sie sollen offen, aber vor Nässe geschützt liegen und dürfen daher nur in Sand aufbewahrt werden. Dort können sie sich immerhin bis in den Mai des nächsten Jahres halten. Wem seine Möhren sehr am Herzen liegen, sollte dem Sand etwas Steinmehl beimischen, das wirkt der Lagerfäule entgegen.

Radieschen im Haus vorziehen

Auch Radieschen lassen sich schon im Haus vorkultivieren. Ab Ende Februar kann mit der Aussaat begonnen werden. In rauen Gegenden erfolgt die Anzucht etwas später, denn die Radieschen gehören, nachdem sich die Keimblätter entwickelt haben, ins Freiland. Für eine erfolgreiche Vermehrung sind folgende Punkte von Bedeutung: Eine gut beleuchtete Saatschale (eventuell künstlich nachhelfen) und ein kühler Standort. Wichtig ist, dass die Radieschen ihren gedrungenen Wuchs behalten und nicht wegen Lichtmangel in die Höhe schießen. Denn nur diese Pflanzen bilden dann auch die erwünschten Knollen aus, deren Wurzel-Keimblatt-Abstand nicht größer als einen Zentimeter ist.

Rettich - einmal aussäen, länger ernten

Beim Anbau von Rettich kann man pro Pflanzloch zwei Pflanzen heranwachsen lassen. Der Rettich wächst dann eben etwas langsamer. Stehen also nun in einer Reihe die Pflanzen abwechselnd einzeln oder zu zweit, hat dies den netten Effekt, dass sich die Ernte frischer Rettiche über einen längeren Zeitraum erstreckt.

Manche mögen's salzig, Sellerie auch

Von Natur aus bevorzugt Sellerie einen salzhaltigen Boden. Vielleicht liegt es also am mangelnden Salzgehalt, wenn der Sellerie bisher nicht richtig gedeihen wollte. Im Biogarten ist man mit salzbildenden Düngemitteln zu Recht sehr zurückhaltend. Wenn der Sellerie aber so gar nicht gedeihen will, sollte man ruhig mal mit einem gelegentlichen Guss Salzwasser (ein Esslöffel auf 10 Liter Wasser) versuchen, ihm auf die Sprünge zu helfen.

Gerupftes Gemüse - nicht mit uns

Schon der gartenkundige Großvater wusste, dass das Entblättern von Gemüsepflanzen, besonders beliebt und verbreitet beim Sellerie, vollkommener Unsinn ist. Ausschließlich bereits

absterbendes Blattwerk, keinesfalls die grünen „tätigen" Blätter, dürfen entfernt werden.
Nicht das Entblättern, sondern eine ausreichende Nährstoffversorgung und Bewässerung sind für eine gute Entwicklung notwendig. Ein nicht entblättertes Sellerie- oder Kohlbeet ist vergleichsweise stärker beschattet und verhindert zudem viel besser ein Austrocknen des Bodens als ein „gerupftes" Beet.

Kleine Knollen, große Ernte

In gut versorgtem Boden kann man von einer Kohlrabipflanze durchaus mehrere Knollen erwarten. Dazu muss man bei der Ernte die Knolle so abschneiden, dass der Strunk sowie einige der unteren Blätter stehen bleiben. Am Rand der Schnittstelle bilden sich dann mehrere neue Knollen. Diese sind zwar nicht so groß wie die erste, werden aber die Erntemenge insgesamt erhöhen. Außerdem muss groß nicht gleich gut sein. Oftmals sind es sogar eher die kleinen Dinge, die besonders munden. Das gilt nicht nur für Kohlrabi, sondern zum Beispiel auch für Bohnen.

Rübenkraut, ein Gemüse der besonderen Art

Unter Rübenkraut versteht man landläufig eine Art Sirup als Brotaufstrich. Wir wollen mit dieser Bezeichnung lediglich die enge Verwandtschaft zum Sauerkraut unterstreichen.
Ein Küchentipp für Freunde neuer Geschmäcker: Raspeln Sie doch einmal Steckrüben (Kohlrüben, Wruken) und legen Sie diese wie Sauerkraut ein. Empfehlenswert ist für jede Art milchsauer vergorenen Gemüses ein glasierter Steinguttopf mit Tauchdeckel, der keine Luft an das Gärgut, die Gärgase aber entweichen lässt.

Hier ein an Sauerkraut angelehntes, empfehlenswertes Rezept: Die geraspelten Steckrüben werden zunächst in einer passenden Schüssel oder auch Wäschewanne mit dem Salz (pro Kilo etwa 15g) vermischt. Als Gewürze kommen Kümmel und Wacholderbeeren infrage. Das Ganze Stück für Stück in den Gärbehälter geben. Es werden erst etwa 20cm eingefüllt und solange eingestampft (Kartoffelstampfer oder Holzklotz mit Stiel verwenden), bis reichlich Saft gezogen ist. Jetzt die nächsten 20cm Geraspeltes drauf, wieder stampfen und so weiter. Das Gemüse darf nicht weiter als etwa 15cm unter den Rand des Gärbehälters reichen, damit genügend Platz für die Bedeckung bleibt. Diese sieht folgendermaßen aus: Erst ein sauberes, nicht färbendes Tuch auf das zukünftige Kraut legen, darüber kommt ein dem Durchmesser des Behälters angepasstes Brett (zwei Halbkreise und ein schmales quer darüber). Das Ganze wird mit einem Stein beschwert, der dafür sorgt, dass die Rüben während des Gärvorgangs nicht „hoch steigen". Abschließend den Tauchdeckel auflegen und Wasser in die Rinne füllen. Unbedingt ist darauf zu achten, dass ständig Wasser in der Rinne steht, denn es ist das Wasser, das das Eindringen von unerwünschten Keimen verhindert.

Zum Gären den Topf zunächst bei 15 bis 18 °C lagern. Nach zwei Wochen bei etwa 10 °C weitergären lassen. Zu warme Temperaturen vermeiden, sie machen das Gärgut weich. Wen die Neugier quält, der darf nach vier bis sechs Wochen eine erste Kostprobe wagen. Eine eventuell vorhandene weiße Schicht auf der Flüssigkeit (Kahmhefe) muss zuvor abgeschöpft werden und alle Abdeckutensilien sind mit heißem Wasser gründlich abzuwaschen. Achten Sie überdies darauf, dass der Stein stets mit Flüssigkeit bedeckt bleibt. Im Zweifelsfalle mit abgekochtem Salzwasser (10g pro Liter) auffüllen.

Kohlkragen für langfristigen Schutz

Großvaters Experimentierfreude im Garten kennt keine Grenzen, und so hat sich der alte Herr doch diese fantastische Kohlbekleidung ausgedacht. Immerhin mehrere Wochen wirksam ist dieser tolle Schutzkragen und zum Selbstmachen obendrein: Wasser mit Lehm oder feinem Steinmehl zu einem dicken Brei anrühren. Dieser Brei wird dann dicht um die Stängelbasis der Kohlpflanzen gelegt. Durch Wachstum oder Witterung entstandene Risse können mit einem Guss aus etwas flüssiger belassenem Brei ausgebessert werden. Mit dieser Art des Kohlkragens wird nicht nur ein „diesjähriger“ Befall durch die Kohlfliege verhindert, sondern, weise vorausschauend, gleichzeitig einem im Jahr darauf vorgebeugt. Denn die Kohlfliege legt ihre Eier nichts ahnend auf dem fest gewordenen Brei ab, worauf sich diese nicht weiterentwickeln können und dort alsbald das Zeitliche segnen. Anlegen sollte man die raffinierte Kragenfalle im April/Mai und im Juli/August zur Hauptflugzeit der Kohlfliege.

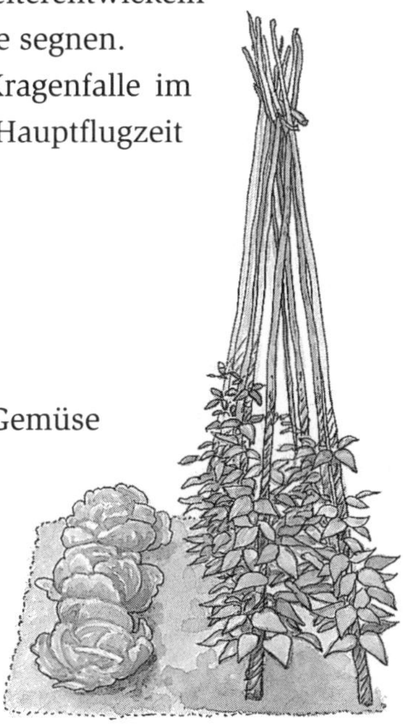

Schutz für Kohl - so fühlt er sich wohl

Kohl ist zwar ein ziemlich robustes Gemüse und als sozusagen Einheimischer auch mit unseren oft verregneten Sommern recht zufrieden. Dennoch wird er es besonders zu danken wissen, wenn man seine besagte schwache Stelle zum Anlass

nimmt, liebevoll schützend die Hände über ihn zu halten. Freilich bildlich gesprochen.
Der Wind, vor dem das Kohlgewächs wegen der austrocknenden Wirkung zu schützen ist, lässt sich nicht durch pures Händchenhalten aufhalten. Mit einer Hecke als Beetbegrenzung, einer Reihe Stangenbohnen, Mais oder Topinambur, schaffen wir jedoch Abhilfe. Und siehe, die Kohl'sche Wachstumsfreude wird kaum noch Grenzen kennen.

Keine Chance für Kohlschädlinge

Unsere schönen Zeiten mit gepflegten Dauerwohn-Temperaturen von 23 °C und gern auch mehr, haben gewisse Nebeneffekte, wie etwa die dicke Triefnase, wenn mal ein weniger laues Lüftchen weht. So hübsch verwöhnt, wie wir es schätzen, meinen viele auch mit ihren Pflanzen umgehen zu müssen. Die Folge falscher Verzärtelung sind schwächelnde Pflanzen, die zum Beispiel Kohlschädlingen verlockende Angriffspunkte bieten. Ohne uns nun dem Verdacht unseliger Abhärtungsideologien aussetzen zu wollen, soll hiermit ein Plädoyer für die Kohlpflanzen-Fitness ausgesprochen werden.

Ein gutes Rüstzeug für ein gedeihliches Pflanzenleben erhält der Kohl durch eine entsprechende Anzucht. Keinesfalls soll die Anzuchterde fett (stark gedüngt und nährstoffreich) und das Saatbeet windstill und schattig liegen. Im Gegenteil: Mit magerer Erde ausgestattete, von leichten Winden und natürlich auch von der Sonne erreichbare Standorte, sind wichtige Voraussetzungen dafür. Nach der Verpflanzung in nährstoffreiche Erde kommen solch gesunde Kohlpflanzen rasch voran und sind weit weniger attraktiv für etwaige Schädlinge als die schlappen Kollegen von nebenan.

Etwas zimperlich: Blumenkohl richtig setzen

Er ist vielleicht ein bisschen empfindlich, dieser Kohl, aber zum Ausgleich schmeckt er ja auch so fein. Damit der Gartenfreund zu seiner verdienten Blumenkohlkost kommt, sollte er beim frühen Setzen darauf achten, die Pflanzen nicht zu tief (nur so tief, wie sie im Saatbeet standen) in den Boden zu bringen. Denn lediglich die obere Bodenschicht ist schon im zeitigen Frühjahr, während der Anzucht, ausreichend warm. Ein spätes Anhäufeln sorgt dann für die nötige Standfestigkeit.

Blumenkohl einschlagen

Nein, nein, nur keine Kohlköpfe oder andere einschlagen, gemeint ist nur: Wenn der Blumenkohl im Oktober noch nicht Traumgröße erreicht hat, das heißt, noch nicht ganz fertig ist mit dem Wachsen, kann man die Pflanzen mit Wurzeln im Keller in feuchten Sand einschlagen. Mit der berechtigten Hoffnung, dass sich der Kopf noch weiterentwickelt. Für die Entwicklungsfähigkeit anderer Köpfe wollte Großvater keine Garantie übernehmen.

Rosenkohl köpfen zur rechten Zeit

Rosenkohl wächst über Winter langsam, aber stetig weiter. Sollten sich jedoch bis Mitte September noch nicht genügend Röschen an den Blattachseln ausgebildet haben, kann die Pflanze, mit Verlaub, geköpft werden. Das heißt, die Spitze wird abgeschnitten. Dies ist nicht etwa als Strafe gedacht und der kopflose Rosenkohl reagiert auch gar nicht beleidigt, sondern er wird dadurch zur Röschenbildung angeregt. Ein früherer Zeitpunkt für das Köpfen empfiehlt sich im Übrigen nicht, weil sonst die Röschen locker und offenherzig werden. Zusätzlich bitte den folgenden Tipp beachten.

Röschen butterzart

Rosenkohl mundet am besten, wenn die Röschen butterzart, aber fest sind. Damit das gelingen kann, düngen wir den Rosenkohl ab August nur noch sparsam. Wer an Holzasche kommt, kann damit die Ausbildung der erwünschten festen Röschen unterstützen.

Wirsing im Freien gelagert

Wirsing soll angeblich nur empfindlich gegen Frost sein, solange er auf den Beeten steht. Ist er einmal geerntet, schadet ihm Frost nicht mehr. Die Altvorderen empfehlen, eine frühe bis mittelspäte Sorte Ende Juni bis Mitte Juli zu pflanzen. Im Spätherbst müssen die Köpfe rechtzeitig vor dem ersten Frost geerntet und in zwei Lagen übereinander auf einem Gartenbeet für den Winter gelagert werden, umgeben von einer Schicht Spargelkraut oder Stroh. Im Laufe des Winters kann der Wirsing nach Bedarf entnommen werden und muss vor Gebrauch gegebenenfalls aufgetaut werden. Dies sollte aus Geschmacksgründen nicht ruck, zuck geschehen, sondern langsam. Am besten legt man das gute Stück dazu in den Kühlschrank. Auch als Kohl braucht man eben so seine Zeit.

Wenn Regenwürmer Zwiebeln mögen

So mancher mag sich den Kopf darüber zerbrochen haben, warum nach einer gewissen Zeit die kürzlich sorgfältig gepflanzten Steckzwiebeln wieder oben auf dem Beet liegen, wie hoch geschubst. Liegen die Zwiebeln oben, können sie nicht richtig wurzeln, wachsen schlecht und werden anfällig. Der Grund liegt vornehmlich in einer regen Regenwurmtätigkeit (hinzu kommt noch das Aufquellen der Zwiebeln), über die man sich erst mal freuen kann. Dem diesmal unerwünschten Nebeneffekt der Wurmaktivitäten kann begegnet werden, indem man gesammelte Zwiebelschalen auf das betreffende Beet bringt und eventuell leicht einharkt, damit sie nicht weggeweht werden können. Die Regenwürmer sind dann weitaus mehr mit den losen Schalen als mit denen der Steckzwiebeln beschäftigt. Sie holen diese in den Boden und lassen sie sich schmecken.

Zwiebeln quellen lassen

Steckzwiebeln sollte man einen Tag vor der Pflanzung in möglichst sauberem Regenwasser aufquellen lassen. Andernfalls benötigen sie weitaus mehr Zeit zur Wurzelbildung, da sie erst die notwendige Feuchtigkeit aus dem Boden ziehen müssten. Außerdem erreichen die Zwiebeln durch das Vorquellen annähernd die Größe, die sie bis zum Festwurzeln entwickeln. Auch dadurch verhindert man, dass sich die gerade gesteckten Zwiebeln aus dem Erdreich heben – was bei „Trockenpflanzung“ leicht passiert.

Rekordverdächtige Zwiebeltreiberei

Sehr große Zwiebeln kann man sich auf spezielle Weise gewissermaßen züchten. Man verzichtet im Herbst einfach auf die größten und gesündesten Zwiebeln und hängt diese, in Säckchen gefüllt, über einen Ofen. Ob ein Heizkessel ausreicht, muss ausprobiert werden. Die Wärmequelle muss jedenfalls so intensiv abstrahlen, dass die Zwiebeln fast vollständig austrocknen und nicht verschimmeln. Pflanzt man dieses „Zuchtgemüse“ im Frühjahr aus, wachsen nur Blätter und keine Blütenstängel. Solche Zwiebeln können bis zu einem Pfund auf die Waage bringen, versicherte uns Großvater.

Zwiebelige Unterstützung: den Rosenduft verstärken

Als wenn es darum ginge, die Zwiebelausdünstungen zu übertrumpfen, steigern gut riechende Rosen ihren Duft, sofern man dicht neben den Rosenstock eine Speisezwiebel pflanzt. Vielleicht können sich die beiden Gewächse ja ganz gut riechen.

Knoblauch für Zimmerpflanzen

Die gute Wirkung von Knoblauch ist hier schon öfter erwähnt worden. Hier noch ein Tipp mit diesem „fast schon Wundermittel“: Ein paar Knoblauchzehen in die Erde des Blumentopfs gesteckt, vernichten dort ansässige schädliche Bodenbakterien und -pilze.

Lauchideale erreichen - lang, zart und weiß

Jeder Küchenchef wird es zu schätzen wissen, wenn der Porree mit langem weißem und zartem Stängel vor ihm liegt. Der Gaumenfreund auch. Aber wie kriegen wir den Porree nun so schön hin, für Auge und Geschmackssinn? Die klassische Methode des Anhäufelns wird wohl fast jedem bekannt sein. Bislang weniger verbreitet ist folgende, schon alte Methode: Man zieht 12 bis 15 cm tiefe, etwa handbreite Furchen und pflanzt den Lauch dorthinein. Die Furche bleibt vorerst offen und wird dann nach und nach unter eventueller Beigabe von Kompost mit der ausgeworfenen Erde aufgefüllt. Eine prima Methode, nicht wahr? Der Lauch bekommt durch Luftabschluss lange, weiße Hälse und wird trotzdem nicht verletzt. Da ist das Risiko beim Anhäufeln schon größer – mahnt Großvater.

Grüne Kartoffeln haben's leichter

Nein, Provokationen liegen Großvater fern, aber er hat vernünftige Gründe für diese These. Pflanzen, diese klugen Zeitgenossen, können ihre eigenen Abwehrmechanismen gegen Krankheiten oder Schädlinge vorweisen. Die Kartoffel beispielsweise bildet Solanin. Das ist giftig und an den grünen Stellen besonders reichhaltig vorhanden. Die Produktion dieser Kartoffelschutzfarbe wird umso stärker angeworfen, je intensiver die Kartoffel dem Licht ausgesetzt ist. Mag sein, sie will sich damit vor dem Gefressenwerden schützen, falls sie, aus welchen Gründen auch immer, an die Erdoberfläche gelangt. Das kann man ihr beim besten Willen nicht verübeln, auch wenn einmal eingefärbte Knollen von uns nicht mehr gegessen werden sollten. Schade. So schade nun auch wiederum nicht. Denn die andere Seite der Medaille ist, man kann die bunt gewordenen Bramburi als prima Pflanzkartoffeln verwenden, da sie der grüne Schutzanstrich außergewöhnlich widerstandsfähig gegen Pilzerkrankungen und Fäulniserreger macht. Logische Schlussfolgerung: Die Kartoffeln, die im nächsten Jahr als Pflanzkartoffeln auserkoren sind, legt man gleich nach der Ernte für einige Zeit in die Sonne. Öfter mal drehen nicht vergessen!

Wurzelstütze für empfindliche Kartoffelkeime

Vorgekeimte Kartoffeln bilden schon feine Wurzeln, wenn sie eine Woche vor dem Legen mit Wasser bespritzt werden. Die jungen Wurzeln geben den bruchempfindlichen Keimen zusätzlichen Halt.

Pflanzkartoffeln ausreizen - so holt man mehr raus

Hat man nur wenige Pflanzkartoffeln, möchte aber viel ernten, kann man das Pflanzgut auf folgende Weise strecken: Die als Pflanzkartoffeln vorgesehenen ganzen Knollen oder Teilstücke, mit jeweils einem Auge, werden Anfang April in ein halbwarmes Frühbeet (Laubpackung) 5 cm tief eingepflanzt. Schauen die Triebe 8 bis 10 cm aus der Erde, holt man die Kartoffelknollen vorsichtig aus dem Boden und löst die Triebe behutsam ab. Die Triebe werden nun auf das vorgesehene Beet 15 cm tief, jeweils zwei bis drei Stück zusammen, verpflanzt (Abstand 40 cm).
Von den bereits als Spender verwendeten Kartoffeln bzw. Augenstücken können auf die oben beschriebene Weise noch zwei- bis dreimal neue Triebe gewonnen und verpflanzt wer-

den. Das müsste eigentlich für die Pflanzung gut reichen. Wenn man auf diese Weise das „Letzte“ aus seinen Kartoffeln herausgeholt hat, sollte man ihnen anschließend beste Nährstoffversorgung gönnen: Holzasche ist bei Kartoffeln besonders gefragt.

Frühe Frühkartoffeln

In Zeiten, als es noch keineswegs selbstverständlich war, das ganze Jahr über an jeder Ecke grundsätzlich alles, was das Herz begehrt, kaufen zu können (und wenn es vom anderen Ende der Welt herbeigeschafft worden ist), gab es stets Versuche, den einen oder anderen Vorgang zu beschleunigen. Unersättlichen Kartoffelfreunden beispielsweise ist es irgendwann gelungen, die ersten Ernteerfolge bereits im Mai auf den Tisch zu bringen.

Wer mithalten will, muss so vorgehen: Frühe Kartoffelsorten fangen meist noch vor Weihnachten zu keimen an. Man wählt sich im Herbst Knollen für die Unterbringung im warmen Mistbeet aus und schützt vor allem den ersten Trieb vor Beschädigung. Im Januar setzt man jede Kartoffel einzeln in große Blumentöpfe (20 bis 25 cm Durchmesser), die mit guter Erde gefüllt sind. Diese werden im Garten eingegraben und gut abgedeckt (Stroh, Streu etc.). Die niedrigen Temperaturen lassen Wurzeln und Triebe nur sehr langsam weiterwachsen. Sobald das Mist-

beet im Februar angelegt ist, werden die Töpfe dort hineingestellt. Die Kartoffeln wachsen jetzt sehr schnell weiter. Man sollte pro Topf nur einen Stängel Kraut stehen lassen, das geht zu Gunsten der Knollengröße. Das Mistbeet muss recht trocken gehalten werden, seine Fenster müssen an sonnigen Tagen offen stehen. Ab Anfang Mai kann dann die Speisekarte um Gerichte mit frühesten Frühkartoffeln aus der Eigenproduktion angereichert werden.
Das Mistbeet kann anschließend, wenn es wieder gut gegossen wird, noch ausreichend Wärme produzieren und somit nochmals genutzt werden. Für nicht ganz so Ernte-Eilige bietet sich auch die Variante an, die Pflanzkartoffeln zunächst in kleine Töpfe zu legen, um später die Pflanze herauszunehmen und in das Mistbeet zu bringen. Die Ernte liegt dann etwas später.

Frühe Kartoffeln - der Trick für ganz Eilige

Wer es immer gar nicht erwarten kann, bis die ersten dampfenden Frühkartoffeln auf dem Mittagstisch stehen, sollte sich folgenden Tipp gut merken: Die Reife von Frühkartoffeln lässt sich auf umkomplizierte Weise beschleunigen. Sind die Kartoffeln schon groß, aber noch nicht ausgereift und noch sehr wässrig, werden sie ausgegraben. Nun vergräbt man die begehrten Knollen in einer Kiste, die mit trockenem Sand gefüllt ist.

Die Kiste wird in die pralle Sonne gestellt (bei Regen abdecken). Nach etwa einer Woche in trockenem, warmen Sand, sind die Kartoffeln genügend nachgereift oder genauer: vorgereift. Bon Appetit!

Kartoffeln trocknen - auch das ist möglich

Sogar Kartoffeln lassen sich durchs Trocknen ein Weilchen verewigen. Wer viele geerntet hat, kann sich für die Zeit, in der die alten Erdäpfel schon keimen und die neuen noch nicht in Sicht sind, einen Teil mit diesem Verfahren aufbewahren.
Dazu werden die Knollen mit Schale gekocht. Sobald sie kalt sind werden sie geschält und in etwa 0,5 cm dicke Scheiben geschnitten in einer der üblichen Vorrichtungen getrocknet. Man kann sie so ganz normal wie anderes Trockengemüse verwenden. Gespannt sein darf, wer's ausprobiert. Nur Mut!

Luftig frisch - lagern und stapeln von Kartoffeln

Kartoffeln sollen zum Lagern nicht über 80 cm hoch aufgeschichtet werden, andernfalls begünstigt man Fäulnisprozesse. Werden größere Mengen gelagert, sollte eine gut konstruierte Kartoffelkiste, die unter anderem für Durchlüftung sorgt, Verwendung finden. Von der Aufbewahrung in Säcken oder geschlossenen Kisten ist entschieden abzuraten. Faule Kartoffeln sollten nach Möglichkeit sofort entfernt werden, da sich von ihnen ausgehend die Fäulnis sehr schnell über den ganzen Lagerbestand ausbreitet. Früher hat man vielerorts den Fußboden mit Kalk bestreut und in die Kellerecken Kisten halb voll mit Kalk gestellt.

Lagerkartoffeln gut betten

Mit den Lagerkartoffeln ist das immer so eine Sache. Aber man ist ja erfinderisch. Zum Beispiel kann etwas für eine größere Beständigkeit der Geschmacksqualität getan werden.
Lagerkartoffeln bleiben, alten Rezepten zufolge, schmackhaft, wenn sie den Winter über auf Holzkohlenstückchen gelagert werden. Haben wir nun nicht schon alle Holzkohle für Grillfeten und Zwiebelfliegen-Vertreibungsaktionen aufgebraucht, bietet sich diese Maßnahme an. Die Kartoffeln sollten dazu etwa handhoch auf der Holzkohle gelagert sein. Außer für den Geschmack hat die Holzkohle noch einen weiteren positiven Effekt, die tollen Knollen keimen später.

Erbsenkreise berechnen

Die Statik moderner Erbsenpflanzen-Architektur zeigt zukunftsweisend auf, wohin uns innovatives, kreatives Gemüsemanagement zu führen in der Lage ist. Sich selbst stützende Sorten – Großvater kann stolz auf seinen Gärtnernachwuchs sein. Selbstbewusst ruht unser Blick auf den in mindestens zwei Reihen schön dicht gesäten, formstabilen Erbsenreihen.
Da wir seitens der künstlichen Windsteuerung noch wenig Erfahrung haben, wenden wir uns beim Aufkommen heftiger Böen zur Seite und führen Großvater zu einem vertraulichen Gespräch über die Verwertung angewandter Alt-Techniken in ein beetfern gelegenes Refugium. Dort erfahren wir, dass es früher zwei bis drei Meter hohe, also doppelt so hohe Erbsen-Sorten wie die heutigen gab. Sie mussten, wie üblich, zwar mit einem Gerüst gestützt werden, man konnte ihnen allerdings durchaus menschenfreundliche Verhaltensweisen anerziehen.

In jeweils nur einer Reihe angebaut, schießen sie nicht so in die Höhe und setzen schon weit unten Blüten an. Bequemeres Ernten und bei Regenwetter vergleichsweise trockene Kleidung, weil weniger gesamtkörperliches Herumirren im Erbsendickicht vonnöten ist, sind die Belohnung solchen Gärtnergeschicks.

Viel-Erntern empfiehlt Großvater den Anbau von Erbsen in Kreisen. Seine Kreise hatten etwa einen Meter Durchmesser (etwa drei Fuß) und standen ca. 70 cm (etwa zwei Fuß) entfernt voneinander. Folgende Rechnung lag den großväterlichen Überlegungen zugrunde:

Auf einer Länge von 30 Fuß haben sechs Kreise mit je neun Fuß Umfang Platz, das sind 54 Fuß Erbsen. In gerader Linie hätte auf dieser Fläche nur eine Reihe Platz (30 Fuß). Rechnet man ganz genau, so ist der Umfang etwas größer als neun Fuß, und nach Abzug von zwei Fuß pro Kreiseingang lautet das Ergebnis 44 Fuß bei Kreiswirtschaft gegenüber 30 Fuß bei stur geradeaus. Also immerhin eineinhalbmal so viel effektiv genutzte Anbaufläche. Und das ohne Taschenrechner!

Nachdem Großvater gegangen ist, stellen wir bei einem Inspektionsgang durch den Garten erleichtert fest, dass unsere Selbsttragenden gar nicht umgeknickt sind und alles in allem noch nicht mal 60 % Verlust zu verzeichnen sein werden.

Erbsenschutz mit Holzkohle

Holzkohle wird im gärtnerischen Bereich oft zur Desinfektion eingesetzt, beispielsweise zur keimfreien Reinigung von Schnittflächen jeder Art. Gibt man nun ein wenig Buchenholzkohle (steht meistens auf den Beuteln drauf) in die Saatreihen von Erbsen, hat das einen vorbeugenden Effekt gegen Erbsenkrankheiten bzw. Schädlingsbefall.

Erbsenernte - Wärme, nein danke!

Direkt frieren soll man nun auch wieder nicht bei der Erbsenernte. Aber man tut dies besser morgens oder abends statt tagsüber, wenn die Erbsenschoten vom Sonnenschein sehr erwärmt worden sind. Während dieser Zeit werden in den Schoten Gärungsprozesse in Gang gesetzt, die bewirken können, dass die Einkochgläser solch geernteter Erbsen wieder aufgehen.
Auch bei gewittrigem Wetter empfiehlt sich Zurückhaltung mit dem Ernten, insbesondere von Früchten und Gemüsen, die man einmachen möchte. Gewitter kann die merkwürdigsten Reaktionen hervorbringen. Manchem ist bestimmt schon aufgefallen, dass Milch bei Gewitter plötzlich sauer oder Schlagsahne einfach nicht fest wird.

Bohnen mögen's aber lieber warm

Bohnen wollen bekanntlich die Glocken läuten hören, also nicht tiefer als 3 bis 4 cm liegen. Sie sollen zudem besser keimen und wachsen, wenn man sie nach dem Legen mit angewärmtem Wasser angießt. Man hat eben seine Vorlieben.

Mit oder ohne Faden? Leitfaden zur Bohnenauswahl

Mit oder ohne Faden ist für Großmutter keine Frage, denn je nach Verwendung ist es durchaus sinnvoll, sich auch nach den allerdings mittlerweile rarer werdenden Sorten mit Faden umzutun. Verwendet man nur die Kerne und nicht die grüne Hülse dieser Frucht, sind die fädigen Sorten von Vorteil, wie man vielleicht auch schon zu vergessen pflegt. Warum vorteilhaft?

Weil sich die Kerne dieser Sorten leichter aus den Hülsen lösen lassen – eine Arbeitserleichterung, gegen die schwerlich etwas einzuwenden ist.

Vorrat für viele Jahre – grüne Bohnen trocknen

Gehören Sie auch zu den Personen, die nicht über eine Kühltruhe verfügen und sich ohnedies, kaltblütig und voller Verachtung für die kriecherische Energiesklaverei, aus dem internationalen Stromverbund ausgeklinkt haben? Stehen Sie mithin herrlich hilflos vor Unmengen von (Bohnen-)Problemen und denken dennoch frohgemut jahrelang voraus? Dann dürften Sie jetzt die Bohnen-Haltbarmachungs-Methode, als knallharter Beweis überlegener Großeltern-Technik, begrüßen und sofort in die Tat umsetzen. Los geht's auch gleich mit folgender Anweisung:

Vor dem Trocknen werden die Bohnen in einem Durchschlag für kurze Zeit in kochendes Wasser gehalten. Das noch warme Gemüse kommt anschließend in den Backofen bzw. in ein Dörrgerät (mit Holz- oder Sonnenenergie betrieben, wenn's beliebt). Die einzelnen Bohnen sollten sich dabei nicht berühren. Die optimale Temperatur liegt bei 40 bis 50 °C.

Das Trocknen an der Luft kann man getrost vergessen, ein irgendwie rauer Geschmack und die Tendenz zur Zähigkeit sprechen eindeutig dagegen.

Hat man die Bohnen erst einmal getrocknet, halten sie sich tatsächlich Jahre, drei bis vier bestimmt. Entsprechende Lagerung vorausgesetzt (sauber, trocken, eher kühl). Ist ihr Verzehr angesagt, weiche man die Bohnen nicht erst ein, sie können ohne Umwege in den Kochtopf.

Mais-Beschleunigung

Es ist üblich, Mais einer besseren Standfestigkeit wegen anzuhäufeln. Ist das Wetter oder die Lage der Anbaufläche jedoch so ungünstig, dass der Mais nicht vollständig ausreifen kann, darf man die Entwicklung ruhig etwas beschleunigen: Sobald die Ähren ausgebildet sind und die Körner zu reifen beginnen, wird die angehäufelte Erde am Fuß der Pflanze wieder entfernt. So kommt der Mais schneller voran.

Artischocken durch den Winter bringen

Diese Zier- und zugleich Gemüsepflanze lässt sich in unseren gemäßigten Zonen über zwei bis drei Jahre im Garten halten. Leider kann man der Pflanze lediglich in ausgesprochen milden Regionen echte Winterhärte attestieren. Andernorts braucht sie einen geeigneten Kälteschutz. Wer kein Gewächshaus oder kühlen, trockenen Keller sein Eigen nennen kann, muss sie gezwungenermaßen auf dem Beet, bedeckt mit Laub oder Stroh, belassen.

Von zwei Problemen darf man sich hierbei nicht schocken lassen: Mäusefraß sowie Fäulnis unter der Winterbedeckung. Wir greifen also wieder auf den über Generationen angewachsenen Gartenwissensvorrat zurück und empfehlen folgende Initiative: Zu Beginn unserer kältesten Jahreszeit wird das Laub der Artischockenstöcke ebenerdig abgeschnitten. Über die Pflanze wird nun ein ausreichend großer Blumentopf gestülpt und anschließend rundum hügelartig mit Erde bedeckt. Die Erde um den Topf klopft man fest und schön glatt, damit das Regenwasser besser abfließen kann. So verpackt sind die Artischocken vorerst recht ordentlich vor Kälte geschützt und man braucht das Laub oder Stroh erst aufzulegen, wenn der Frost stark anzuziehen beginnt.

Die gierigen Nager machen sich im Übrigen erst an die Pflanzen heran, wenn die Abdeckung aufliegt; wir gewinnen somit in doppelter Hinsicht Zeit und Schutz.

IM OBSTGARTEN – ANPFLANZEN, PFLEGEN, ERNTEN UND AUFBEWAHREN

Beste Erdbeerableger: kleine Hilfe für die rechte Wahl

Als Maßstab für die Auswahl von eigenen Ablegern für die Neupflanzungen hat nicht etwa eine möglichst große Zahl von Ablegern zu gelten, sondern eine möglichst üppige Größe der Früchte der Mutterpflanzen, von denen man die Ableger nehmen will. Um diese auch noch im August zur Pflanzzeit erkennen zu können, markiert man die ausgewählten Spender-Pflanzen schon bei der Ernte mit einem Stäbchen, farbigem Bindfaden oder Ähnlichem.

Erdbeerlaub - perfekter Blütenschutz

Jetzt muss das einfach mal gesagt werden: Es ist eine Unsitte, den Erdbeeren das Laub abzuschneiden, jawohl! Sie brauchen es als Frostschutz für die bereits im Spätsommer gebildeten Blütenanlagen. Lediglich in nassen Jahren mit Grauschimmelbefall macht es Sinn, ihnen die befallenen Blätter, aber auch nur diese, wegzuschneiden. Allerdings dann im Herbst. Warum? Damit bis zum Winter noch neue, gesunde Blätter nachwachsen können.

Das Erdbeerbeet soll nicht ohne Abdeckung bleiben

Das ganze Jahr über bleibt das Erdbeerbeet abgedeckt, aber nicht durchgehend mit dem selben Material. Je nach Zweck wird im Erdbeerbeet das Abdeckmaterial ausgetauscht und kommt mal unter und mal auf die Pflanzen.

Zum einen können die Pflanzen unter der Winterkälte leiden, vor allem in sandigen Böden. Sehr guten Schutz davor bietet

trockenes Kartoffelkraut, ein altbewährtes Mittel. Im Winter wird damit das ganze Beet, also auch die Pflanzen, bedeckt. Im Frühjahr wandert das Kraut auf den Kompost.
Zum anderen wollen die Früchte vor Nässe und Vererdung durch Bodenkontakt und damit vor Fäulnis während der wärmeren Jahreszeit geschützt sein. Eine Strohabdeckung des Beetbodens bietet diesen Schutz. Das Stroh sollte jedoch nicht die Pflanze bedecken, man breitet es besser um sie herum aus. Das verwendete Stroh hat etwa nach einem Jahr durch die Witterungseinflüsse seine Schutzfunktion weit gehend einbüßt. Es kommt auf den Kompost und wird durch neues ersetzt. Man sollte entweder Stroh vom Biobauern verwenden oder das vergleichsweise gering belastete Haferstroh.
Auch grober Rindenmulch ist geeignet Er schützt zwar nicht so gut wie Stroh, muss aber nicht ausgewechselt werden, sondern kann als Mulchmaterial liegen bleiben – und verbessert bekanntlich auf längere Sicht die Bodenbeschaffenheit erheblich (locker, krümelig, humos).

Rutensterben bei Himbeeren - kein Grund zur Panik!

Zur allgemeinen Beruhigung soll zuerst einmal festgehalten werden, dass das Rutensterben zwar durchaus weit verbreitet ist, indes in seiner Wirkung aber überbewertet wird.
Die Rutenkrankheit fängt mit bräunlich violetten Verfärbungen meist an den Blattansätzen der Ruten an. Im schlimmsten Fall sterben dann in der Tat alle Ruten ab und der Bestand ist verloren. In der Regel ist die Rutenkrankheit aber kein ernsthaftes Problem. Bei guter Pflege wird man auch in Jahren mit stärkerem Befall kaum weniger Himbeeren naschen können als sonst.

Weil Vorbeugen aber immer besser ist als Bohren, Spritzen und überhaupt alles, was weh tut und Mühen bereitet, sollte man einer Erkrankung oder Ausbreitung mit nachfolgend beschriebenen Pflegemaßnahmen von vornherein möglichst alle Chancen nehmen:

- Für die Pflanzung einen leicht sauren, humusreichen Boden wählen.
- Boden ständig leicht bedeckt halten, zum Beispiel mit angerottetem Kompost oder einer Untersaat.
- Im Frühjahr und Herbst mit Lehmwasser, das mit Schachtelhalm-Brühe angerührt wurde, spritzen.
- Befallene Ruten gleich nach der Ernte bodennah abschneiden.

Himbeermaden versammeln und rauslocken

Ein Verfahren, die lästigen Maden ohne lästige Untersuchung jeder einzelnen Himbeere aus den Beeren zu locken, ist uns folgendermaßen überliefert:

Man schütte die gepflückten Himbeeren in einen passenden Emailletopf, so dass nur ein kleiner Zwischenraum zwischen Früchten und Deckel bleibt (maximal zwei Zentimeter). Nun stelle man den Topf über Nacht kühl. Am nächsten Tag findet man alle ursprünglich in den Himbeeren verborgenen Maden unter dem Deckel versammelt. Die Methode ist es wert, ausprobiert zu werden. Außerdem sollte ergründet werden, ob es unbedingt ein Emailletopf sein muss oder ob es nicht auch die heute eher gebräuchliche Edelstahlausführung tut.

Jahreszeitlich bedingter Himbeermangel verhindert momentan eigene Testreihen, wir verlassen uns deshalb auf Sie, liebe Leser. Und bitte mal Bescheid geben, wir finden Himbeermaden auch doof.

Längere Erntefreude mit Johannisbeeren

Ein Tipp für leidenschaftliche Johannisbeer-Nascher: Die seeligen Stunden mit der roten Beere lassen sich vermehren, die Ernte also strecken, wenn man einige Büsche in Stroh einpackt. Der richtige Zeitpunkt zum Packen ist gekommen, wenn die Beeren unlängst rot geworden sind. Und ausgepackt wird erst, wenn's einem nach dem Obst verlangt. Dass man besonders lieb und fürsorglich zu sich und anderen ist, wenn man Stroh von Feldern benutzt, die die Chemie links und rechts liegen lassen, versteht sich mittlerweile ja von selbst.

Wacholder: begehrte Beeren selber ernten

Man muss nicht unbedingt zu den heimlichen Wacholderschnaps-Brennern gehören, um die Güte erntefrischer Wacholderbeeren dem Supermarktangebot vorzuziehen. Wer einem strauch- oder auch baumartig wachsenden Wacholder Platz in seinem Garten geben will, muss bei der Auswahl der Pflanze daran denken, dass lediglich der Gemeine Wacholder *(Juniperus communis)* und hier auch nur die weiblichen Pflanzen, die begehrten Beeren liefern. Andere Wacholder-Arten bilden zwar auch Früchte, diese jedoch sind ungenießbar bis stark giftig (wie die des ähnlichen Sadebaums, *J. sabina*).

Wacholder wächst gemächlich. Wer also schnell an die Beeren will, kaufe sich am besten eine größere Solitärpflanze, für die man allerdings einiges zu bezahlen bereit sein muss. Die Beeren lassen sich drei Jahre Zeit mit der Reife, erkennbar schließlich an der blauschwarzen Farbe. Da der Strauch bzw. Baum jedes Jahr neue Früchte hervorbringt, sind immer auch reife dazwischen.

Übrigens: Nierenkranke sollten beim Verzehr wacholdergewürzter Speisen und Getränke in kleinen Mengen denken. Auch bei Gesunden kann ein Übermaß zu Nierenreizungen führen. Neben rein geschmacklichen Gründen sind es jedoch die grundsätzlich wohltuenden Wirkungen des Wacholders, die man sich bei schwer verdaulichen Speisen zu Nutze macht. So gilt auch hier mal wieder: Weniger ist mehr.

Halbe Ernte, doppelter Geschmack

Wer immer noch meint, Stachelbeeren seien viel zu sauer und man könne sie höchstens mit viel Zucker essen, sollte mal Folgendes versuchen: Pflückt man die Hälfte der Früchte bereits unreif, werden die am Strauch verbleibenden Früchte darauf besonders groß und süß. Zum Gleich-vom-Strauch-Naschen goldrichtig. Die grünen Früchte müssen nun aber nicht etwa auf den Kompost wandern; man kann sie noch zum Einmachen von Marmelade oder Kompott verwenden.

Sortenvielfalt für eine lange Ernte

Den Großeltern lag der Anbau von Obst genauso am Herzen wie der von Gemüse. Selbstversorgung mit beidem wurde in der Regel angestrebt.
Die Auswahl der Obst-Sorten war nun nicht ausschließlich eine Frage des Geschmacks, sondern auch die einer möglichst breiten zeitlichen Versorgung. So wurde etwa unterschieden zwischen Sommer-, Herbst- und Winteräpfeln. Erstere werden ab August reif und lassen sich nur kurze Zeit lagern (drei bis vier Wochen); Herbstäpfel folgen im September/Oktober und halten dann allenfalls bis Weihnachten. Die Winter-Sorten sind für längere Zeit lagerfähig. Ihre Ernte fällt in den Oktober und November, und bei guter Lagerung langt die schmackhafte und gesunde Versorgung mit ihnen bis ins nächste Frühjahr (weitere Lagertipps siehe auch Seite 245 ff.).
Großvater empfiehlt nun folgende Apfel-Sorten für die verschiedenen Jahreszeiten:

- Zu den **Sommeräpfeln** gehören zum Beispiel 'Klarapfel' und 'Mantet'.
- **Herbst-Sorten** sind 'James Grieve', 'Gravensteiner', 'Ingrid Marie','Goldparmäne' und 'Holstein Cox'.
- **Winteräpfel** haben wir mit den Sorten 'Ontario', 'Cox Orange', 'Berlepsch', 'Jonathan', 'Boskoop', 'Morgenduft' und 'Schöner von Nordhausen'.

Birnen lassen sich leider meistens nur einige Wochen lagern. Selbst mit den späten Sorten, wie 'Gräfin von Paris', 'Diels Butterbirne' und der 'Pastorenbirne', können wir uns bei guter Lagerung höchstens bis Dezember/Januar aus eigener Produktion versorgen.

Die Großeltern wussten aber noch mehr mit dem Obst anzufangen, als es möglichst frisch zu verzehren. Trocknen, Einkochen, Mosten oder es zu Wein verarbeiten war üblich. Für Rezepte und Zubereitungsdetails einfach mal bei Großmutter nachfragen. Für die verschiedenen Zwecke boten sich wiederum die entsprechenden Sorten an.

Zum Trocknen und Einkochen eignen sich vorzugsweise die Birnen-Sorten 'Clapps Liebling', 'Köstliche aus Charneu', 'Williams Christ' und die 'Gute Louise'. Most lässt sich gut gewinnen aus den Sorten 'Schweizer Wasserbirne', 'Gräfin von Paris' und 'Liehels Butterbirne'. Den Rohstoff für den berühmten Nachtisch 'Birne Helene' liefert bevorzugt die Sorte 'Gellerts Butterbirne'.

Für Apfelmost und -wein ist der 'Bittenfelder Sämling' wegen seines hohen Fruchtzuckergehaltes bestens geeignet. Auch der 'Hauxapfel' und der 'Horneburger Pfannkuchenapfel' gelten als gute Mostäpfel. Zum Einkochen und Trocknen wiederum bieten sich der 'Bohnapfel', 'Grahams Jubiläumsapfel'und die Sorte 'Lunow' an.

Bei den anderen üblicherweise hier zu Lande vertretenen Obst-Arten ist die Sortenvielfalt bei weitem nicht so ausgeprägt und damit auch nicht auf die unterschiedlichen Verwendungsarten verteilbar. Lediglich bei den Pflaumen lassen sich die 'Kirkespflaume' und bei den Zwetschgen die 'Italienische Zwetschge', auch 'Bosnische Hauszwetschge' genannt, als besonders geeignete Dörrfrüchte empfehlen.

Ob alle hier genannten Sorten im eigenen Garten wachsen wollen, hängt vom Klima und von den Bodenverhältnissen ab, aber auch dazu hat Großvater seine Erfahrungen zusammen getragen.

Welche Obst-Sorte für welche Lagen?
Bitteschön, Großvaters Auswahl

Apfel-Sorten:

- Für trockenen Boden: 'Ontario'
- Für feuchten Boden: 'Gravensteiner' (für Norddeutschland), 'Boskoop', alle grauen Renetten
- Für raue Lagen: 'Charlamowsky', 'Jakob Lebel', 'Champagner Renette', 'Danziger Kantapfel'
- Für Gebirgsgegenden als freistehender Baum: 'Weißer Klarapfel', 'Charlamowsky', 'Landsberger Renette', 'Danziger Kantapfel', 'Jakob Lebel'
- Für geschützte Gärten und guten Boden: 'Cox Orange', 'Goldrenette von Blenheim', 'Gravensteiner', 'Boskoop', 'Kanada Renette'
- Für warme, geschützte Lagen: 'Goldrenette von Blenheim', 'Kanada Renette'
- Gewöhnliche Sorten für Grasgarten und Wiesenland: 'Boikenapfel', 'Großer Rheinischer Bohnapfel', 'Roter Eisenapfel' und Lokal-Sorten
- Sorten, die sehr bald fruchtbar werden: 'Charlamowsky', 'Baumanns Renette', 'Goldparmäne', 'Cox Orange'
- Durch regelmäßige Fruchtbarkeit zeichnen sich aus: 'Ontario', 'Jakob Lebel', 'Großer Rheinischer Bohnapfel', 'Charlamowsky', 'Cox Orange', 'Muskat-Renette'

(aus: „Unsere besten Obstsorten“ von Johannes Böttner, Verlagsanstalt Trowitsch & Sohn, Frankfurt a.d. Oder, 1923)

Birnen-Sorten:

- Für Gebirgsgegenden in freien Lagen: 'Stuttgarter Gaishirtle', 'Clapps Liebling', 'Williams Christbirne'
- Für Gebirgsgegenden in geschützteren Lagen: 'Gute Louise', 'Neue Poiteau'
- Sehr bald fruchtbar werden: 'Williams Christbirne', 'Gute Louise'
- Sehr dankbar und regelmäßig tragen: 'Gute Louise', 'Boscs Flaschenbirne', 'Neue Poiteau', 'Williams Christbirne', 'Köstliche von Charneu'

Es wurden nur die Sorten genannt, von denen uns bekannt ist, dass sie noch erhältlich sind, wenn auch nicht immer in Ihrer Nähe (siehe auch Bezugsquellenverzeichnis, Seite 288).
Dafür, dass die genannten Sorten eine Wucht sind und jedes schicke Supermarktangebot geschmacklich locker hinter sich lassen, verbürgt sich Großvater. Wer's immer noch nicht glaubt, sollte bei dem alten Herrn mal freundlich wegen ein paar Nachhilfestunden in Sachen Obst und Gemüse vorsprechen.

Baumpflanzung im Frühjahr - nicht ohne Grund

Den Obstbäumen ist es vermutlich egal, ob sie im Herbst oder im Frühjahr gepflanzt werden – Hauptsache, es geschieht mit Geschick am richtigen Ort. Die Herbstpflanzung wird wohl von den meisten Gärtnern bevorzugt, weil der Baum dann im Frühjahr schon viele neue Wurzeln gebildet hat. Aber in schweren Böden sollte man die Bäume doch lieber (erst) im Frühjahr pflanzen, denn die jungen Wurzeltriebe werden in diesen oft nassen Böden über Winter leicht von Wurzelfäule befallen.

Wurzelballen geschützt, aber wie geht's dann weiter?

Junge Bäume werden zum Schutz gegen Wühlmausfraß mit Drahtkörben eingepflanzt. Aber aufgepasst, sie dürfen nicht aus verzinktem Draht sein. Dieser rostet leider nicht, so dass die Wurzeln, wenn sie aus dem Korb hinauswachsen wollen, eingeschnürt werden. Rostende Körbe bilden dagegen kein Hindernis für das Wurzelwachstum.

Warum das T-Stadium beim Apfel so wichtig ist

Nicht nur die jeweils kommende Apfelernte wird durch ausreichend und termingerechtes Ausdünnen (man klaut dem Apfelbaum einfach ein paar Blütenknospen, wenn er genug davon hat) günstig beeinflusst. Man beugt damit außerdem einem unerwünschten Ertragswechsel im nächsten Jahr vor. Voraussetzung dafür ist allerdings, dass man diese Arbeit vor dem 20. Juni leistet. Die Bäume werfen um diese Zeit zwar von alleine allerhand ab, nur reicht diese „Selbstausdünnung", gemessen an den Ansprüchen der Gärtner, meist nicht aus. Auch wenn es Überwindung kostet, sollten Sie auf 10 cm Trieblänge nicht mehr als einen Apfel hängen lassen. Bei stark zu Ertragswechsel neigenden Sorten (zum Beispiel 'Boskoop', 'Ontario', 'Berlepsch', 'Ingrid Marie', 'Gravensteiner') dünnt man eher noch mehr aus. Von Bedeutung ist bei der ganzen Sache, welche Fruchtansätze eines Fruchtstandes dranbleiben bzw. wegfallen. Obwohl die Frucht aus der Zentralblüte oftmals einen Entwicklungsvorsprung aufweist, entfernt man sie, weil aus ihr häufig deformierte Äpfel wachsen. Entfernen sollte man auch alle Früchte, die um den 20. Juni noch nicht das sogenannte T-Stadium (siehe Abbildung) erreicht haben. Solche „Spätentwickler" holen auch meist bis zur Erntezeit nicht mehr auf.

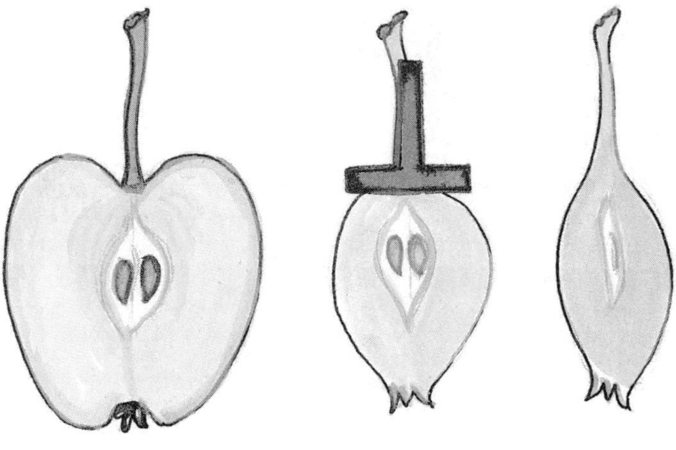

Obstbaumerziehung - von Anfang an richtig

Damit später einmal mit stolzem Blick auf die jungen Obstbäume von einer guten Kinderstube gesprochen werden kann, muss man unter anderem darauf achten, nicht zu viele Seitenäste wegzuschneiden, bevor die rechte Zeit gekommen ist. Auch von den im Sommer wachsenden Seitentrieben sollten immer einige stehen bleiben. Die Seitenäste fördern das Dickenwachstum des Stammes, und deshalb sollten gerade von den unteren zunächst einige wachsen. Sonst bleibt der Stamm zu dünn, um einmal eine stolze Krone tragen zu können. Nach einigen Jahren kann auf diese Zweige zu Gunsten einer Stammverlängerung verzichtet werden.

Früchte auch von Wasserschossen

Obstbäume bilden Wasserschosse! Noch nie gehört? Das sind die senkrecht in die Höhe wachsenden, wilden Austriebe. Sie werden in der Regel im folgenden Sommer, nach dem Baumschnitt, nachhaltig entfernt. Wer nun die Gunst der Stunde zum Ausreißen (nicht Abschneiden) verpasst hat, nutze ein Verfahren, die Schosse im folgenden Jahr zu einem Fruchtansatz zu veranlassen.
Mit einem genügend starken Band zieht man den Zweig bis fast in die Waagerechte herunter. Das Band kann an einem im Boden steckenden Pflock befestigt werden. Man muss darauf achten, dass es nicht in den Zweig schneidet (Gummistück oder Ähnliches unterlegen). Als beste Zeit der Arbeit gilt der Juli. Je nach Gesamtzustand eines Apfel-, Birn- oder Zwetschenbaumes darf man auch von einem derart behandelten Wasserschoss eine durchaus beachtliche Obstausbeute erwarten.

Starker Trieb oder starke Frucht - wann ist's Zeit für den Schnitt?

Die Zeit des Baumschnittes reicht vom Blattfall im Herbst, bis kurz vor dem Neuaustrieb im Frühjahr. Die Tage, an denen es kälter als –5 °C ist, sollte man jedoch meiden. Je nachdem, was man bewirken möchte, sollte man die Bäume im Spätherbst oder erst im Februar schneiden. Starkes Triebwachstum wird in aller Regel die Folge sein, sofern die Bäume im Herbst geschnitten wurden. Der Schnitt im Februar hingegen hemmt das Triebwachstum und fördert eher den Fruchtansatz.

Spalierobst für kleine Gärten und stille Ecken

Spalierobst passt in die kleinste Ecke, deshalb wurde es schon zu Großvaters Zeiten so gerne angebaut. Auch bei den heutigen, oftmals sehr bescheidenen Gartengrößen liegt es nahe, diese Anbauweise wieder mehr zu pflegen, möchte man auf Winzig-Grundstücken nicht nur Mini-Ernten einfahren.

Sorgfältig muss die Sorte von Äpfeln, Birnen und anderen Obst-Arten ausgewählt werden, denn je nach Himmelsrichtung der Wand, an der ein Baum stehen soll, eignen sich verschiedene Sorten. Eine kleine Auswahl:

- An der Südwand, sehr sonnig und warm und auf eher trockenem Boden, gedeihen die Birnen-Sorten 'Alexander Lucas' oder 'Gräfin von Paris', alle Pfirsiche und Weinreben, Aprikosen nur bei leicht beschatteter Wand.

- Die Nordwand ist kühl, feucht und schattig; hier lassen sich beispielsweise gut Sauerkirschen anbauen.
- Die Westwand zeigt zur feuchten Wetterseite, die je nach Neigung wärmer (nach Süden) oder kühler (nach Norden) ist; an ihr gedeihen Birnen-Sorten, wie die 'Kongressbirne', 'Gellerts Butterbirne', 'Bunte Julibirne'; von den Äpfeln eignet sich zum Beispiel 'Landsberger Renette'.
- Die Ostwand, eher kühl, aber trocken und windgeschützt, ist brauchbar für Birnen der Sorten 'Williams Christ', 'Clapps Liebling', 'Gellerts Butterbirne'; bei den Äpfeln kommt die Sorte 'Lanes Prinz Albert' zurecht.

Man sieht also: Obsternten sind nicht nur in Gärten von Fußballfeldgröße möglich, Platz ist oft auch neben der kleinsten Hütte.

Schwarz oder weiß - eine Frage des Hintergrunds

Mauern oder Bretterwände, vor denen Spalierobst angebaut wird, bekommen in der Regel einen Anstrich – tendenziell schwarz oder weiß. Die Farbauswahl sollte man gerade hier nun nicht so sehr unter rein ästhetischen Gesichtspunkten treffen. Unsere Ahnen hatten sich diesbezüglich schon sehr energieökonomische Fragen gestellt und konnten nach jahrelangen, empirisch ausgerichteten Untersuchungen folgende Erkenntnisse und Empfehlungen mitteilen: Dunkle Oberflächen bieten sich vor allem zum Zweck der Wärmespeicherung an. Deshalb sollten dickere Mauern, die Wärme speichern können, einen dunklen Anstrich erhalten. So wird tagsüber Energie gesammelt und nachts abgegeben. Dieser Faktor ist in gartentechnischer Hinsicht einzubeziehen. Zu bedenken ist beispielsweise, dass solche „Kraftwerke“ zu einer früheren Blüte antreiben könnten, die dann unter Umständen (trotzdem noch) von Nachtfrösten bedroht wäre. Also an Abdeckung denken. Dünne Materialien, Bretterwände oder eben auch solche Mauern, die kaum zur Wärmespeicherung in der Lage sind, bekommen einen hellen Anstrich. Ihre Aufgabe ist es Licht und damit Wärme zu reflektieren. Dadurch ist eine frühe Ernte möglich. Zu berücksichtigen sind die genannten Wärmequellen jedenfalls und man kann und sollte gezielt damit umgehen, um Nutzen aus dieser Erkenntnis zu ziehen.

Baumscheibe, jedes Jahr neu

Neulich fragte ich Großvater, warum er denn jedes Jahr so um die Eisheiligen herum mit dem Spaten im Obstgarten verschwindet, und bekam Erstaunliches zur Antwort. Jedes Jahr, so ist es Tradition, wird um die Obstbäume das Gras dünn abgestochen und die Soden dann verkehrt herum wieder auf die Baumscheibe gelegt. Das Gras verrottet und düngt quasi mit der Sonnenenergie vom letzten Jahr die diesjährige Obsternte.

Medizinpflanzen für Obstbäume

Irgendwie muss es wohl eine engere Verwandtschaft zwischen Mensch und Baum geben. Beide sprechen auf eine altbewährte Arzneipflanze an. Der giftige Fingerhut, der in der Medizin als Herzmittel Verwendung findet, unterstützt, auf die Baumscheibe gepflanzt, die Gesundheit von Bäumen. Empfehlenswert ist die bis zu 1,40 m hoch werdende Sorte 'Mervita'. Eine solche gesundheitsspendende Unterpflanzung blüht übrigens von August bis Oktober und ist auch noch was für’s Auge.

Eisendünger ertragssteigernd?

Es heißt, dass das Einarbeiten (vorsichtig untergraben bzw. einharken) von Eisenspänen in den Kronentraufenbereich, also soweit die Zweige reichen, von Apfelbäumen und bis zu etwa einem halben Meter darüber, zu einer Ertragssteigerung führen würde. Über diesen Rat wird schon lange gestritten, sogar unter Gelehrten. Er gehört vermutlich zu denjenigen, die sich eben nicht in ein „allgemeines Erfahrungsraster" pressen lassen. Da wird es naturgemäß auch mit der Festlegung von Mengenangaben schwierig. Wer zur Experimentierfreude neigt und die Erfolgsaussichten bei sich im eigenen Garten überprüfen will, erprobe dies mit einer Hand voll Eisenspänen pro Apfelbaum. Schaden können solche kleinen Mengen jedenfalls nicht. Man beachte, dass den Pflanzen das Eisen umso schwerer verfügbar ist, je basischer der Boden.

Naturheilmittel gegen Gummifluss - ein Tipp vom Baumdoktor

Gummifluss kann Bäumen ordentlich zu schaffen machen. Der Pflanzendoktor weiß ein gutes Heilmittel aus der Natur: Sauerampfer. Man findet ihn häufig auf Wiesen und Brachland. Die vom Gummifluss betroffenen Rindenteile werden sauber ausgeschnitten. Die Wunde muss nun mit zerquetschten Sauerampferblättern so kräftig betupft und eingerieben werden, dass der grüne Saft ins Holz eindringen kann. Die so behandelten Stellen heilen rasch, und gesunde Rinde kann nachwachsen. Und weil es alle unsere geschätzten Steinobst-Arten (Kirsche, Pflaumen u. a.)betrifft, fühlen wir uns besonders zum heilenden Handeln verpflichtet.

Dem Baumkrebs vorbeugen

Diese Krankheit kann für Bäume zum schweren Leiden werden. Deshalb müssen Krebswunden an Bäumen frühzeitig und großzügig bis ins gesunde Holz hinein ausgeschnitten werden. Anschließend kann man die Schnittstelle mit Baumharz verschließen.

Möglich ist es auch, gar nichts auf die Wunde zu tun. Ökologisch betrachtet ist dies sogar einer chemischen Behandlung vorzuziehen. Im Falle dieses partiellen, aber besonders naturgemäßen Nichtstuns, sollte man dafür sorgen, dass die kranke Stelle sehr sauber, das heißt glatt ausgeschnitten wird. Es muss verhindert werden, dass sich Feuchtigkeit in fasrigen Ecken staut, eindringendes Wasser also gut abfließen kann. Der Heilungsprozess wird positiv beeinflusst, indem man immer wieder kleine Einschnitte in das junge Gewebe am Wundenrand (in die Innenseite der sich bildenden Wulst, dem Kallusgewebe) vornimmt, bis sich die Wunde vollständig geschlossen hat.

Aus Erfahrung am eigenen Leib weiß sicher so mancher von uns, dass eine Wunde, wenn sie nicht durch Pflaster überdeckt ist, in der Regel schneller abheilt; allerdings müssen hier wie dort wirklich hygienische Verhältnisse herrschen.
Oft liegt es am Standort, wenn Bäume krebsig werden. Zu schwere Böden oder auch unterirdische Wasseradern werden beschuldigt. Bekommt man die Krankheit nicht in den Griff, muss man gegebenenfalls in den letzten sauren Apfel beißen und fällen, um es an einer anderen Stelle mit einer Neuanpflanzung zu versuchen. Dabei sollten tonige Böden bis in eine Tiefe von einem Meter verbessert werden (mit einer Sand-Steinmehl-Mischung), nasse Böden benötigen eine Drainage.
Zu Apfel- und Birnen-Sorten, von denen man aus Erfahrung weiß, dass sie bei ungünstigen Bodenverhältnissen schnell Krebs bekommen, gehören:

- Äpfel: 'Berner Rosenapfel', 'Goldrenette von Blenheim', 'Champagner Renette', 'Bohnapfel', 'Cox Orange', 'Gelber Edelapfel', 'Goldparmäne', 'Ingrid Marie', 'Jakob Lebel', 'Klarapfel', 'Ontario', 'Signe Tillisch'
- Birnen: 'Gellerts Butterbirne', 'Birne von Tongern', 'Winternelis'

Die Baumblüte vor Frost schützen - so geht's

Eine originelle Form des Frostschutzes für die Baumblüte stellt folgende Methode dar: Bei Gefahr später leichter Fröste (bis –2 °C) stelle man Eimer mit Wasser unter den schutzbedürftigen Bäumen herum auf. Das verdunstende Wasser sorgt für eine Art frostabweisenden Nebel, allerdings nur bei schwachen Frösten.
Die gängige Methode des Blütenfrostschutzes ist das leichte Be-

sprühen der Bäume am Abend, bei sich ankündigenden Nachtfrösten. Das gefrierende Wasser gibt Wärme an die Blüten ab, so bleiben diese auch mit einem Eisüberzug geschützt. Wer die Schutzwirkung noch verstärken möchte, besorge sich Baldrianblütenextrakt und mische davon (Herstellerangaben beachten) dem Sprühwasser bei. Wie man ziemlich sicher und frühzeitig genug erkennen kann, ob Frost droht, steht in einem anderen Tipp.

Frostschäden an jungen Gehölztrieben lindern

Trotz aller Schutzmaßnahmen ist es dann doch passiert. Der Frost hat zugeschlagen. Vorzugsweise junge Triebe früh austreibender Gehölze fallen den Minusgraden zum Opfer. Der eigentliche Grund der Beschädigung oder sogar des Absterbens von gefrorenen Trieben ist deren Austrocknung. Wegen der durch Kristallisationsprozesse bei Frost beschädigten Zellen und der bei nachfolgendem Sonnenschein verursachten Verdunstung des lebensnotwendigen Zellwassers „verdursten“ die betroffenen Pflanzenteile. Durch Überbrausen mit kaltem(!) Wasser stellt man den beschädigten Trieben oftmals wieder ausreichend Flüssigkeit zur Neuaufnahme in die noch intakten Zellen zur Verfügung. Andernfalls verlieren die beschädigten Pflanzenteile mehr Wasser durch Verdunsten, als sie neues ohne unsere Hilfe aufnehmen können.

Öfen schützen Obst bei nächtlichen Frösten

„Was für Gemüse gut ist, muss für blühende Obstbäume nicht weniger pfiffig sein", dachte sich einst Großvater und teilte uns kürzlich mit: „Stellt bei drohendem Nachtfrost während der Blüte einige kleine „Öfen" unter die Bäume. Eure Öfen bestehen aus umgestülpten Blumentöpfen, unter die ein ordentlich lange brennendes Teelicht oder Ähnliches kommt. Diese Methode habe ich mir für Spindelbüsche oder Spalierobst ausgedacht. Was guckt Ihr so, das funktioniert, oder glaubt Ihr mir etwa nicht?"

Zögern bietet der Obstbaumblüte Schutz

Es geht hier jetzt nicht um so etwas wie junggärtnerische Schüchternheiten beim Anwenden komischer, alter Methoden. Folgendes Problem soll ganz einfach intelligent gelöst werden: Oftmals stehen die Obstbäume schon in voller Blüte, und dann, verdammt, friert es noch einmal! Die meisten Blüten fallen ab, und die Ernte fällt entsprechend mager aus. Nun das produktive, problemlösende Zögern: Die Blüte wird in weniger gefährliche Zeiten hinausgeschoben. Zu diesem Zweck wird, solange der Boden noch gefroren ist, eine dicke Schicht kalter Mist um die Bäume gelegt. So kann der Boden auf der Baumscheibe nur allmählich auftauen und die Blüte, logisch, erst entsprechend später beginnen. Sobald keine starken Nachtfröste mehr zu erwarten sind, wird der Mist entfernt. Den Rückstand holen die Bäume rasch auf und die Blüte ist vor Frost geschützt. Diese Methode bietet sich aber sicherlich nur in solchen Jahren oder Landstrichen an, in denen es auch im Spätwinter noch tüchtig friert.

Rindenpackung für alte Bäume - ein wahrer Jungbrunnen

In vielen Gärten stehen alte, ungepflegte Bäume ziemlich einsam und verlassen herum. Diesen Baum-Veteranen kann man sehr wohl noch zu reichlichem Fruchtansatz und gesundem Wachstum verhelfen. Eine Lehmpackung spendet die dafür notwendigen Jungbrunnenenergien.
Hier die Pflegehinweise sowie das Rezept für den Kraftquell: Zunächst muss die Rinde gereinigt und abgebürstet werden. Mit Drahtbürsten kann man zwar die losen Borkenstücke abbürsten, den Baum aber auch verletzen. Besser ist es, den Stamm der Bäume mit einer in Schachtelhalm-Tee getauchten Gemüsebürste zu bearbeiten, um lose Borke zu entfernen. Ist der Stamm gesäubert, werden etwaige große Wunden ausgeschnitten. Frostrisse können bleiben. Nun lässt man den Baum abtrocknen, und danach kommt die Lehmpackung darauf. Man

rührt den Lehm (für unerschrockene Spezialisten am besten zur Hälfte mit Kuhfladen gemischt) mit Wasser, noch besser mit Schachtelhalm-Tee, zu einer glatten Masse an und lässt ihn über Nacht stehen. Mit dem Brei können einzelne Wunden oder der ganze Stamm (bei Frostschäden) behandelt werden. Der Lehm wird dick aufgetragen und mit Säcken umwickelt. Die Lehmpackung darf ein Jahr am Baum bleiben und muss danach eventuell noch einmal erneuert werden. Im Übrigen gilt als bester Zeitpunkt zur Lehmbehandlung das Frühjahr.

Den Bäumen zu Fruchtbarkeit verhelfen

Wollen die Obstbäume partout keine Früchte ansetzen, kann es sein, dass der Baum zu tief gepflanzt wurde. Die Veredelungsstelle (man erkennt sie an der Verdickung unten am Stamm) muss etwa 10 cm über dem Erdboden stehen. Ist dies nicht der

Fall, hilft nur das Höherpflanzen des Baumes. Es genügt aber nicht, ringsum den Baum die Erde abzutragen. In der Mulde, die dabei entsteht, würde sich, vor allem im Herbst und Winter, zu viel Wasser sammeln, wobei die Gefahr einer Infektion mit Wurzelfäule wüchse. Ist der Baum schon zu groß zum Ausheben, lässt sich seine Fruchtbarkeit notfalls und mit ein wenig Glück auch anders anregen. Je nach Größe des Baumes wird etwa zwei bis drei Meter vom Stamm entfernt ringsherum ein 40 bis 50 cm tiefer, spatenbreiter Graben ausgehoben. Sämtliche Wurzeln, die auf der Baumseite in den Graben hineinragen, werden glatt abgeschnitten und der Graben anschließend wieder zugeschüttet. An den Schnittstellen der Wurzeln bilden sich nun viele feine Wurzeln, was den Ansatz von Blütenknospen fördert.

Resteverwertung - frühe Rhabarbertreiberei

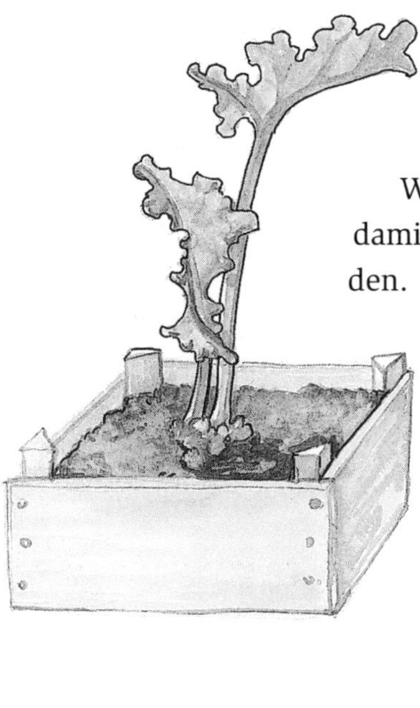

Wer seine Rhabarberpflanzen im Herbst teilt, hat oft noch einige Wurzelstücke übrig – und die Qual der Wahl: entweder auf den Kompost damit oder für die Treiberei verwenden. Im letzteren Fall kommen die „Reste“ in den Keller. Man schlägt sie in feuchtem Rindenhumus ein, stellt sie mäßig kühl und dunkel auf und hat dann im Frühjahr schon sehr früh zarte Rhabarberstiele zum Ernten.

Apfelbefruchtung - einige Hinweise für Laien

Haben Sie sich, liebe Gärtner, über die Jahre gesehen immer wieder gewundert, wenn einerseits ganz allgemein von einer grandiosen Apfelernte die Rede war, Sie andererseits froh sein konnten, wenigstens den engsten Familienkreis hie und da mal mit einem Früchtchen beglücken zu können? Großvater erinnerte kürzlich daran, dass die wenigsten Apfel-Sorten Selbstbefruchter seien. Man müsse folglich mindestens zwei zusammenpassende Sorten haben, um auf eine gute Ernte spekulieren zu können.

Aber so einfach ist es selbst dann nicht. Es gibt diploide Sorten und triploide Sorten. Erstere können sich gegenseitig befruchten, letztere können von diploiden Sorten befruchtet werden. Eine Regel besagt, dass man wenigstens zwei diploide Sorten anpflanzen muss und immer zwei diploide mehr als man triploide hat, also im Verhältnis 1 : 3, 2 : 4, 3 : 5 und so weiter. Aber auch das garantiert noch keine gute Ernte, meine Lieben. Wichtig ist darüber hinaus, dass Sorten, die sich gegenseitig befruchten sollen, auch überschneidende Blütenzeiten haben. Das hört sich alles furchtbar kompliziert an. Für den Gartenalltag allerdings ist das Wissen um diese Zusammenhänge nur dann wichtig, wenn die Nachbarschaft kaum Apfelbäume stehen hat und es bei uns Probleme mit der Fruchtbarkeit gibt – meinte Großvater.

Er rät nun dazu, sich bei Problemen mit der Fruchtbarkeit oder bei der Auswahl von neu zu pflanzenden Bäumen zuerst eine gute Übersicht über die Bestände in der unmittelbaren Umgebung zu verschaffen. Mit diesem Wissen wendet man sich anschließend an eine entsprechende Baumschule. Die kann Auskunft geben über Standortfragen und gut kombinierbare Sorten. 15 bekannte Sorten und deren Befruchter wollen wir aber gleich hier noch nennen:

- 'Weißer Klarapfel' (Augustapfel): 'Cox Orange', 'Landsberger Renette', 'Baumanns Renette'
- 'James Grieve': 'Weißer Klarapfel' (Augustapfel), 'Cox Orange'
- 'Gravensteiner': 'Weißer Klarapfel' (Augustapfel), 'Baumanns Renette'
- 'Jakob Lebel' : 'Winter-Goldparmäne', 'Jonathan', 'Boskoop'
- 'Signe Tillish': 'Weißer Klarapfel' (Augustapfel), 'Cox Orange', 'Winter-Goldparmäne'
- 'Winter-Goldparmäne': 'Landsberger Renette', 'Baumanns Renette'
- 'Landsberger Renette': 'Weißer Klarapfel' (Augustapfel), 'Cox Orange', 'Winter-Goldparmäne', 'Boskoop'
- 'Berlepsch': 'Winter-Goldparmäne'
- 'Jonathan': 'Weißer Klarapfel' (Augustapfel), 'Signe Tillish', 'Winter-Goldparmäne', 'Baumanns Renette', 'Ontario'
- 'Baumanns Renette': 'Weißer Klarapfel' (Augustapfel), 'Winter-Goldparmäne', 'Landsberger Renette'
- 'Boskoop': 'Winter-Goldparmäne', 'Baumanns Renette', 'Ontario'
- 'Champagner Renette': 'Ontario'
- 'Ontario': 'Winter-Goldparmäne', 'Baumanns Renette', 'Champagner Renette'
- 'Rheinischer Bohnapfel': 'Winter-Goldparmäne', 'Baumanns Renette', 'Ontario'

Obstblüte - die Schüttel-Methode

Oft sind es gerade die einfachen Dinge des Lebens, die einem einerseits Kummer bereiten und einen andererseits in wohlfeile Stimmung versetzen.
Da ist zum einen beispielsweise der profane Regen. Und dann kommen Obstblüte und Regen zusammen und hin ist die Freude. Denn sind die Blüten erst einmal nass, ist es äußerst ungünstig um die Befruchtung bestellt. Auf der anderen Seite steht aber die elementare Fähigkeit des Menschen, schütteln zu können. Diese schlichte Handlung, am Baum vollzogen, eventuell unter Hinzuziehen von Stöcken, verhilft den Blüten zum raschen Abtrocknen. Weil oftmals schon eine kurze Regenpause zur Befruchtung der Obstblüte ausreicht, sollte man die Fähigkeit des gezielten Schüttelns zu gegebener Zeit nicht unterschätzen.

Fruchtbildung fördern - **ganz einfach**

Die Ausbildung von Früchten kann ungemein gefördert werden, wenn man die Bäume öfter mal mit abgestandenem Wasser bespritzt. Dies sollte möglichst abends geschehen, nur nie bei Sonnenschein. Außerdem ist zu beachten, dass es für eine erfolgreiche Fruchtentwicklung unerlässlich ist, bei übermäßigem Fruchtbesatz einen Teil zu opfern, also zu entfernen. Siehe dazu auch den Tipp „Warum das T-Stadium beim Apfel so wichtig ist“ (Seite 218). Den verbleibenden Früchten kommt so die Ausbildungskraft in vollem Maße zugute.

Wohin nur mit dem vielen Fallobst?

Nicht verwertbares Obst, weil früh gefallen oder krank, wird regelmäßig und vollständig aufgesammelt, um die Verbreitung von Schädlingen und Krankheitserregern zu verhindern. Auch wenn sich diese Biomasse auf den ersten Blick als Kompostmaterial anbietet, sollte man davon absehen. Der Rotteverlauf des häuslichen Komposthaufens ist selten heiß genug, um alle schädlichen Insekten, Bakterien oder Pilzsporen zu vernichten. Anders sieht es mit der industriellen Kompostierung über unser Müllsystem aus. Hier werden wegen der großen Kompostmengen Temperaturen von über 70 °C erreicht und somit alles Schädliche unschädlich gemacht. Im nächsten Jahr können wir dann unser Fallobst in Form fertigen Kompostes zurückholen. Alternativ muss das Fallobst mindestens einen Meter tief vergraben werden.

Birne in der Flasche - wahrlich keine Zauberei

Wie wäre es mit einer Flasche Birnenwasser, indem eine echte Birne schwimmt? Nur, wie kommt die Birne in die Flasche? Das geht ziemlich einfach: Am Birnbaum wird nach der Blüte an einem sonnig gelegenen Zweig ein schöner Fruchtansatz herausgesucht und in die Flasche gesteckt bzw. die Flasche darüber gestülpt. Weil viele Obstbäu-

me im Juni überzählige Fruchtansätze abwerfen, sorgen wir vor, indem wir in der Nachbarschaft der Flasche alle anderen Früchtchen entfernen. Empfehlenswert sind mindestens 40 cm bis zum nächsten Fruchtansatz.
Besonders schön fürs Auge sind gelbe Sorten. Die Flasche muss so am Baum befestigt werden, dass bei zunehmendem Gewicht nicht alles abbricht (eventuell noch an einem anderen Ast). Nach der Ernte wird die Flasche mit der Birne gut ausgespült und mit Birnenwasser aufgefüllt.

Vor der Apfelernte gut gießen

Tage trockener Witterung während der Ernte entziehen dem Obst möglicherweise so viel Flüssigkeit, dass ihm schließlich der richtige Biss fehlt. Damit einem beim Reinbeißen auch bei Trockenheit das „Obst"-Wasser im Munde zusammenläuft, empfiehlt es sich, einen Tag vor der Ernte die betreffenden Bäume reichlich zu wässern. Das gilt aber wirklich nur für trockene Zeiten, denn zu viel Nässe lässt Obst im Lager schneller faulen.

Proben-Liegen - Birnen und Äpfel gut vorbereiten

Die Lagerfähigkeit von Äpfeln und Birnen kann noch verbessert werden, indem die Früchte nach der Ernte für einige Tage sozusagen ein Probe-Liegen im Gras absolvieren. Das fördert die Ausbildung der sie schützenden Wachsschicht. Je nach Apfelverliebtheit kann aber noch mehr für die Haltbarkeit getan werden. Ein Überbrausen mit abgekühltem Zwiebelschalen-Tee konserviert hier in die gewünschte Richtung. Ein Rat an die Küche: erst Zwiebelkuchen, dann Apfelkuchen.

Geteilte Ernte ist doppelte Ernte

Nicht alle Früchte eines Baumes werden gleichzeitig reif. Pflückt man zunächst nur einen Teil des Obstes, nämlich die Früchte, die auf der Sonnenseite, am Gipfel und weit außen hängen, werden die noch nicht reifen Früchte im Innern und an den Schattenplätzen noch merklich an Größe gewinnen. Zugleich wird ihre Reife dadurch noch hinausgezögert. Zwar kann sich die Ernte kaum verdoppeln, aber wir erhalten mehr schöne Früchte.

Feine Prünellen - ein Genuss der besonderen Art

Bei Dörrobst-Freunden genießen Prünellen hohes Ansehen. Man gewinnt sie aus großen Zwetschen oder Pflaumen (blau oder gelb). Die Herstellung erfordert Geduld und Geschick, man wird aber mit einer süßen Köstlichkeit besonderer Art belohnt. Die Früchte bleiben solange am Baum hängen, bis sie schrumplig und welk sind. Nach der Ernte beginnt man ihnen, vom Stielende angefangen, die Haut abzuziehen. Entweder kann man gleich den Stein ohne große Drückerei herausholen, sonst lässt man die Früchte im Dörrofen zunächst etwas anwelken und entkernt sie dann. Um die werdenden Prünellen zu delikater Höchstform einschrumpeln zu lassen, werden sie auf Horden ausgelegt. Der

Dörrvorgang beginnt sachte. Mit geringer Hitze, bis die Früchte einen „neuen Überzug“ ausgebildet haben, dann kann der Regler auf die eigentliche Dörrtemperatur (40 bis 50 °C) hochgedreht werden. Sind die Früchte trocken, lässt man sie noch einige Tage außerhalb der Dörreinrichtung ausdünsten. Dann werden sie eng, ruhig etwas zusammenpressen, in Gläser und Dosen gepackt – und können gelagert werden.

Obst ohne Geschmacksverlust trocknen

Bleiben wir noch ein wenig beim Thema Trocknen und sprechen über Äpfel, Birnen und Zwetschen.

Wer kennt es nicht: In den tollen Apfel gebissen, kurz liegen gelassen und schon sieht's irgendwie „bäh“ aus. Und auch bei getrockneten Apfelscheiben will der rechte Appetit nicht aufkommen, sehen sie runzelig-braun aus. Dabei muss man mit keinerlei Geschmackseinbußen rechnen.

Nun, das Auge isst eben mit, und Großmutter hatte da noch so einen Trick. Genau, die frisch geschnittenen Apfelstücke und -ringe in Salzwasser legen, bis sie ins Trockengerät wandern. Vorher trockengetupft besteht keinerlei Verwechslungsgefahr mit Salzgebäck.

Die Scheiben oder Schnitzel der Apfelfrucht müssen, damit sie gleichmäßig und vollständig trocknen, öfter gewendet werden. Benutzt man einen Trockenschrank mit Horden (Sieb als Auflagefläche), sollte auch deren Stellung gewechselt werden, also untere weiter oben und umgekehrt. Äpfel sind dann richtig durchgetrocknet, wenn sie noch etwas biegsam und fleischig sind, jedoch noch nicht schwarz. Die Oberfläche darf ruhig schon etwas hart sein, denn bei der Lagerung ziehen sie wieder Feuchtigkeit.

Birnen werden viertelweise getrocknet und ebenfalls gewendet. Anders als Äpfel indes, sollen sie nicht völlig austrocknen, ja gewissermaßen noch zäh sein, das Aroma bleibt so besser erhalten.
Beim Trocknen von Zwetschen ist darauf zu achten, dass keine unreifen oder wurmstichigen darunter sind, die einen haben wenig Aroma, die anderen mag man nicht essen. Es empfiehlt sich, mit der Ernte solange zu warten, bis die Zwetschen am Stiel runzlig werden; alle wurmstichigen haben sich bis dahin sicher bereits Richtung Boden verabschiedet. Wenn es der Baumumfang noch zulässt, schüttelt man ordentlich und liest nur die hängen gebliebenen zum Trocknen auf.
Zwetschen werden im Ganzen getrocknet. Entweder entkernt man sie vor dem Trocknen oder währenddessen. Die Hitze im Dörrofen darf anfänglich nicht zu hoch sein, sonst läuft der Saft und mit ihm viel Geschmack aus. Auch Zwetschen sollen während der Trocknung öfter gewendet und außerdem durcheinander gemengt werden. Sobald die Früchte deutlich geschrumpft sind, den Kern einfach rausdrücken. Sind sie gedörrt, bleiben sie im Ofen, bis sie abgekühlt sind. Nimmt man sie dann heraus, bestechen sie durch ein schönes, glänzendes Äußeres.

Aprikosen zum Reifen ins Haus holen

Man mag es kaum glauben, aber das Leben ist nun mal unlogisch, und deswegen sind auch die Aprikosen schmackhafter, wenn sie nicht am Baum, sondern in einem kühlen Raum reifen. Die Spielregeln für diese Reifungs-Methode lautet: Die Aprikosen werden dann gepflückt, wenn sie sich auch duftmäßig als solche zu erkennen geben und anfangen, am Stiel weich zu werden.

Reifung strecken - der Lagerapfel im Zeitstrom der Reife

Es ist ein fruchtiges Anliegen, den überwinternden Lagerbestand des Apfelvorrats zu strecken – man freut sich eben gerne heftig und ausdauernd. Wie so vieles schreitet auch die Reife des Apfels relativ zu seiner Umgebung voran, so dass wir mit der folgenden speziellen Relativitätstheorie unserem Ziel einer lang anhaltenden Fruchtqualität ein entscheidendes Stück näher kommen:
Äpfel produzieren doch dieses Reife fördernde Gas, Äthylen nennen sie's. Mit einem einfachen Trick lässt sich nun dessen Produktion runterfahren. Man überdeckt die Äpfel mit Folie, Pappen, Decken oder Ähnlichem. Unter der Abdeckung steigt daraufhin unweigerlich die Konzentration des seltsamen „Gelüfts", worauf die Äpfel den Herstellungsprozess dieses Gases klugerweise drosseln und dann viel gelassener, gar mit Muße, an ihre Reifung herangehen. Kluge lassen in Muße reifen und genießen länger!

Das richtige Apfellager für gutes Aroma

Lageräpfeln soll man nach Möglichkeit nicht ihren letzten Herkunftsort anschmecken. Dem Aroma und der Haltbarkeit tut es daher gut, wenn man die Früchte nicht im Keller oder in ebenerdigen Obstkammern, sondern in höher gelegenen Vorratskammern unterbringt.
Großmutter erzählte aber noch mehr über die Lagervorlieben der paradiesischen Frucht: Geschmacklich zahlt es sich aus, wenn man Äpfel zusammen mit Hopfen oder Holunderblüten (getrocknet) in eine geschlossene Schachtel zur Aufbewahrung legt.

Obstlagerung in Gläsern

Im Sinne einer multifunktionalen Verwendung von vorhandenem Material gewinnt ein weiteres Verfahren der Obstlagerung an Reiz: Die Aufbewahrung in Gläsern.
Man nimmt große Gläser mit entsprechend dimensionierten Öffnungen, wäscht sie gründlich aus und stellt sie warm, damit wirklich alle Feuchtigkeit verschwindet und die Luft innen „dünner" wird. In diese Gläser legt man nun vorsichtig die besonders guten Früchte, das heißt, möglichst makellose, weder zu grüne noch zu reife, die bereits einige Tage zum Ausdünsten gelegen haben. Werden dann die Gläser luftdicht verschlossen und kühl gelagert, bleibt der Inhalt lange frisch und knackig.

Richtig ausgerichtet: Obstaufbewahrung

Sich in die Natur, in ihre Formen und Bewegungen einzufühlen und sie zu imitieren, ist eine gute Grundlage für hilfreiche Einsichten in ihre Lebenslogik, die wir für unsere menschlichen Ansprüche gut nutzen können.
Am besten werden die Äpfel und Birnen so gelagert, dass der Stiel nach oben zeigt, denn die Früchte werden in der Regel schon vor

der Reife gepflückt und sollten in ähnlicher Lage, wie sie am Baum normalerweise reifen, aufbewahrt werden. So lautet der etwas mystisch anmutende Tipp aus Großvaters reichhaltigem Erfahrungsschatz. Einfach mal ausprobieren!

Äpfel strikt trennen - denn Reifen steckt an

Möchte man Gaumen und Vitaminhaushalt mit verschiedenen Apfel-Sorten, die man den Winter über lagern will, verwöhnen, so muss man zwischen Herbst-Sorten (sind bis etwa Dezember lagerfähig) und Winter-Sorten (sind bis ins Frühjahr haltbar) unterscheiden. Diese beiden Gruppen sollten niemals zusammen in einem Raum gelagert werden. Äpfel scheiden während des Reifevorgangs ein Gas (Äthylen) aus, das auch die Reifung des umliegenden Obstes anregt. Liegt das Winterobst nun neben den früher reifenden Herbst-Sorten, müsste man doppelt so schnell den ganzen Vorrat verputzen, denn das Winterobst würde nicht wesentlich länger halten als sein herbstlicher Kollege – könnte vielleicht auch Spaß machen, käme wahrscheinlich auf die Menge an.

Pflaumen zum Nachreifen gut betten, dann geht's

Wer Pflaumen der großen Art, wie Rund- und Eierpflaumen, Renekloden oder Pfirsiche nachreifen lassen will, sollte sie in Brennnesseln lagern. Auch zum Verschicken eignet sich das „pieksende“ Material. Eine Warntafel für den Empfänger dürfte sich jedoch erübrigen, weil sich die berühmte Wirkung der Brennnessel spätestens zwei Tage nach dem Pflücken verflüchtigt.

Saison verlängern für Zwetschen und Pflaumen

Pflaumen und Zwetschen lassen sich drei bis vier Monate frisch halten! Ohne Plastik, wenn sie luftdicht aufbewahrt werden. Die für die Aufbewahrung vorgesehenen Früchte erntet man an einem trockenen Tag, wobei darauf zu achten ist, dass sich die Stiele noch nicht lösen und mit gepflückt werden. Nun werden die Früchte einige Tage an einem luftigen Ort zum Ausdünsten ausgebreitet. In einem Gefäß werden sie in Weizenmehl so aufgeschichtet, dass sie sich gegenseitig nicht berühren und anschließend luftdicht verschlossen. Die Früchte können portionsweise entnommen werden. Vor dem Verzehr wird das Mehl abgewaschen und die Früchte für kurze Zeit in einem Sieb über einen Topf mit kochendem Wasser gehalten. Der Dampf soll die Früchte dabei lediglich zart anhauchen. Nach der Behandlung schmecken die Pflaumen und Zwetschen wie frisch gepflückt. Diese gewitzten Großeltern, was sie nicht alles zauberten!

Gut gelagert in Holz

Wer kleine Holzkisten oder -fässer mit gut schließendem Deckel herumstehen hat, kann diese mitunter einer sinnvollen Verwendung zuführen, zur Lagerung des Winterobstes zum Beispiel. Geeignet sind die Spätsorten von Äpfeln und Birnen. Vor dem Einlagern wird das Obst ein bis zwei Wochen flach in einem trockenen Zimmer ausgebreitet, zum „Ausschwitzen".
In die Lagerkisten streut man unten eine Schicht trockenen Sand, darauf kommt eine Schicht Früchte, die einzeln in Papier zu wickeln sind. Jetzt folgt wieder eine Schicht trockener Sand

und so weiter, bis das Fass voll ist. Die letzte Schicht ist Sand. Nun werden die Behälter gut verschlossen, trocken und kühl, jedoch unbedingt vor Frost geschützt, aufbewahrt. Der Inhalt der einzelnen Gefäße sollte so bemessen sein, dass man ihn, ohne arges Bauchgrimmen befürchten zu müssen, nach dem Öffnen alsbald aufnaschen kann.

Zitronensaft immer frisch zur Hand

Gleich ist das Essen fertig und was noch fehlt ist der Zitronensaft. Die vorletzte Woche extra auf Vorrat gekauften Früchte sind, obwohl gewachst, schimmelig. Der Saft in der kleinen Flasche ebenfalls. War es Großvater oder Großmutter, der ausknobelte, wie man die mühsam erstandenen Kostbarkeiten behandeln muss, um auch spontan Zitronensaft frisch zur Hand zu haben? Hier also der Lagerungstipp für Freunde des sauren Geschmacks:

Man wickle die unbehandelten (!) und fleckenfreien Früchte einzeln in Papier und lege sie in Steingutgefäße. Diese werden mit Salz aufgefüllt. Die Früchte können nach Bedarf entnommen werden. Selbst wenn die Schale mit der Zeit hart und unbrauchbar wird, bleiben die Früchte im Inneren saftig. Im Prinzip lassen sich so die Früchte für etliche Wochen aufbewahren.

Aroma nicht verfliegen lassen

Mit abgeriebener Zitronen- oder Orangenschale unbehandelter Früchte veredelt man vielerlei Gebäck. Um das kostbare Aroma in seiner ganzen Dimension einzufangen und nach Möglichkeit kein Quäntchen davon verflüchtigen zu lassen, beachte man diese Regel: Die gerade abgeriebene Schale wird sofort mit dem für das Gebäck verwendeten Zucker vermischt, also nicht erst irgendwann zum Teig hinzugeben.
Wer es auf die kulinarische Spitze treiben will, entwickelt aus diesem Aroma-Entfaltungs-Effekt am besten eine ausgeklügelte Back-Logistik und strenge Abfolge bei den Zubereitungsarbeiten. Es könnte um Sekunden gehen.

ERNTEN UND LAGERN: GRUNDWEISHEITEN VOM GROẞVATER

Mehr Aroma für Frühaufsteher

Wir müssen nicht nur geduldig auf die richtigen Erntewochen warten, sondern sollten auch, wenn's endlich so weit ist, morgens nicht lange rumbummeln und möglichst etwa bis 10 Uhr unseren Tagesbedarf abgeerntet haben. Und zwar aus Geschmacksgründen.

Denn bis etwa zu dieser Uhrzeit besitzen viele Gemüse- und Obst-Sorten den höchsten Aromagehalt. Wer sich von der Richtigkeit überzeugen will, sollte versuchsweise mit den Erdbeeren anfangen. Es ist kaum zu glauben – aber wahr!

Warum man manches besser abends erntet

In Zeiten, in denen es auf jedes Nahrungsquäntchen ankam, war folgende Erkenntnis sicher viel wert: Abends geerntete grüne Pflanzen, die zu Ernährung von Menschen und Tieren dienen, sind nahrhafter. Untersuchungen, die bezeichnenderweise in den Jahren des Darbens nach dem Ersten Weltkrieg gemacht wurden, ergaben dies. Aufgrund des Pflanzenstoffwechsels, der nachts anders funktioniert als tagsüber, ist in abends geernteten Pflanzen bis zu 10 % mehr Stärke, gegenüber solcher am Morgen gepflückten. Unter dem Gesichtpunkt einer ausgereizten Effektivität können solche Prozentpunkte schon recht interessant sein, vor allem, wenn größere Mengen Futtermittel gebraucht werden.

Klimaschock für Zurückgebliebene vermeiden

Sollen nur einzelne Pflanzen aus den Reihen geerntet werden, oder zu dicht stehende Pflanzen ausgelichtet werden, so sollte man dies keinesfalls im prallen Sonnenschein tun. Die verbleibenden Pflanzen sehen sich schlagartig ihrer schattenspendenden Nachbarn beraubt, was durchaus schockierend wirken kann. Verbrennungen, Wachstumsstörungen, vielleicht auch erhöhte Krankheitsanfälligkeit, könnten sich einstellen. Lieber die Erntegier zügeln und ein paar Stündchen abwarten.

Den Geschmack pflegen - Obst und Gemüse getrennt lagern

Damit Obst und Gemüse noch genauso schmecken, wie man sie aus dem Garten geholt hat, darf man beides nie im gleichen Lager unterbringen. Es kann sonst zu Aromaverlusten und Geschmacksübertragungen kommen. Bei der unglücklichen Kombination von Kartoffeln und Äpfeln kann sogar eine erhöhte Keimtätigkeit der Kartoffeln die sehr ärgerliche Folge sein. Aber Großvaters Regeln sehen noch eine weitergehende Trennung vor:

Fäulnisschutz für Lagerbestände

Farnkraut soll der Fäulnisbildung bei Lagerobst und -gemüse entgegenwirken. Das Grünzeug ist also genau das Richtige zum Auslegen in die Kellerregale. Wo kriegt man das tolle Kraut her? Man kann den früher häufig verwendeten Adlerfarn in Staudengärtnereien erhalten und bei sich anpflanzen, wie wir das auch mit anderem Grünzeug zu tun pflegen. Da diese Gewächse eine gewisse Giftigkeit besitzen – vor allem die Sporen – vermeidet man besser eine Berührung der Nahrungsmittel mit ausfließendem Pflanzensaft von Farnen. Getrocknet stellt er aber keine Gefahr mehr da. Vorsichtshalber ist darauf zu achten, dass nur Farnkraut verwendet wird, das noch keine Sporen gebildet hat.

Eignungstest für Lagerräume

Ob zu viel Äthylen (ein Gas, das die Äpfel während der Reifung verströmen) im Raum ist, soll sich mit Nelken – den Blumen – hervorragend testen lassen. Man stellt zwei bis drei dieser Vasenschönheiten in den vorgesehenen Lagerraum, natürlich in Wasser, auf. Sind die Nelken in diesem Raum schon nach drei bis fünf Tagen welk, lässt sich das Obst im Keller nicht gut lagern. Ein anderer Raum muss gefunden werden.

Steine für zu trockene Lagerräume

Ist die Luftfeuchtigkeit in dem Raum, der für die Einlagerung von Obst und Gemüse vorgesehen ist, zu gering (Lagerobst und Lagergemüse vertrocknet; möglich vor allem in gut isolierten Neubauten), so kann mit einigen gut gewässerten Ziegelsteinen Abhilfe geschaffen werden. Man verteilt die Steine im Raum und muss nun aber auch daran denken, sie immer wieder einmal zu wässern.

Salz für zu feuchte Lagerräume

Normalerweise werden wir in unseren Breitengraden weniger mit zu trockenen Lagerräumen Probleme haben, sondern eher mit zu feuchten. Wer deswegen Lagerschwierigkeiten hat, sollte folgende Methode erproben, ehe er sein Domizil aufgibt oder mit aufwendigen Sanierungsarbeiten beginnt: Je nach Größe des für zu feucht gefundenen Lagerraumes werden dort eine oder mehrere flache Schüsseln aufgestellt und mit Salz gefüllt. Das Salz entzieht seiner Umgebung Feuchtigkeit und kann so schon deutlich Abhilfe schaffen. Man muss es natürlich regelmäßig gegen trockenes austauschen. Das feuchte Salz kann inzwischen im Warmen getrocknet und später wieder verwendet werden.

BLUMEN IN HAUS UND GARTEN

Wenn der Winterschutz seinen Zweck erfüllt hat

Fingerspitzengefühl muss ein richtiger Gartenfreund mitbringen oder entwickeln. Vieles ist schließlich auch Erfahrungswissen, gewonnen über viele, viele Jahre aufmerksamer Beobachtung des ganzen Gartengeschehens. Eng damit verbunden natürlich die Beobachtung des Wetters und dessen jahreszeitlich typischen Verläufen und Ausprägungen.
Bei der Entscheidung, wann die Winterabdeckung vom Staudenbeet kann, greifen wir gern auf die langjährigen Erfahrungen unserer Vorfahren zurück. Dabei erwies es sich stets als sinnvoll, die Beete frühestens im März freizumachen, mit Ausnahme der Stellen, wo Schneeglöckchen, Krokusse und andere Spätwinterblüher stehen; dort kann es je nach Witterung schon im Februar so weit sein.
Man muss wissen, dass die Pflanzen, auch wenn sie die ersten Triebe schon aus der Erde stecken, noch empfindlich reagieren. Wenn der Zeitpunkt der „Befreiung“ gekommen ist (kein Dauerfrost mehr und schon einige laue Tage), hüte man sich insbesondere davor, den Winterschutz unter der lachenden Mittagssonne abzunehmen. Auch wenn ein scharfer, austrocknender Wind weht, ist nicht der rechte Zeitpunkt. Ein trüber Tag ist der ideale Zeitpunkt.

Guter Start für Freesien

Damit sich Freesien gut entwickeln, verfahre man zu Überwinterungszwecken (im Sinne einer Vorkultur) so mit ihnen: Im Herbst, Ende Oktober, wenn sie reingeholt werden, steckt man sechs bis sieben Stück 2 bis 3 cm tief in die Erde an den Rand eines Topfes. Solche Freesientöpfe müssen durchgehend in einem kühlen Raum (etwa 5 bis 8 °C) stehen. Im Frühjahr, ab März, kann man sie an einem offenen Fenster platzieren und, sofern keine großen Frostgefahren mehr drohen, tagsüber ins Freie bringen, bis sie dann nach den Eisheiligen ganz ins Freie dürfen. Man kann nun den ganzen Topfinhalt in das vorgesehene Beet pflanzen; die Pflanzen sollten nicht getrennt werden, um das ineinander verflochtene Wurzelwerk nicht zu beschädigen.

Perfekte Pflege für Fuchsien

Fuchsien waren zu Großmutters Zeiten überaus beliebt. Man traf sie nicht in erster Linie in den bäuerlichen Gärten an, vielmehr bei den Blumenliebhabern, die mit großer Hingabe und Muße ihr Hobby pflegten und viele Fuchsien-Sorten sammelten. Inzwischen kommt man auf die stolze Zahl von annähernd 2.000 Sorten, die im Vergleich zu früher buschiger sind und eher blühen. Für eine liebevolle Hege und Pflege verraten wir gerne ein paar Tipps vom Großvater:

- Wachsen die Fuchsien ausschließlich in die Höhe und setzen keine Blüten an, könnte die Erde schuld daran sein, sofern sie zu stickstoffhaltig ist. Manchmal ist auch Lichtmangel der Grund. Hier sind Fuchsien wählerisch: Von der Morgensonne lassen sie sich gerne begrüßen, mittags dagegen mögen sie nicht im prallen Schein verweilen.
- Fallen die Blüten frühzeitig ab, fehlt Fuchsien womöglich Wasser. Vermehrtes Gießen und Bespritzen ist angesagt.
- Besonders buschige Pflanzen erhält man, wenn die Triebe immer wieder zurückgeschnitten werden. Aus den Blattachseln wachsen daraufhin neue Triebe. Man muss sich nur damit anfreunden, dass die Blüte dadurch hinausgezögert wird.

Die hohe Kunst der Fuchsienerziehung

Ist die Fuchsienliebhaberei richtig in Schwung, kann man ihr die Krone aufsetzen und ein Kronenbäumchen ziehen, zu Großvaters Zeiten eine beliebte Pflanzenform, die heute fast nur noch bei Rosen anzutreffen ist. Anfänglich geht's darum, die vorgesehene Fuchsie zum Wachstum anzuregen. Hierzu wird sie in eher stickstoffreiche Erde gesetzt. Mist und Hornspäne sind geeignete natürliche Zusätze. Bis auf einen Trieb, der angebunden wird, entfernt man alle nachwachsenden Seitentriebe. Setzt der Haupttrieb Knospen an, muss entspitzt werden. Nun kommen aus den Blattachseln Seitentriebe, von denen lediglich der kräftigste belassen und angebunden wird. Er ersetzt den bisherigen Haupttrieb und wird später zum Stamm des Bäumchens.
Im zweiten oder dritten Jahr ist der Stamm dann lang genug; er wird oben entspitzt, die Seitentriebe werden nur eingekürzt. So verfährt man weiter, bis einem die Krone dicht genug erscheint. Ab diesem Zeitpunkt darf kein Stickstoffdünger mehr gegeben werden, sonst bleiben die Blüten aus. Mit Knochenmehlgaben erntet man schließlich eine wahre Blütenpracht – und das wäre dann endlich die ersehnte Krönung für lange Geduld und Hingabe.

Kleine Dahlienkunde – für jeden Zweck ist was dabei

Über die heutzutage geradezu unüberschaubare Angebotsvielfalt von Blumen-Sorten gerät so manche eher simple Orientierungshilfe bei der Auswahl von Schnittblumen in Vergessenheit. Das gilt beispielsweise auch für die große Anzahl von

Dahlien-Sorten, die letztlich in drei Hauptgruppen eingeteilt sind, die nachfolgend fein übersichtlich vorgestellt werden sollen:

1. Ungefüllte Dahlien, dazu gehören zum Beispiel Mignon-Dahlien, Seestern-Dahlien, es gibt sie als halb hohe und hohe Sorten.
2. Halb gefüllte Dahlien, wie zum Beispiel Duplex-, Clematis- und Halskraus-Dahlien, meist hohe Sorten.
3. Gefüllte Dahlien, die wohl am weitesten verbreitet sind; hier findet man die Kaktus-, die Semikaktus- und die Riesensemikaktus-Dahlien, außerdem die kugeligen Pompon- und Ball-Dahlien sowie die Schmuck-Dahlien. Gefüllte Dahlien gibt es in allen Wuchshöhen.

Die Dahlien blühen vom Spätsommer bis in den Herbst hinein und gelten als lang haltbare Schnittblumen und es gibt sie in allen Farben. Bei ihren Kompositionsarbeiten für den Schnittblumenanbau befolgte Großmutter gewisse Kriterien, die heute noch Gültigkeit besitzen:

Am längsten halten sich die Ball-Dahlien, die problemlos mit langen Stielen geschnitten werden können. Schmuck-Dahlien dagegen haben in der Regel große Blütenköpfe, die auf langen Stielen leicht Übergewicht bekommen – nicht gerade ein entzückender Anblick, und sei die Vase noch so elegant. Man wählt für diese Sorte am besten eine flache Schale und legt die Blüten mit kurzem Stiel hinein.

Die ein oder andere Großmutter konnte sich vielleicht an einem eigenen Gartenteich erfreuen und ersann womöglich diese nette Schummelei: Um sich noch im Herbst an einer „Seerosenblüte“ sattsehen zu können, pflanze man einige Stern-Dahlien in den passenden Farben und lege deren Blüten einfach zwischen die Seerosenblätter. Wer's dann glaubt, wird garantiert selig.

Rosenglück am richtigen Standort

Rosen – irgendwie sind sie doch von ganz besonderer Natur. Deswegen ein paar Worte zu ihren und unseren Vorlieben. Herumgesprochen hat sich vielleicht bei dem ein oder anderen, dass es die älteren Sorten sind, die als außergewöhnlich robust und winterhart gelten und vor allem in dem unübertrefflichen Ruf stehen, einen Duft zu verströmen, der seinesgleichen sucht.

Der richtige Standort ist natürlich auch für Rosen bedeutsam. Warm und sonnig, eventuell leicht beschattet, sollte der Platz sein, jedoch möglichst nicht direkt vor Mauern, dort ist es oft zu heiß und trocken. Stauende Nässe oder lange Berieselung von oben, wie im Traufenbereich von Bäumen oder Sträuchern, sagt den Rosen nicht zu. Normale Erde reicht aus, sandiger Boden sollte mit Kompost und Ton vermischt werden, umgekehrt ist zu schwerer Boden mit Sand aufzulockern. Diese Grundvoraussetzungen eingehalten, gedeihen Rosen relativ problemlos.

Rosen lieben und den Dünger weglassen

Nicht zu viel des Guten tun. Das gilt auch für die Rosenpflege. Ab Mitte Juli sollten die beliebten Gewächse nicht mehr mit Stickstoff gedüngt werden, weil sie sonst ihr Triebwachstum bis zum Winter nicht abschließen können. Das heißt, die durch Düngung angeregten Triebe sind dann verstärkt empfindlich gegen Frost und empfänglicher für den Befall von Pilzkrankheiten und Blattläusen.

Rosen zu immer neuen Knospen antreiben

Bereits vor ganz schön langer Zeit trat man der irrigen Ansicht entgegen, man solle die einzelnen Rosen erst nach dem Verblühen abschneiden, um die Pflanze zu schonen. Es ist vielmehr zu empfehlen, einzelne Rosen schon dann abzuschneiden, wenn sie in schönster Blüte stehen. Zum einen stärkt dies den Rosenstock im Allgemeinen und veranlasst ihn zum Austreiben immer neuer Knospen und Blüten. Zum anderen erhält man stets die schönsten Rosen für die Blumenvase, wo sie sich bei guter Pflege sogar länger und besser halten, als sie das am Stock täten.

Farbverstärker für blasse Rosen

Hat man sich an der eher blassen Blütenfarbe der *Rosa multiflora* sattgesehen und wünscht sich jetzt mehr Farbenpracht, bedecke man den Boden um den Rosenstock 2 cm dick mit Holzkohlenpulver und gieße dieses an. Die ehemals fahle Blütenfarbe wird zu sattem Rosa aufblühen.

Heimat für tropische Gäste

Tropischen Pflanzen wie dem Wunderbaum *(Ricinus communis)* oder dem Maniok-Eibisch (Okra; *Abelmoschus manihot*), können wir zu echten Heimatgefühlen verhelfen, wofür sie sich mit einem üppigen Wachstum bedanken werden. Wir müssen nur für leicht tropische Verhältnisse sorgen, das heißt einen warmen Standort für sie schaffen. Großvaters kluge Idee war es das „warme Mistbeet“ als Vorlage zu nutzen. Und so geht man vor:

Zunächst die Erde knapp einen Meter tief ausheben, darauf 30 cm Pferdemist-Laubgemisch einfüllen. Der frische Mist liefert die gewünschte Wärme, und das untergemischte Laub bremst eine zu stürmische Wärmeentfaltung ab, so dass diese sich sehr brauchbar in die Länge zieht. Nun noch 30 cm halb verrotteten Mist ins Pflanzloch geben und den Rest mit Mistbeeterde (Füllung vom letzten Jahr) auffüllen.

Nicht nur unsere tropischen Abkömmlinge werden dankbar sein, alle wärmeliebenden Pflanzen versprechen in einem solchen gemütlichen Beet bestens zu gedeihen.

Ein neugieriger Blick – so sah Großmutters Staudenbeet aus

Wir wollen einen Blick über den Zaun in Großmutters Blumengarten werfen und können beispielsweise sehen, dass sie entlang der Wege die Blumenrabatten angelegt hat. Vorzugsweise Stauden sind gepflanzt worden, denn diese kommen jedes Jahr wieder, man stand eben noch nicht so auf ex und hopp. Ganz wie es einer Anleitung aus dem Jahre 1926 zufolge sein sollte, misst das Staudenbeet hier mindestens 2,50 m in der Breite. Im Vordergrund finden wir Frühjahrsblüher und Polsterstauden, nach hinten hin sind immer höhere Pflanzen anzutreffen, den Abschluss bilden große, eher spät blühende Arten. Von den Letzteren seien nachfolgend die beliebtesten genannt:

- Eisenhut *(Aconitum)*, leuchtend blau blühend; stark giftig. Man sollte sich daher gut überlegen, ob man Eisenhut im Garten haben will.
- Eibisch *(Althaea)*, liebt salzhaltigen Boden.
- Steppenkerze *(Eremurus)*, beeindruckt vor allem durch ihre prächtigen Blütenstände.
- Rhabarber *(Rheum)*, heute als Blütenstaude in Vergessenheit geraten.
- Goldrute *(Solidago)*, früher eine bis zu 2 m, heute eine noch etwa 1,20 m hohe Staude.
- Königskerze *(Verbascum)*, schlanke, meist gelbblühende Pflanze mit silbrig-pelziger Blattrosette.

Viele alte Stauden sind mittlerweile gänzlich in Vergessenheit geraten, manche nicht einmal mehr in Pflanzenlexika aufzufinden. Wer suchet, der findet – nach diesem Motto sollte man die Gartenlandschaften in Augenschein nehmen und keine Scheu vor Fragen an unbekannte Besitzer kostbarer Naturschätze haben. Womöglich trifft man dann noch solche Arten an, wie den etwa 2 m hohen, im Juni blühenden Meerkohl *(Crambe)* aus Osteuropa, ein Mohngewächs aus Mittelamerika namens *Boccania*, den Schuppenkopf *(Cephalaria)*, der aus dem Mittelmeerraum und Osteuropa kam, die Kompass- oder Becherpflanze (eine *Silphium*-Art) aus Nordamerika.

Wer gesucht und nicht gefunden hat, wende sich guten Mutes an Großmutter. Ein Spaziergang unter obigem Motto vermag vielleicht auch bei ihr (Wieder-)Entdeckerfreuden auslösen.

Neben den heute vergessenen Pflanzen wachsen in Großmutters Blumengarten immer noch viele beliebte Pflanzen, wie eine Hitliste der beliebtesten Blumen beweist, die etwa um das Jahr 1890 von einer deutschen Gartenzeitschrift veröffentlicht wurde:

Levkojen *(Matthiola)*
Astern (*Aster*-Arten)
Phlox (*Phlox*-Arten)
Reseda *(Reseda odorata)*
Eisenkraut *(Verbene)*
Petunien (*Petunia*-Hybriden)
Zinnien (*Zinnia*-Arten)
Stiefmütterchen *(Viola tricolor)*
Nelken (*Dianthus*-Arten)
Trompetenzunge *(Salpiglossis sinuata)*

Dem Ginster zu Nachwuchs verhelfen

Jedes Jahr hängen am Ginsterstrauch etliche Schoten mit kleinen, harten, schwarzen Körnern, die irgendwann herunterfallen. So mancher hat sich dabei gedacht: Das sind bestimmt die Samenkörner aus denen ich mir meinen Ginster selber ziehen kann. Das ist im Prinzip auch richtig. Wie man sieht, wollen die am Boden liegenden Samenkörner allerdings nicht keimen. Das müsste den experimentierfreudigen Gärtner doch eigentlich reizen. Hier der Tipp, um dem Gesträuch auf die Sprünge zu helfen:
Im Frühling werden die im letzten Jahr gesammelten Samen zur Aussaat vorbereitet. Zunächst rollt und reibt man sie zwischen zwei Lagen groben Sandpapiers einige Male hin und her, um die sehr harte Schale für Wasser durchlässig zu machen. Anschließend werden die Samen für einen Tag ins Wasser gelegt. So vorbereitet kann man zur Anzucht unter Glas oder auf der

Fensterbank schreiten. Die Erde muss eher sandig und darf keinesfalls sehr nass sein. Ginster ist ein Freund trockener Plätze. Ein wichtiger Hinweis zum Schluss: Ginster ist in allen Pflanzenteilen giftig. Bitte darauf in einem Kinderhaushalt achten und gut aufpassen.

Verjüngungskur für alte Stauden

Viele Stauden breiten sich durch Wurzelausläufer aus. Sie setzen zu einer regelrechten Wanderschaft in alle Richtungen durch den Garten an. Die immer älter werdende Mitte wird dabei zusehends kahl und besteht bald nur noch aus graubraunem Wurzelgestrüpp, um den der frische grüne Ring der Ausläufer wächst.

Eine Verjüngung ist so aufwendig nicht und kann aus dem vorhandenen Bestand erfolgen. Man gräbt das, was einmal zu Recht den Namen Staude trug, aus und verwendet lediglich die äußeren Teile zur Neupflanzung. Der kahle Rest versieht seinen letzten Dienst auf dem Kompost.

Beeteinfassung - kleine Hecken auch ohne Buchsbaum

Früher gehörten zum gepflegten Gärtnerton Beeteinfassungen unbedingt dazu, man hatte eben auch so seine unverzichtbaren Benimmregeln. Mit Vorliebe kam dafür niedrig wachsender Buchsbaum infrage. Allerdings hat er auch unbestreitbare Nachteile.

Der Strauch (oder auch kleine Baum) lässt sich mit dem Wachsen wahrlich Zeit, und die Hecken werden mitunter lückenhaft. Dabei waren früher selbstverständlich bereits Alternativen bekannt. Der normale Garten-Thymian (zum Beispiel die Sorte 'Deutscher Winter'), kleinblättrig und wintergrün, ist wie der Salbei was fürs Auge und fand früher Verwendung. Beide Kräuter lassen sich nach der Blüte beliebig zurückschneiden. Thymian hat kleine zartrosa Blütenkugeln; Salbei entwickelt lange Rispen in Rosé oder Blau. Also durchaus was für Ästheten unter uns. Und noch eins haben die Kräuter dem Buchsbaum voraus: Sie lassen sich als Gewürz und Tee nutzen. Ein weiterer Pluspunkt kann zu Gunsten der trefflichen Kräuter ins Feld geführt werden, nämlich ihr günstiger Preis. Sie lassen sich aus Samen problemlos selber ziehen. In grauer Vorzeit konnte man Buchsbaum zwar gleichfalls günstig meterweise beziehen. Heutzutage bekommt man jede Pflanze einzeln vorgerechnet, und wie sich das mit Schmuck so verhält, er ist nicht gerade billig.

Buchsbaum - nicht überall harmlos

Der Buchsbaum scheint wieder in Mode gekommen zu sein. Aber er ist nicht ganz so harmlos, wie er uns auf den Sympathie heischenden ersten Blick erscheint. Daher soll an seine vielleicht schon in Vergessenheit geratene Gefährlichkeit bei allzu lockerem Umgang mit ihm erinnert werden. Wohin man ihn sich pflanzt, sollte also nicht ausschließlich unter dem Aspekt „schön für's Auge“ entschieden werden.

Von Kühen weiß man, dass sie keinen Bogen um den Strauch machen (im Gegensatz zu anderen Giftpflanzen) und sich arglos an ihm gütlich tun – mit durchaus elenden bis tödlichen Folgen.

Diejenigen Gartenfreunde, die aus welchen Gründen letztlich auch immer, zu den mehr kuhlosen Buchsbaum-Anpflanzern zählen, sollten sich trotzdem nicht völlig in Sicherheit wiegen und lieber Gedanken anstellen über die Kombination der unter ihrer Obhut hoffentlich gesund und munter herumtollenden Tiere mit dem fraglos leicht tückischen Gesträuch. Als keineswegs drollig sind in diesem Zusammenhang ferner Überlegungen leichthin wegzuwischen, die sich auf den Verbleib anfallenden Schnittguts beziehen – der Kompost jedenfalls würd's überleben.

Kein Wunder, aber wunderschön: die Herbstzeitlose

Die giftige Herbstzeitlose hebt sich in der Tat mit einer gewissen Exklusivität ihrer Eigenarten von anderen Knollenpflanzen ab. Im Herbst wachsen ihre Blüten – ohne, dass sie zuvor ein Blätterkleid trug. Dieses legt sie erst im Frühjahr an, um es im Laufe des Sommers wieder verschwinden zu lassen.
An eine weitere, wirklich merkwürdige Eigenschaft dieser Blume sei erinnert. Man kann die Knollen im Sommer oder im Herbst vor der Blüte ausgraben und trocken (mit einer weichen Bürste von Erde und losen Pflanzenteilen befreien) auf die Fensterbank stellen. Ganz ohne Erde und Wasser erscheinen nach einiger Zeit die Blüten!
Nach der Blüte werden die Knollen wieder in die Erde gesetzt und erholen sich dort wieder.

Perfekter Sonnenschutz für Topfpflanzen

Trotz ausreichendem Gießen und auch sonstiger Pflege kann es passieren, dass auf Fensterbrettern oder Veranden stehende Topfpflanzen während der Sommerzeit nicht gedeihen oder sogar eingehen. Verursacht wird dies vor allem dadurch, dass die an der Innenwand des Topfes anliegenden Wurzeln durch die Sonnenhitze regelrecht verbrennen. Das geschieht insbesondere dann, wenn man die Pflanze gießt und wenn die Töpfe von der Sonne gerade so richtig aufgeheizt werden. Eine Möglichkeit Verbrennungen zu vermeiden ist folgende: Die Pflanzentöpfe werden mit Brettern, die man geschmackvoll anstreichen oder verzieren kann, vor Sonneneinstrahlung geschützt. Zwischen Bretter und Töpfe schichtet man angefeuchtetes Moos (ab und zu einmal anfeuchten), was die Hitze beträchtlich zu mindern vermag. Hat man nur wenige Topfpflanzen zu schützen, so reichen auch Übertöpfe, die einige Nummern größer sind und die ebenfalls mit Moos ausgekleidet werden.

Rhododendron: Freie Bahn für den Nachwuchs

Nach der Blüte bildet der schöne Strauch Samen aus. Die Fruchtansätze des Rhododendron behindern aber den Neuaustrieb der Blüten für das kommende Jahr. Bricht man die verwelkten Blütenstände aus, steht dem Nachwuchs nichts mehr im Wege. Der Strauch wird es mit Blüten im nächsten Jahr danken.

Guter Halt aus Recyclingbeständen

Die Hochstimmung angesichts schwerblütiger Pflanzen in voller Pracht, wie Pfingstrosen etwa, kann schnell in eine Art zornige Weinerlichkeit umschlagen, wenn man sie nach einem windigen Tag erbärmlich zugerichtet am Boden liegend vorfindet.

Egal ob Stauden, Zwiebeln oder Sommerblumen – viele hohe Blumen brauchen eine Stütze, um bei Wind und Wetter ihre Pracht zu behalten. Ist es dann im Juni oder Juli so weit, dass die ersten Stützen gebraucht werden, sollten diese schon bereitliegen.

Den Aufwand einer extra Anschaffung dafür (zum Beispiel Bambusstäbe) kann man sich häufig sparen. Man greift viel einfacher auf bereits vorhandenes Material zurück: In Form verholzter Stiele, herbstlicher Überbleibsel vieler Pflanzen, wie zum Beispiel Sonnenkraut oder verschiedene Disteln. Gerade lange Zweige vom Gehölzschnitt, sind ein ideales Stützgerüst. Aufbewahrt an einem trockenen Ort, warten die nachwachsenden Blumenstützen auf ihren Einsatz. Mit dem gesparten Geld kann man sich dann eine schöne Staude kaufen.

Warum nur blüht die Hortensie nicht?

Wollen die Hortensien wieder nicht blühen? Obwohl fleißig gepflegt und geschnitten? Keine Bange, vielleicht war es einfach nur des Guten zu viel. Hortensien blühen am vorjährigen Holz, und wer weiß, was man damit gemacht hat? Wurde es bereits gut meinend im Frühjahr oder Herbst zurückgeschnitten, ist damit natürlich der Blütenansatz futsch. Schneiden sollte man die Hortensien lediglich zum Auslichten und bei echtem Bedarf, das heißt, wenn sie einem zu üppig geraten. Die richtige Zeit für den richtigen Schnitt ist dann der Winter.

Der Lilie die Blüte entlocken

Wem es bislang nicht vergönnt war, sich am üppigen Blütenschmuck seiner Lilien zu erfreuen, sollte nicht einfach darauf verzichten, sondern lieber einmal folgende Methode erproben: Ab Juni werden die Pflanzen hin und wieder durchdringend mit warmem Wasser gegossen, das heißt etwa 25 °C. Noch heißer mögen sie's nicht, es war ja auch nicht vom Kochen die Rede.

Urlaubsschnitt für Petunien

Petunien erfreuen sich großer Beliebtheit, weswegen Großvaters Tipp an dieser Stelle durchaus viele ihrer Liebhaber noch etwas glücklicher machen dürfte. Das schmucke Gewächs hat aber leider eine schwache Stelle: Es ist recht empfindlich, was Wassermangel angeht. Um nun beispielsweise nach längerem Ferienspaß angesichts erbarmungswürdig dahinsiechender Petunienlandschaften nicht den ganzen Erholungswert aufs Spiel zu setzen, empfiehlt es sich, die Pflanzen vor der Abreise zurückzuschneiden. Das bewirkt gleich zweierlei: Erstens sinkt deren Wasserbedarf, und zweitens wird dadurch obendrein die Bildung von Blüten in Schwung gebracht. Auf diese Weise von einem „Blütenmehr", mitunter sogar Blütenmeer, begrüßt zu werden, versüßt einem bestimmt ein wenig das verdammte Urlaubsende.

Iris liebt die Trockenheit

Iris ist nicht gleich Iris. Während viele der auch unter dem Namen Schwertlilie geläufigen Pflanzen bevorzugt an sumpfigen Ufern wachsen, lechzen andere (unter Bart-Iris zusammengefasste Arten) geradezu nach Trockenheit. Je trockener diese im Sommer stehen, desto prächtiger fällt die Blüte im nächsten Jahr aus – also schön die Gießkanne stehen lassen.

Die rechte Zeit für Schnittblumen – so halten sie länger

Wussten Sie schon, dass es bei Schnittblumen unter anderem auf den richtigen Schnittzeitpunkt ankommt? Wenn Sie sich schon ganz früh am Morgen in den Garten wagen, um Ihr Hausblumenensemble zusammenzustellen, haben Sie wahrscheinlich einige Tage länger etwas von diesem Frühaufsteher-Strauß. Das müsste einem doch auch ein großer Morgengähner wert sein!

Mit dem Messer geht es besser

Wollte Großmutter Blumen für die Vase ins Haus holen, griff sie ganz bestimmt zur – na wer weiß es? Richtig! Gartenschere nicht. Ja, denn nicht die Gartenschere garantiert den sauberen, glatten Schnitt an den Stielenden, der unerlässlich für eine ausreichende Wasseraufnahme der Schnittblume ist. Die Schere quetscht nur, was hier Quatsch wäre. Ein scharfes Messer ist allemal besser.

Das Leben von Schnittblumen verlängern

Schnittblumen bleiben länger frisch, wenn Roter Fingerhut mit in der Vase steht. Gehören Narzissen mit in einen Strauß, lasse man diese separat für etwa zwei Stunden in einem mit Wasser gefüllten Gefäß stehen. Narzissen besitzen einen Wirkstoff, der andere Blumen in der gleichen Vase zum schnelleren Welken bringt. Nach den „Entgiftungsstündchen" dürfen die Narzissen mit in den Strauß, ohne dass man nochmals die Stiele angeschnitten hat. Vielleicht sind sie ja ein bisschen eifersüchtig, die Narzissen.

So währt sie lange...

....die Freude an den Blumen im Haus, in der Vase. Großmutter rät: Das Wasser möglichst täglich wechseln, Vasen unbedingt zugfrei und vor prallem Sonnenschein geschützt aufstellen. Wenn der Raum, in dem die Blumen stehen, warm gehalten wird, gönne man den Pflanzen nachts Abkühlung an einem entsprechenden Ort. Temperaturveränderungen zwischen Tag und Nacht sind ja auch in freier Natur normal und deshalb den Blumen bekömmlich.
Zusätze zum Wasser, welche die Haltbarkeit verlängern, sind je nach Blumenart verschieden. Im Gespräch ist übrigens Mineralwasser statt Leitungswasser. Eine Prise Zucker oder Schwarzer Tee ist als Blumenwasserzusatz bedenkenlos aus-

zuprobieren. Allerdings sollte letzterer nicht in Glasvasen verwendet werden. Das Wasser färbt sich leicht braun. Großmutter schwor auch auf Kupfermünzen in der Vase. Und weil man Neuem nie abgeneigt war, probierte sie auch Aspirin im Blumenwasser aus. Das allerdings bereitet ökologisch Ausgerichteten sicher Bauchschmerzen, denn Medikamentenmüll landet schon viel zu oft im Abwasser.

Lange Freude an Gladiolen und Tulpen

Bei Gladiolen erweist es sich als günstig sie zu schneiden, bevor sich alle Blüten geöffnet haben. Außerdem soll der Blütenstand länger Freude bereiten, wenn die unterste Blüte entfernt wird.
Tulpen haben oftmals die Angewohnheit, in der Vase den Kopf hängen zu lassen. Warum er sich wieder aufrichtet, wenn man eine Stecknadel in den Stiel sticht (und stecken lässt)? Fragen Sie doch mal Großmutter – schon möglich, dass sie es auch nicht weiß.

Blumen gepflückt und vergessen?

Zum Ausprobieren: Sind die Schnittblumen nicht schnell genug in die Vase gekommen und schon etwas angewelkt, sollte man ihnen noch eine Chance geben und einen Wiederbelebungsversuch starten. Dazu werden die Stiele bis zu einem Drittel in kochend heißes Wasser gestellt. Während das Wasser abkühlt, richten sich die Blumen mit etwas Glück wieder auf. Die abgebrühten Teile der Stiele werden anschließend abgeschnitten und der gerettete Strauß in seiner Vase mit frischem Wasser begrüßt.

Pfingstrosen kühl lagern und haltbar machen

Möchte man seine Freude an blühenden Pfingstrosen über die natürliche Blütezeit hinaus erhalten, so schneide man die Blumen im Knospenzustand kurz vor dem Aufbrechen. Die Knospen wickelt man einzeln in Seidenpapier. Entsprechend gefärbtes oder markiertes Seidenpapier wird den verschiedenen Blütenfarben zwecks besseren Auffindens zugeordnet. Die Stiele werden in Wasser gestellt und an einem wirklich kühlen Ort aufbewahrt. Nahe dem Nullpunkt (jedoch nicht darunter!) halten sich die Knospen wochenlang. Will man dann die Pfingstrosen zum Aufblühen bringen, entnimmt man die gewünschte Anzahl aus dem Kühlraum und stellt sie in frisches Wasser.

Schnittblumen lebensverlängernd sticheln

Schnittblumen mit feinen Stielen, wie Alpenveilchen, Christrosen und Vergissmeinnicht, halten sich in der Vase sehr viel länger, wenn die Stiele perforiert wurden. Man legt dazu die Blumen auf ein Holzbrettchen und sticht die Stiele auf der Länge, die im Wasser steht, mit einer nicht ganz dünnen Nadel (Stopfnadel) alle halben Zentimeter ein. Dadurch wird die Wasseraufnahme erhöht und die Blumen halten länger.

Das Leben der Mohnblüten verlängern, so klappt's

Stellt man frisch gepflückten Mohn kurzerhand in die Vase, kann einem bei seinem Anblick am nächsten Tag schon der Spaß vergehen: Die Welke rafft ihn ach so früh dahin. Man kann freilich auch längere Zeit an ihm Freude haben. Bevor der geschnittene Mohn in die Vase kommt, müssen die Stielenden in sehr heißes Wasser (65 °C) getaucht werden. Auf diese Weise entfernt man den klebrigen Milchsaft, der bei seiner Gerinnung sonst die Wasserzufuhr verhindern würde.

Dem Flieder zu genügend Wasser verhelfen

Gar nicht mehr lange und es ist wieder so weit: Man schneidet sich einige Fliederzweige in prachtvoller Blüte ab, holt die schönste Vase vor und seufzt beim Aussuchen eines angemessenen Aufstellorts: Ach, wie er wieder duftet, es könnt' doch ewig sein!

Nun denn, das ist doch zu viel von Mutter Natur verlangt und womöglich auch zu viel des Guten, selbst für nimmersatte Nasen. Für eine kleine Ewigkeit holden Frühjahrsduft jedoch können wir tatsächlich etwas tun. Flieder in der Vase betört uns Aug' und Nase für längere Zeit, wenn wir vor dem Aufstellen seine holzigen Stiele faserig klopfen. Das Geheimnis liegt darin, dass so bearbeitete Zweige mehr Wasser als üblich aufnehmen.

Selbstverständlich hat dies einen höheren Wasserverbrauch zur Folge, den wir unbedingt zur Kenntnis nehmen sollten und durch entsprechend häufigeres Auffüllen der Vase ausgleichen müssen.

Länger leben - Korkardenblumen

Die Korkardenblume *(Gaillardia)* gilt heutzutage als Liebhaberpflanze: Vielleicht trägt ihr Ruf als nicht sonderlich langlebiges Geschöpf zu dieser Tatsache bei. Mit ein paar wenigen Eingriffen lässt sich ihre Lebensdauer jedoch erheblich verlängern. Ende September werden die Pflanzen tief am Boden abgeschnitten, selbst dann, wenn sie noch blühen sollten; alles hat eben seinen Preis. Diese Maßnahme veranlasst nun die Blume, neue Blütenrosetten auszubilden, die ihr bei der Überwinterung hilfreich zur Seite stehen und zugleich den Grundstock für den Fortbestand im nächsten Jahr abgeben.

Winterruhe für Gladiolen gut vorbereiten

Die Winterruhe für Gladiolenknollen muss man sorgfältig vorbereiten, sollen uns die Pflanzen im nächsten Jahr wieder mit ihrem Blütenspiel glücklich machen. Eine erste Regel besagt, dass die Knollen nicht vor Ende September aus dem Boden dürfen. Zu frühes Ausgraben geht auf Kosten der nächstjährigen Blüte, weil die Knolle nicht genügend Nährstoffe sammeln kann.

Ist der Zeitpunkt dann gekommen, muss die Knolle in Sonne und Wind trocknen, wobei für sie ein frostfreier Platz zu reservieren ist. Erst jetzt wird das Laub vollständig entfernt. Aber noch können die Gladiolen nicht ins Lager. 10 Tage nach Entfernen des Laubes werden die Knollen geputzt. Die Erde wird dabei vorsichtig abgebürstet und die alte Knolle von der neuen (nicht mit den Brutknöllchen verwechseln) getrennt, das heißt abgebrochen.

Die alte, verbrauchte Knolle wandert in den Kompost; die neue, hoffentlich pralle Knolle kommt ins Winterlager. Die beste Temperatur zum Überwintern liegt bei 5 bis 8 °C.

Tannengrün - frisch bis zum Fest

Tannengrün für Adventskränze und andere Gestecke besitzt die ärgerliche Eigenschaft, etwa 10 Tage vor Weihnachten damit zu beginnen, seine Nadeln abzuwerfen.

Das nervende Rieseln lässt sich verzögern: Die Enden der auf ihre endgültige Länge zugeschnittenen Tannenzweige werden angeschrägt und für einen Tag in Wasser gestellt, um sich noch einmal so richtig voll zu saugen. Anschließend versiegelt man die Enden der Zweige, zum Beispiel mit Siegellack. Die gewonnene Feuchtigkeit wird auf diese Weise länger in den Zweigen gespeichert und verhindert deren baldiges Ausdörren.

Barbarazweige, so blühen sie bis Weihnachten

Am 4. Dezember ist Barbaratag, traditionell der Tag, an dem Zweige von Obstbäumen geschnitten werden, die für den ersehnten weihnachtlichen Blütenzauber sorgen. Wir können diesem schönen Brauch eine gute Chance zu seinem Gelingen geben und beachten dazu folgende großväterliche Herangehensweise:

◇ Beim Schneiden ist darauf zu achten, dass die Zweigenden schräg angeschnitten sind.

◇ Die Zweige müssen zunächst in einem kühlen Raum stehen, nach ein paar Tagen wird das Gießwasser bis auf 18 °C erwärmt (morgens und abends wechseln). Gleichzeitig wird dem Wasser etwas Salz zugegeben (eine Prise pro Liter).

◇ Etwa eine Woche vor Weihnachten, nach einem frischen Anschnitt, dürfen die Zweige zu uns in die geheizten Räume umziehen, und wir vergessen nicht, öfter lauwarmes Wasser nachzugießen und die Prise Salz zu spendieren.

Pünktlich zu Weihnachten – dann blüht der Ritterstern im Blumenfenster

Irgendwann im Winter blüht der Ritterstern (Amaryllis). Schön wäre es aber, wenn er schon an Heiligabend mit seinen üppigen Blüten das Blumenfenster schmückte. Dieser weihnachtliche Terminwunsch könnte durchaus in Erfüllung gehen: Ab etwa Ende September sollte jegliche Düngung eingestellt werden und nur noch für ausreichend Wasser gesorgt werden. Klappt es dann doch nicht und liegt zu allem Unglück auch noch eine Rute unterm Tannenbaum, muss man in letzter Zeit irgendwas falsch gemacht haben.

So entlockt der Apfel der Zimmerpflanze die Blüte

Der Umgang mit der Pflanzenwelt sollte stets in Ruhe und Muße geschehen. Auch wenn zu Großvaters Zeiten hiervon noch mehr vorhanden war, so gab es sicher Augenblicke, die der Gärtner im Großvater voller Ungeduld herbeisehnte. Solch ein Moment war vielleicht gekommen, wenn seine Zimmerpflanzen erste Knospen zeigten, es jedoch noch einige Zeit bis zur Blüte dauern sollte. Es muss ein mit allen Wassern der Gärtnerkunst gewaschener Großvater gewesen sein, der folgenden Kunstgriff ersann:
Man legt einen reifen Apfel neben das entsprechende Pflanzengefäß und über beides ein Glassturz oder eine Folie. Und als würde die Reife der Frucht wie ansteckend wirken, kommt nun die Blüte richtig in Fahrt. Da man auf Hexerei heute nicht viel gibt, soll nicht verschwiegen sein, dass es das dem Apfel entströmende Reifegas Äthylen ist, welches die Blüte beschleunigt. Na gut, dann nennt man das Wundermittel eben so.

Schwarz-Tee - nicht nur ein Genuss

Das kommt in den besten Teekreisen vor: Nach dem Genießen bleibt gelegentlich ein Rest in der Teekanne. Dieser gehört beileibe nicht in den Ausguss, da fiel manchem schon Besseres ein. Man kann damit seine Zimmerpflanzen gießen, was einen leichten Düngeeffekt hat. Oder man benutzt die Teereste zur Bekämpfung von gelegentlich auftretenden Blattläusen, indem die Blätter damit begossen oder besprüht werden. Wunder dürfen von dieser Anwendung jedoch nicht erwartet werden. Hartnäckige Blattlausplagen verlangen gründlichere Bekämpfungsstrategien, wie Überprüfen der Erdverhältnisse (zu nass, zu trocken, zu wenig), Änderung des Standorts (Licht, Temperatur) oder der Düngung (zu viel, zu wenig, einseitig), denn schlechte Verhältnisse begünstigen den Befall.

Zimmerpflanzen richtig platzieren

Riesengroßes Expertentum ist gar nicht erforderlich, um den unterschiedlichen Ansprüchen verschiedener Zimmerpflanzen gerecht werden zu können. Das mal vorweg zum Mut machen. Mit der Wahl des individuell pflanzengerechten Standorts ist schon eine Menge gewonnen. Deswegen nun einige Regeln, in die jahrelange Erfahrung eingeflossen ist. Meist lassen sich Standortvorlieben der einzelnen Gewächsarten an den Blättern erkennen. Folgende Merkmale geben Auskunft:

- Kleine, ledrige, eher harte Blätter lassen auf große Lichtansprüche schließen. Helle Ost- oder Westfenster sind der richtige Standort zum Beispiel für Wachsblume und Myrte.
- Wahre Sonnenanbeter haben wir in Kakteen und Sukkulenten. Ihre glatten, fleischigen Blätter sind auf Wasserspeicherung ausgelegt; in ihren Herkunftsländern müssen sie lange Trockenzeiten überstehen können. Diese sollten sie im Anschluss an ihre Vegetationsphase auch in unseren Gefilden durchleben. Wir gießen sie im Winter äußerst sparsam. Manch-

einer stellt seine Kakteen winters über in den Keller. Sie sollen dann im Frühjahr eher zum Blühen bereitsein.

- Pflanzen mit weichem, großem, vergleichsweise dunklem Blattwerk wie Efeu, Gloxinien und Scheffrelia lieben halbschattige Plätze
- Hohe Luftfeuchtigkeit benötigen Pflanzen mit zarten, dünnen Blättern. Dazu gehören einige Farne und das Frauenhaargras. Man sorgt dafür, dass entweder der Pflanzenbehälter in eine mit Wasser gefüllte flache Schale gestellt wird (Verdunstung) oder man greift öfter zur Blumenspritze.

Generell lässt sich sagen, dass trotz unterschiedlicher Lichtansprüche die wenigsten Pflanzen eine direkte Bestrahlung durch die hochstehende Sonne mögen.

Schilfkolben schön trocknen

In großen Trockensträußen haben sie ihren festen Platz, die schönen braunen Schilfkolben. Unbehandelt platzen sie leicht auf und werden unansehnlich. Dagegen gibt es sicher ein Konservierungsmittel zu kaufen. Damit uns aber nicht schwindelig wird, wenn wir den Anblick unserer Blumendekoration genießen wollen, hier ein garantiert ungefährliches Mittel gegen Aufplatzen: Man lässt sie sich mit Zuckerwasser voll saugen (etwa drei Esslöffel Zucker für einen Liter Wasser).

Duft und Farben für Potpourris

Ein schöner alter Brauch ist es, Kräuter-Potpourris zusammenzustellen und sich auf diese Weise die Zauberwelt der Wohlgerüche und Farbenpracht aus freier Natur ins Haus zu holen.
Für die Herstellung eines Duft-Potpourris besorgt man sich sowohl intensiven Wohlgeruch ausströmende wie auch farblich betörende Blütenblätter und Kräuter. Ergänzt wird das Gemisch mit Stückchen von Orangen- oder Zitronenschalen; auch Zimt und Nelken können, je nach Vorliebe, zur Abrundung der individuellen Komposition beigegeben werden. Je schonender und zugleich schneller einem das Trocknen der Blüten und Kräuter an einem möglichst dunklen Ort gelingt, desto intensiver wird der festgehaltene Duft- und Farbgehalt sein. Ideal wäre ein entsprechender Trockenschrank, aber auch in gewöhnlichen Backöfen lässt sich bei 70 bis 100 °C die notwendige Konservierung vornehmen.
Das fertige Duft- und Farbengemisch wird in flache Schüsseln gefüllt. Um möglichst lange etwas vor allem von den Düften zu haben, sollte man die Schüsseln in jenen Räumen abdecken, in denen sich gerade niemand betören lässt. Lässt nach eine Weile der Wohlgeruch nach, kann man mit Hilfe der inzwischen in fast jedem Naturkostgeschäft und anderswo erhältlichen

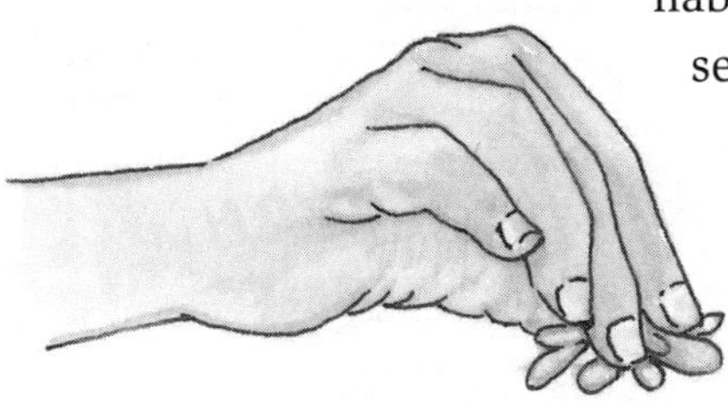

ätherischen Öle eine Wiederbelebung einleiten. Je nach Konzentration 10 bis 50 Tropfen über die Mischung verteilt geträufelt, reichen wieder für etliche Wochen Sinneszauber aus tausend und einem Garten.

Der Miniflaschengarten für Kakteenfreunde

Ob wir uns nun selbst diese nette kleine Freude machen wollen oder einem anderen lieben Menschen, so geht man die Sache jedenfalls an: Ein kleines, klares Glasgefäß wird zu einem Drittel mit sandiger Erde- oder Kakteenerde gefüllt. Diese gut anfeuchten und oben einige Kakteensamen streuen. Das Gefäß wird schließlich dicht verschlossen, am besten mit einem versiegelten Korken. Dann wird das Glas in die Sonne gestellt. Die Kakteen, die nach etwa zwei bis drei Wochen keimen, können zwei bis drei Jahre im verschlossenen Glas verbleiben und werden währenddessen etwa Daumennagel groß. Bestimmt eine überraschende Geschenkidee, auf die man ohne Großvater-Buch erst einmal kommen müsste, was uns ja zum Glück nicht sorgen muss.

Sollen die Kakteen irgendwann umgepflanzt werden, müssen sie behutsam an die Außenluft gewöhnt werden. Zu diesem Zweck empfiehlt es sich, die Pflanzen die erste Zeit weit gehend unter umgestülpten Gläsern zu halten. Hinter manch einer stacheligen Haut verbirgt sich eben auch zugleich ein zartes Pflanzenseelchen.

WEISHEITEN FÜR ALLE LEBENSLAGEN

Schluss mit Holzwürmern – rausgelockt mit Leckereien

Im Herbst – September, Oktober – ist in den Wäldern ein Holzwurmmittel herangereift, bei dessen Anwendung wir weder mit verstärktem Haarausfall, akuten Atembeschwerden, noch mit Spätschäden jeglichen Kalibers rechnen müssen und das zudem keine Gewissensbisse auslösen dürfte.

Dass wir nicht seelenruhig zugucken wollen, wie unser hölzernes Inventar auf dem Speiseplan unsichtbaren Wurmgetiers verschwindet, mag man intolerant und egoistisch finden. Andererseits bieten wir tollen Ersatz und befriedigen ein elementares Bedürfnis, indem wir den wurmgesunden Appetit auf frische Eicheln ausnutzen. Deren Geruch zieht Holzwürmer so in den Bann, was uns dazu veranlassen sollte, Behältnisse mit dem frisch gesammelten Lockstoff so dicht wie möglich an die Fraßlöcher in unserem Mobiliar zu stationieren: Säckchen mit Eicheln an die Wände der Möbel hängen, die Füße in mit Eicheln gefüllte Schüsseln stellen oder flache Teller in Schubladen stellen. Nach einigen Tagen sollten sich die Biester über die Leckerei hergemacht haben; wenn nicht, waren die umstellten Holzmöbel offenbar nicht mehr bewohnt. Wir wandern nun mit unseren Gefäßen weiter oder atmen erleichtert auf.

Für gute Luft im Krankenzimmer und Lagerraum

Auch den gesündesten Gartenmenschen wirft es mal aufs Krankenlager, dagegen ist niemand gefeit. Dann gehört neben einer liebevollen, fürsorglichen Pflege eine Versorgung mit guter, frischer Luft, unabdingbar zum Genesungsprogramm. Ständig Lüften ist unter Umständen nicht immer die beste und praktikabelste Lösung. Angenehme atmosphärische Bedingungen schafft man spielend mit einer einfachen Maßnahme. Auf ein Stövchen stellt man eine feuerfeste, mit heißem Wasser und einer Hand voll leicht gequetschter Wacholderbeeren gefüllte Schale. Die vor sich hin köchelnden Wacholderbeeren reinigen die Luft und verbreiten einen wohltuenden Duft. Mit dieser Methode lässt sich im Übrigen auch die Luft in Vorratskammern, die wegen Frostgefahr im Winter nicht gelüftet werden können oder dürfen, auffrischen.

Wintermief in Sommersachen - dagegen lässt sich etwas machen

Viele kennen das: Man holt im Frühjahr – schon ganz sonnentrunken und voller Vorfreude – die im Winter verstauten Sommersachen aus dem Schrank und wundert sich über das elende Gemuffel, das einem da entgegenschlägt. Womöglich hat das wöchentliche Schranklüften nicht ausgereicht; aber im Grunde kann man sich diese Arbeit ohnehin schenken. Man stellt einfach eine große Schale, einen Topf oder Eimer mit Holzkohle gefüllt in den Schrank. Das Kohlenzeug wird die vorhandene Feuchtigkeit auf sich ziehen und solchermaßen das Muffigwerden der werten Garderobe abwenden. Natürlich muss die Holzkohle ab und zu ausgetauscht werden, sagen wir mal, am Nikolaustag und zu Fasching. In besonders feuchtigkeitsanfälligen Räumen käme noch Allerheiligen und der Dreikönigstag hinzu. Das Ganze müsste übrigens logischerweise ebenso mit der Winterkluft klappen. Temperaturbedingt ist dann der Austausch der Holzkohle nur einmal, zum Beispiel am Magdalenentag (22. Juli), notwendig.

Kalkschutz für Wasserkessel - Marmor hilft

Ein kleines Stück Marmor zeigt große Wirkung. Davon legen wir etwas in den Wasserkessel und warten ab. Nach einer Weile dürfen wir vorsichtig den Deckel anheben und schauen nach. Was sehen wir? Nichts. Prima, hat funktioniert. Keine Kalkablagerungen verschandeln in Zukunft den Innenraum des Kessels.

Wider den Wäschegilb - saure Milch ist das Mittel zum Zweck

Weiße Riesen aller Länder Herren, nehmt Euch in Acht: Wir können auch anders und Großmutters Weiße-Wäsche-Tipp ausprobieren.
Dazu brauchen wir sauer gewordene Milch. Wenn es mal wieder so weit ist und zufälligerweise außerdem genügend waschreife weiße Wäsche bereitliegt, wagen wir den ersten Schritt:
Die ehemals weiße Wäsche wird über Nacht in saure Milch gelegt, anderntags wandert sie dann etwas ausgedrückt in die Waschmaschine. Dorthinein werden zum Mitwaschen einige Scheiben Zitrone (mit Schale) gelegt. Die Vorwäsche lassen wir diesmal weg, sonst sind die Zitronenwirkstoffe zum Hauptwaschgang bereits verbraucht. Weglassen können wir aber nicht das Waschpulver, vielleicht reicht aber weniger und das von der milden Sorte.

Zinnkraut für Zinngeschirr - nun glänzt es wieder

Weniger zum Essen und Trinken als vielmehr zur Zierde haben viele Leute ihr Zinngeschirr stehen. Damit Becher, Teller und Krüge ihr ansprechendes und durchaus edles Aussehen nicht einbüßen, müssen sie von Zeit zu Zeit gereinigt werden. Spezielle Zinnreiniger sind jedoch nicht immer harmlos. Auch hier findet man in Großmutters Abteilung diverser Haushaltsmittel die naturgemäßere Alternative zur Chlorchemie: Das Zinnkraut *(Equisetum arvense)*. Jenes kratzige Kraut, als Ackerschachtelhalm keineswegs ganz unbekannt und eher unbeliebt, hat sich als vorzügliches Zinnputzmittel bewährt. Zunächst wird kochendes Wasser über eine Ladung möglichst frischen Krautes ausgegossen und anschließend mit ihm das Geschirr wie mit einem Putzschwamm ab- und ausgewischt. Nun strahlen sie wieder – Zinnbesitzer wie Zinngeschirr.

Auch Legehennen sind Feinschmecker

Als Hühnerhalter ist man ja sowieso Experte und weiß, dass das Federvieh im Frühjahr besonders fleißig legt. Hier vielleicht ein Tipp zur Weiterbildung: Um die Legefreundlichkeit noch etwas zu steigern, biete man den guten Tieren Grünes an. Dafür sind Schnitt- und Pflücksalat ideal geeignet. Beides lässt sich früh säen, rasch ernten und braucht kaum Platz. Zur Not tut's zu diesem Zwecke ein Platz im Halbschatten.

Bezugsquellen

Staatliche Bodenuntersuchungsinstitute (www.vdlufa.de)

Sächs. Landesanstalt für Landwirtschaft
Institut f. Landwirtschaftliche Untersuchungen
– LUFA Leipzig/Möckern –
Gustav-Kühn-Str. 8
04159 Leipzig

Thüringer Landesanstalt für Landwirtschaft
LUFA Jena
Naumburger Str. 98
07742 Jena
Fax: 03641/683-0
www.tll.de

Landeslabor Brandenburg
LUFA Potsdam
Templiner Str. 21
14473 Potsdam
Tel.: 0331/2326-240
www.mlur.brandenburg.de

LUFA Rostock
Graf-Lippe-Str. 1
18059 Rostock
Tel.: 0381/20307-10
Fax: 0381/20307-90
www.lms-lufa.de

Institut für Angewandte Botanik der Universität Hamburg
Marseiller Str. 7
20355 Hamburg
Tel.: 040/42838-0

LUFA Kiel
Gutenbergstr. 75–77
24116 Kiel
Tel.: 0431/1228-0
Fax: 0431/1228-498
www.lufa-itl.de

LUFA Hameln
Finkenborner Weg 1A
31787 Hameln
Tel.: 05151/9871-0
Fax: 05151/9871-11
E-Mail: lufa@lawikhan.de
www.lufa-hameln.de

Landesbetrieb Hessisches Landeslabor (LHL)
Standort Kassel
Am Versuchsfeld 13
34128 Kassel/Harleshausen
Tel.: 0561/9888-0
www.lufa-kassel.de

Landwirtschaftskammer Nordrhein-Westfalen
Untersuchungszentrum Münster
Nevinghoff 40
48147 Münster
Tel.: 0251/2376-0
Fax: 0251/2376-521
www.landwirtschaftskammer.de

LUFA NRW Bonn
Siebengebirgsstr. 200
53229 Bonn
Tel.: 0228/434-0
Fax: 0228/434-2202
www.landwirtschaftskammer.de

Hessische Landwirtschaftliche Versuchsanstalt (HLVA)
Rheinstr. 91
64295 Darmstadt
Tel.: 06151/885-5

Landesanstalt für landwirtschaftliche Chemie
– Bodenabteilung –
Emil-Wolff-Str. 14
70599 Stuttgart
Tel.: 0711/459-2671
www.uni-hohenheim.de

LUFA Augustenberg
Neßlerstr. 23–31
76227 Karlsruhe
Tel.: 07 21/94 68-0
Fax: 07 21/94 68-112
www.LUFA-Augustenberg.de

Bayerische Hauptversuchsanstalt
Abt. Bodenuntersuchung
Alte Akademie 10
85350 Freising
Tel.: 0 81 61/71-33 81

Bayerische Landesanstalt für Landwirtschaft
Vöttinger Str. 38
85354 Freising
Tel.: 0 81 61/71-58 04
www.lfl.bayern.de

Bayerische Landesanstalt für Weinbau und Gartenbau
Abt. Kellerwirtschaft und Untersuchungswesen
Herrnstr. 8
97209 Veitshöchheim
www.landwirtschaft.bayern.de

Österreich

Höhere Bundeslehr- und Versuchsanstalt für Gartenbau
Grünbergstr. 24
A-1130 Wien/Schönbrunn
Tel.: +43 (0) 1 81 35 9 50-0

Bundesanstalt für Bodenwirtschaft
Denisstr. 31–33
A-1200 Wien

Bundesanstalt für Agrarbiologie
Wieninger Str. 8
A-4020 Linz

Landwirtschaftlich-chemische Landesversuchs- und Untersuchungsanstalt
Burggasse 2
A-8010 Graz
Tel.: +43 (0) 3 16/8 77 38 20

Naturgemäßer Gartenbau

GÄA – Vereinigung ökologischer Landbau e.V.
Landesverband Sachsen/ Bundesgeschäftsstelle
Am Beutlerpark 2
01217 Dresden
Tel.: 03 51/4 01 23 89
www.gaea.de

Permakultur-Institut e.V.
Informationsbüro
Witzfeldstr. 21
40667 Meerbusch
www.permakultur.de

Forschungsring für biologisch-dynamische Wirtschaftsweise e.V.
Brandschneise 1
64295 Darmstadt
Tel.: 0 61 55/84 12-0
www.forschungsring.de

Arbeitsgruppe Biogarten
Birnbaum
CH-3436 Zollbrück
Tel.: +41 (0) 34/4 96 71 48

Bio-Forum Möschberg
Zentrum für organisch-biologischen Landbau
Mostereiweg 1
CH-4934 Madiswil
Tel.: +41 (0) 62/9 65 07 82

Bioterra (SGBL)
Dubsstr. 33
CH-8003 Zürich
Tel.: +41 (0) 44/4 54 48 48
www.bioterra.ch

LUFA = Landwirtschaftliche Untersuchungs- und Forschungsanstalt

Alte Obstsorten

Baumschule Alte Obstsorten
Waldweg 2
24966 Sörup/Winderatt
Tel.: 04635/2745
www.alte-obstsorten.de

Baumschulenpflanzenhandel
Dirk König
Teichgarten 17 b
31033 Brüggen/Leine
Tel.: 05182/9230039
www.baumschule-pflanzen.de

Saatgut

GartenShop
Wansdorfer Platz 20
13587 Berlin
Tel.: 030/3367852

Jelitto Staudensamen GmbH
Am Toggraben 3
29690 Schwarmstedt
Tel.: 05071/9829-0

Gärtner Pötschke GmbH
Beuthener Straße 4
41561 Kaarst
Tel.: 01805/861-100
www.gaertner-poetschke.de

Syngenta Seeds GmbH
Gemüse & Blumen
Alte Reeser Str. 95
47533 Kleve
Tel.: 02821/994-0

Bio-Saatgut Ulla Grall
Eulengasse 3
55288 Armsheim
Tel.: 06734/960379
www.bio-saatgut.de

Nebelung/Kiepenkerl
über Tom Garten
ESH Rhenania GmbH
Im Weidboden 12
57629 Norken
Tel.: 01805/484746
Fax: 01805/660082
E-Mail: info@tom-garten.de
www.tomgartenshop.de

Baldur-Garten GmbH
Elbinger Straße 12
64625 Bensheim
Tel.: 01805/1035-11

Schweiz

biosem
Jutzet-Jossi S. & A.
Le Burli 39
CH-2019 Chambrelien
www.biosem.ch

Register

Impressum

Mit 98 Abbildungen von:
Reinhild Hofmann, München: 3, 5, 7, 9, 11, 19, 25, 27, 28, 30, 37, 40, 45, 47, 51, 53, 62, 67, 73, 77, 78, 83, 85, 89, 90, 94, 96, 103, 105, 108, 111, 115, 117, 123, 145, 150, 152, 156, 159, 160, 162, 169, 170, 172, 178, 180, 189, 197, 204, 206, 211, 216, 218, 220, 224, 226, 227, 229, 230, 234, 236, 240, 243, 244, 246, 247, 256, 263, 273, 276, 278, 281
Marianne Golte-Bechtle, Stuttgart: 22, 39, 41, 42, 69, 72, 81, 84, 91, 97, 109, 137, 139, 147, 181, 190, 198, 245, 250, 259, 264, 270, 274, 277
Horst Lünser, Berlin: 234

Umschlaggestaltung von Atelier Reichert, Stuttgart unter Verwendung von einem Foto von Reinhard-Tierfoto/Hans Reinhard, Heiligkreuzsteinach-Eiterbach sowie einer Farbzeichnung von Reinhild Hofmann, München.

Bibliographische Informationen der Deutschen Nationalbibliothek.
Die Deutsche Nationalbibliothek verzeichnet diese Publikation in der Deutschen Nationalbibliographie; detaillierte bibliografische Daten sind im Internet über http://dnb.ddb.de abrufbar.

KOSMOS Postfach 10 60 11
D-70049 Stuttgart
TELEFON +49 (0)711-2191-0
FAX +49 (0)711-2191-422
WEB www.kosmos.de
E-MAIL info@kosmos.de

Gedruckt auf chlorfrei gebleichtem Papier

1. Auflage

ISBN: 978-3-440-11018-8
Lektorat: Birgit Grimm
Grundlayout: Ralf Paucke, Stuttgart
Produktion: DOPPELPUNKT Auch & Grätzbach GbR, Stuttgart
Printed in Slovak Republic/Imprimé en République Slovaquie